汉武帝大传

何新

著

华东师范大学出版社

图书在版编目（CIP）数据

汉武帝大传／何新著 . —上海：华东师范大学出
版社，2019

ISBN 978 - 7 - 5675 - 8928 - 5

Ⅰ. ①汉… Ⅱ. ①何… Ⅲ. ①汉武帝（前156 - 前87）
- 传记 Ⅳ. ①K827 = 341

中国版本图书馆 CIP 数据核字（2019）第032608 号

汉武帝大传

著　者　何　新
项目编辑　乔　健　程军川
审读编辑　时东明
装帧设计　吕彦秋
出版发行　华东师范大学出版社
社　　址　上海市中山北路3663 号　邮编200062
网　　址　www. ecnupress. com. cn
电　　话　021 - 60821666　行政传真　021 - 62572105
客服电话　021 - 62865537
门市（邮购）电话　021 - 62869887
地　　址　上海市中山北路3663 号华东师范大学校内先锋路口
网　　店　http：//hdsdcbs. tmall. com

印 刷 者　三河市中晟雅豪印务有限公司
开　　本　710×1000　16 开
印　　张　15
字　　数　230 千字
版　　次　2019 年5 月第1 版
印　　次　2021 年3 月第2 次
书　　号　ISBN 978 - 7 - 5675 - 8928 - 5/K. 532
定　　价　39. 80 元

出 版 人　王　焰

（如发现本版图书有印订质量问题，请寄回本社市场部调换或电话021 - 62865537 联系）

目 录

中华传统与中国的复兴

——何新选集总序

"推倒一世之智勇，开拓万古之心胸。"

一

面对 21 世纪期待复兴的中国，我们有必要抚今思昔，追溯传统。

华夏民族的先史中曾经有一个超越于考古的神话时代，这个时代就是华族所肇始和华夏文明滥觞的英雄时代。

我们华族的祖神女娲，是蹈火补天的伟大母亲——一位女性的英雄！

华族的诸父祖日神伏羲（羲和）、农神神农（历山氏）、牧神黄帝、雷神炎帝以及火神祝融、水神共工，或创世纪，或创文明，或拓大荒，或开民智，或奋己为天下先，或舍身为万世法！

帝鲧与大禹父死子继，拯黎民于水火。蚩尤、刑天九死不悔，虽失败而壮志不屈，天地为之崩裂！

后羿射日、夸父逐日，体现了对神灵的藐视；而精卫填海杜宇化鹃，则象征了对宿命的不驯……

中华民族的先古洪荒时代，是群星璀璨的时代，慷慨悲歌的时代，奋进刚毅的时代；是献身者的时代，殉道者的时代，创生英雄和俊杰辈出的时代！

传说华族是龙与凤的传人，而龙凤精神，正是健与美的精神！故"天行健，君子以自强不息！"

二

然而近世以来，疑古、骂古之风盛行，时髦流行之文化却是媚俗娱世、数典忘祖。不肖之辈早已不知我们原是英雄种族的后裔，我们的血脉中奔流着英雄种族的血系，忘记了我们的先祖原具有一个谱系久远的英雄世系。

"中华"得名源自于日华，所谓"重华"，所谓"神华"；华者，日月之光华也！"汉"之得名源自于"天汉"；天汉者，天上之银河也（按：《小雅·大东》："维天有汉。"《毛传》："汉，天河也。"郑玄云："天河谓之天汉。"《晋书·天文志》曰："天汉起东方。"《尔雅》曰："水之在天为汉。"刘邦以"汉"为帝国之名，本义正是上应天汉也）！

故中华者——日华也（太阳也），天汉者——天河也（银河也），日月光华乃是华族先祖赖以得名的天文图腾。

面对未来，世途多艰，多难兴邦！我们今日正需要慎终追远，回溯华夏的先祖曾怎样艰难地"筚路蓝缕，以启山林"——呼唤而重觅一种英雄的精神！

"打开窗子吧……让我们呼吸一下英雄们的气息！"（罗曼·罗兰）

三

华夏文明是人类历史上所产生过的一切文明中，最优秀、最智慧、最具生命力和创造力的一种渊源于远古的文明。

5000 年来流传有自的世序、历法、文献记载与近百年来地下出土的文物、文献的惊人之印证和吻合，使人可以确信，夏商周文明绝不是建立在所谓原始巫教（张光直）或野蛮奴隶制（郭沫若）基础上；而是建立在当时举世最为先进的天文历法知识、理性宗教哲学和最发达优越的农业及工艺城邦文明基础之上的。

《易经》、《老子》是中国天人学与哲学之源，《尚书》、《左传》、《国语》、《战国策》是中国政治学之源，《孙子》、《孙膑兵法》是中国兵学之源，《论语》、《孟子》、《礼记》是中国伦理学之源，三部《礼》经是中国制度设计之源，《素问》是中国医学之源，《诗经》、《楚辞》则一向被认为是中国文学之源。

然而，这些经典古书数千年间，仁者见仁，智者见智，实际从未真正透彻明晰地被人读通。而读不懂、读不通这些书，就根本没有资格讲论中国文化。

多年来，我不揣愚陋，一直有夙志于全面地重新解读这一系列古代经典。近年来，我又重新整理过去的研究札记，这些文字实为中年时期（1985—1995 年）之著作，而间有新知，因此对拙著重新做了全面深入的校订，并撰成此套丛书。此套丛书汇聚了我近三十几年间对经学、朴学之研究成果，其中不同于前人之新见异解殊多。这次重新出版，亦是对以往国学研究的一种自我总结，但学无止境，生有涯而知无涯。回忆自1980年予在近代史所及考古所的斗室之间开始对经部作探索性研究，于今忽忽竟二十五年矣。当年弱苗，如今壮林。树犹如此，情何以堪？感慨系之耳！是为总序。

何　新
2001 年 5 月 22 日初稿于泸上雨辰斋养庐
2010 年 5 月 22 日再记于京东滨河苑寓中
2019 年记于北京

论汉武帝

论汉武帝

　　中国历史上有两位开天辟地的帝王：一是秦始皇，一是汉武帝。

　　秦始皇结束了周代的封建制度，建立了中国历史上的第一个中央集权大一统的帝国。秦始皇是一位纵横捭阖、叱咤风云的人物，开创了中华第一帝国，但这个帝国缺乏统治经验，寿命过于短暂，只存在了15年就灭亡了。

　　汉王朝是中国历史上的第二帝国。这个帝国创生于农民起义。其创业君主刘邦是一个出身草莽、行迹近乎无赖与游侠之间的边缘人物。由于一种政治和阶级的包容性，他的集团具有较为宽泛的社会基础，乘动乱纷争之际终于取得全国政权。

　　但这个新王朝几乎不具有法理和意识形态的任何正统性，因此这个帝国在开创之初就陷入了极端不稳定之中。自高帝、吕后至文、景的50年间，内部变乱不断，外部则匈奴入侵，社会深陷危机之中。直到汉武帝登基，这位班固称之为"雄材大略"的人物，才为这个王朝开辟了崭新的局面。

　　汉武帝塑造主流政治意识形态，规划制度，招揽人才，改革内政，建立币制与财政，决战匈奴，拓展外交，不仅重新奠定了汉帝国的制度基础，而且其宏谋远虑为此后直到清王朝两千年间的中国君主制度提供了一整套相当稳定而成熟的模型和范式。

　　然而汉武帝是一个极其复杂的历史人物，叙述评价他的一生不是一件容易的事。司马迁的《史记》成书于武帝太初年间，由于个人的不幸遭际和政治异见，他对武帝这个时代的评述掺入了强烈的个人感情色彩和主观偏见。

班固的《汉书·武帝纪赞》试图纠《史记》之弊，其论汉武帝曰：

> 汉承百王之弊，高祖拨乱反正，文、景务在养民，至于稽古礼文之事，犹多阙焉。孝武初立，卓然罢黜百家，表章《六经》。遂畴咨海内，举其俊茂，与之立功。兴太学，修郊祀，改正朔，定历数，协音律，作诗乐。建封禅，礼百神，绍周后，号令文章，焕焉可述。后嗣得遵洪业，而有三代之风。如武帝之雄材大略，不改文、景之恭俭以济斯民，虽《诗》《书》所称，何有加焉！

班固对汉武帝的雄才大略基本给以肯定，但清赵翼《廿二史劄记》则指出其仍有偏颇："专赞武帝之文事，而武功则不置一词。抑思帝之雄才大略，正在武功。"

宋司马光《资治通鉴》论汉武帝则纯从理学道德史观的角度出发，谓：

> 孝武穷奢极欲，繁刑重敛，内侈宫室，外事四夷，信惑神怪，巡游无度，使百姓疲敝，起为盗贼，其所以异于秦始皇者无几矣。然秦以之亡，汉以之兴者，孝武能尊先王之道，知所统守，受忠直之言，恶人欺蔽，好贤不倦，诛赏严明，晚而改过，顾托得人，此其所以有亡秦之失而免亡秦之祸乎！

清吴裕垂《历朝史案》则指出：

> 宋人竭中国之财力，纳币赂寇，偷安旦夕，致使生民左袒，肝脑涂地，退而渡江航海，竟以议和误国。则武帝所为又岂宋人所敢议乎？

这个问题问得不错。

汉武帝从公元前140年即位到公元前87年去世，一共做了54年皇帝。武帝在位期间主要做了五件大事——

一是打退了匈奴对中原的入侵，中华民族获得了从南到北、从东到西的广阔生存空间。

二是变古创制，包括收相权、行察举、削王国、改兵制、设刺史、统一货币、专管盐铁、立平准均输等重大改革与创制，建立了一套系统完整且体现法家之"以法治国，不避亲贵"的政治制度。这种法制传统成为此后2000年间中华帝国制度的基本范式。

三是将儒学提升为国家宗教，建立了一套以国家为本位、适应政治统治的意识形态，从而掌控了主流舆论，并且为精英阶层（士大夫）和社会树立了人文理想以及价值标准。

四是彻底废除了西周宗法制的封建制度，建立了一套新的行政官僚制度、继承制度和人才拔擢制度。

五是设计制订了目光远大的外交战略，并通过文治武功使汉帝国成为当时亚洲大陆的政治和经济轴心。

在中国历史上，汉武帝是第一位具有世界眼光的帝王。他的目光从16岁即位之初就已经超越了长城屏障以内汉帝国的有限区域，而投向了广阔的南海与西域。

古今之论汉武帝者，唯清人吴裕垂特具卓识，其论略曰：

> 武帝雄才大略，非不深知征伐之劳民也，盖欲复三代之境土，削平四夷，尽去后患，而量力度德，慨然有舍我其谁之想。于是承累朝之培养，既庶且富，相时而动，战以为守，攻以为御，匈奴远遁，日以削弱。至于宣、元、成、哀，单于称臣，稽首而朝，两汉之生灵并受其福，庙号"世宗"，宜哉！

> 武帝生平，虽不无过举，而凡所作用，有迥出人意表者。始尚文学以收士心，继尚武功以开边域，而犹以为未足牢笼一世。于是用鸡卜于越祠，收金人于休屠，得神马于渥洼，取天马于大宛，以及白麟赤雀芝房宝鼎之瑞，皆假神道以设教也。

> 至于泛舟海上，其意有五，而求仙不与焉。盖舳舻千里，往来海岛，楼船戈船，教习水战。扬帆而北，慑服朝鲜，一也。扬帆而南，威振闽越，二也。朝鲜降，则匈奴之左臂自断，三也。闽越平，则南

越之东偏自定，四也。且西域既通，南郡滇国，北服乌孙，扩地数千里，而东则限于巨壑，欲跨海外而有之，不求蓬莱，将焉取之。东使方士求仙，一犹西使博望凿空之意耳。既肆其西封，又欲肆其东封，五也。惟方士不能得其要领如博望，故屡事尊宠而不授以将相之权，又屡假不验以诛之。人谓武帝为方士所欺，而不知方士亦为武帝所欺也！

汉武帝是一个变法改制并且取得了成功的帝王，是一个雄才大略、气度宏远的君主。他是一个弘扬学术、崇尚知识的贤君，也是一个知过能改、虚怀纳谏、任人以贤的明主。

武帝元朔二年的诏书说：

朕闻天地不变，不成施化；阴阳不变，物不畅茂。

元朔六年的诏书又说：

朕闻五帝不相复礼，三代不同法。

这表明：直到晚年，他仍在求新求变。他始终认为，只要情况变了，政策也要变，"非期不同，所急异务也"。

元光三年，董仲舒上策论三篇，史称《天人三策》。武帝亲自诏问之曰：

三代受命，其符安在？灾异之变，何缘而起？性命之情，或夭或寿，或仁或鄙，习闻其号，未烛厥理。伊欲风流而令行，刑轻而奸改，百姓和乐，政事宣昭，何脩何饬而膏露降，百谷登……德泽洋溢，施乎方外，延及群生？

大意是：夏商周三代受命的根据何在？天地之间的灾异为什么而发生？人寿的长短、人性的善恶根源何在？如何教理？怎样才能做到令行禁止、政通人和、五谷丰登，使天下百姓都生活得快乐幸福？

他所提出的这些问题都是一些具有本体性战略性的大问题，充分表明其视野之广阔。他要求作为哲学家的董仲舒不要就事论事地回答，而要讲出"大道之要、至论之广"，这说明他对如何治理国家考虑得很远很深。

他所探索思考的不是一时应变之权宜，而是系统的历史哲学和政治哲学。他晚年曾对卫青说：

> 汉家庶事草创，加四夷侵陵中国，朕不变更制度，后世无法；不出师征伐，天下不安；为此者不得不劳民。若后世又如朕所为，是袭亡秦之迹也。

他认为，他所从事的"外事四夷，内兴功利"政策，都是出于创立制度、为后世留下样板和国家的长治久安考虑。他承认自己的政策会扰民（"劳民"），他并不希望他的后代效法他的扰民政治，他告诫后代必须警惕而避免重蹈秦朝速亡的覆辙。

翦伯赞描述汉武帝云：

> 说到汉武帝，也会令人想到他是生长得怎样一副严肃的面孔。实际上，汉武帝是一位很活泼、很天真、重情感的人物。他除了喜欢穷兵黩武以外，还喜欢游历，喜欢音乐，喜欢文学，喜欢神仙。汉武帝，是军队最英明的统帅，又是海上最经常的游客、皇家乐队最初的创立人、文学家最亲切的朋友、方士们最忠实的信徒，特别是他的李夫人最好的丈夫。他决不是除了好战以外一无所知的一个莽汉。

我认为，汉武帝是一位承前启后而又开天辟地的真正伟大的君王。在他之前的历史上，他所建树的文治武功无人可及。他的风流倜傥超群绝伦。他的想象力和巧妙手法使政治斗争成为艺术。他的权变和机谋令同时代的智者形同愚人。他胸怀宽广，既有容人之量，又有鉴人之明。

他开创制度，树立规模，推崇学术，酷爱文学才艺。他倡导以德立国，以法治国。平生知过而改，从善如流，为百代帝王树立了楷模。

在后来的唐太宗、明太祖、努尔哈赤、康熙皇帝的行藏中，似乎多少都可以看到汉武帝的影子。

汉武帝具有超越历史的雄才大略，是一位战略和外交设计的奇才。这种天才使他能处庙堂之上，运筹帷幄而决胜万里，而其武功成就则足以使西方汉尼拔、亚历山大、拿破仑等黯然失色。

汉武帝绝不是一个超俗绝世的圣者。他好色、骄傲、虚荣、自私、迷信、奢侈享受、行事偏执，普通人性所具有的一切弱点他几乎都具有。尽管如此，即使他不是作为一个君王，而仅仅是作为一个普通凡人，那么以其一生的心智和行为，他仍然应被认为是一个顶天立地的男子汉，一个机智超群的智者，一个勇武刚毅的战士，一个文采焕然的诗人，一个想象力浪漫奇异的艺术家，以及一个令无数美人伤魂的浪子，最坏又最好的情人。

他开创了制度，塑造了时代，他的业绩和作为深深地熔铸进了我们这个民族的历史与传统中。汉民族之名即来源于被他以银河命名的一个年号——"天汉"。在他那个时代所开拓的疆土，从闽粤琼崖直到川黔滇，从于阗阿尔泰到黑吉辽，勾勒了日后2000年间中华帝国的基本轮廓。而这个帝国影响力所辐射的范围，由咸海、葱岭、兴都库什山脉直到朝鲜半岛，由贝加尔湖到印度支那，都成了汉文化影响所覆盖的一个大文化圈。

伟人和天才是不可思议的，是难以用世俗尺度去衡量评估的。

汉武帝的人生充满矛盾。他爱民如子，同时杀人如麻。他用剑犹如用情，用情犹如用兵。在中国历史上，不乏英雄、伟人、壮士、志士和圣者，放置在任何人群中，他都会引人注目。你不可能不钦佩他，也不可能不畏惧他——这就是汉武帝刘彻。

他的诞生据说伴随着母亲梦见红日入怀。他的曾祖父刘邦托梦为他命名为"彘"（野猪），他的父亲则解释此字谐音于"智"，为他改名为"彻"，并赐号曰"通"。而他也的确是一位智圆行方、通彻无比的传奇男子。这是中国历史上的一位真正的太阳之皇、圣武大帝。

他的政策在他的时代导致了巨大的变革，因而也引起巨大的冲突、巨大的争论，使他成为一位备受争议以至误解的人物。他生平中最大的错误之一，就是他阉割了中国历史上一位最有天才也最伟大的历史学家，而这个人原来是最能理解他同时崇爱他的；结果此人由于恨而用刀笔来惩罚他，使他身处的这一伟大时代和他的生平成为历史上一个最有争议的时代。汉武帝也从此成为历史上最被误解的一位谜一般的帝王。

我写作本书的目的，就是试图对中国历史上这位极其伟大重要的帝王从若干新的角度给予一种新的理解和认识。

《淮南子》与汉初政治斗争

1. 建元初年的意识形态辩论

《淮南子》（即《淮南王书》又称《淮南鸿烈》）是西汉初叶淮南王刘安命手下宾客集体撰作的一部奇书。刘安是汉武帝刘彻的叔父。此书杂采战国以来除儒学以外的百家之言，主要是黄老道家言论，包罗万象，从天地开辟、宇宙洪荒到黄老养生之术，无所不及，表面上似乎丝毫未涉及当时的政治与时局。此书撰著于景帝朝的后期，而于汉武帝刘彻即位之初的建元二年（公元前 139 年）进献于朝廷。古今论者都以为这是一部杂驳斑斓的纯学术之书。后人读此书，无不以为只是一部意在求仙访道、博采黄老言论的道家之书而已，而黄老之道则为汉初文景以来所尊之官学。殊不知，此书乃是建元初年间激烈政治斗争和意识形态辩论的产物。

当时意识形态论争的焦点是主张尊王攘夷的儒家（宗荀子及今文公羊学派）与主张因循旧制、"萧规曹随"无为而治的黄老道家之争。从现代的观点看，前者主张国家主义，后者主张自然放任，即自由主义。

2. 汉武帝一度危在旦夕

建元元年（前 140 年）刘彻登基，时年仅 16 岁。他一登基即重用主张加强王权的儒士出任将相，准备采纳文景时期大为失意的贾谊、晁错一派的政治主张，即对内削弱诸侯、加强中央，对外则抗御匈奴。刘安撰作

《淮南子》,其所针对的就是初登基的汉武帝刘彻。刘彻志在尊王攘夷,削诸藩,破匈奴,实施"大有为"之政。刘安则主张因循旧范,无为而治;由此引申为政策,也就是要坚持汉初旧制,从而保护刘氏诸王集团裂土称王的既得利益。《淮南子》中有《主术训》一篇专讲帝王之术。

建元初年主导政治大势的并不是已做了皇帝的年轻人汉武帝,而是素好黄老之道的太皇太后窦氏以及诸窦诸刘列王贵戚。窦氏于建元二年临朝干政,罢免刘彻所任命的儒学将相,否定刘彻加强王权削弱诸侯的政策方向。这实际是一场未动干戈的宫廷政变。

在这场政治争论中,甚至汉武帝的舅舅、王太后之弟武安侯田蚡暗中也站到了刘安一边。刘安友善太尉武安侯田蚡。田蚡与私语曰:"方今上无太子,王亲高皇帝孙,行仁义,天下莫不闻。宫车一日晏驾,非王尚谁立者!"淮南王大喜,厚赂武安侯。要知道此时之刘彻年方十七八岁,正值盛年,除非遭遇突然之变,发生非正常死亡,怎么谈得上"宫车一日晏驾"?而身居高位(汉太尉领有兵权,相当于今之国防部长)的国舅田蚡,竟然与刘安私下计议安排关于刘彻的后事问题,并属望于刘彻这位老叔父做年轻皇帝的继承人,由此可见当时刘彻政治地位之孤弱及危险。

建元六年(公元前135年)太皇太后窦氏病危,死前天上出现彗星。刘安认为这种天象预兆着"天下兵当大起",天下将要大乱。于是"治攻战具,积金钱",准备武装起事。于此而又见当时政局之险恶矣!

3. 人文学术难以完全超离政治

建元六年太皇太后窦氏驾崩,刘彻终于主持了大政。元光元年(公元前134年),他召见名儒董仲舒。董氏提出著名的《天人三策》,汉武帝决心由此而推行全面改革。此即西汉史中值得大书一笔的"元光决策"。新政的首要方针是改革国家意识形态,即"罢黜百家,独尊儒术"。而所罢黜的百家言中,重点一为主张搞阴谋政治的纵横家言,一为黄老之道。直到田蚡死后,刘彻才知道了他与刘安的那次密谋。刘彻说,如果田氏仍在,当灭族矣。元狩元年(前122年)刘安积蓄已久的反谋终于被揭露,刘安被追究而自杀身死。汉武帝取得了胜利。

这一段史事表明,历史中的人文学术难以完全超离于政治。今人谈论汉初黄老之道无为而治，常称叹称羡。若不参照汉初及建元年间之大形势，汉初儒道两个学派这场大论争就不能真正被理解。今人读《淮南子》，无不以为其仅是一部学术著作。其然，其不然乎？

汉武帝建元新政之失败

1. 汉初无为而治并非太平天下

前人之论刘彻，多以其为太平天子，也有认为他是挥霍无度之败家子者——上承文景盛世，国库充盈，而对外大规模用兵，"内穷侈靡，外攘夷狄"，致使"天下萧然，财力耗矣"。《汉书》作者班固对汉武帝功业基本肯定，但也说"如武帝之雄材大略，不改文、景之恭俭以济斯民，虽《诗》《书》所称何有加焉"，认为汉武帝的失误在于改变了文景时代无为而治的黄老路线。

实际上，文景之世并不是太平时代，而是潜伏危机的时代。

汉文帝是历史上一位著名的贤君。他是刘邦的庶子，封代王，本来没有资格继承帝业。诸吕之乱平定后，周勃、陈平等曾助刘邦打天下的功勋老臣商议推举一位诸侯亲王继承皇帝位，选中忠厚老实的代王刘恒。刘恒当上皇帝，不敢有所作为，所以推行"无为而治"的贵族主义路线。但是，汉文帝时产生了两位具有宏观战略眼光的杰出政治家：一是贾谊，一是晁错。贾谊出身平民，是研究《尚书》和《春秋左传》的专家，20岁从政，33岁早逝，生前曾多次向文帝提出富国强兵的改革建议，遭到列王公卿的反对。文帝忌惮朝野舆论的压力，虽然重视贾生之论却不敢采纳。晁错是研治《尚书》的专家，在担任太子家令时多次向文帝上书，提出削藩限制诸侯的政议、重农主义的经济政策和击胡备边的对外战略，文帝均表示欣赏却不敢采用。

文帝时"匈奴连岁入边，杀略人民、畜产甚多，云中、辽东最甚"。文帝六年，匈奴两路攻汉，兵锋直逼距长安不远的皇帝行宫甘泉宫①。而文帝也只有以外嫁公主纳币和亲之策作为应对。

景帝即位之第三年，以吴王、楚王为首的刘姓七国诸侯联兵造反，其口号是"杀晁错，清君侧"。景帝不得不杀掉晁错作为安抚，但诸侯并没有退兵。兵连祸结，内乱一年后才被平定。景帝在位16年，其间匈奴五次入边，杀掠人口动以万计。

景帝时代国政糜烂，法制荒疏，王公贵族嚣张，世官世守，"为吏者长子孙，居官者以为姓号"。"当此之时，网疏而（豪）民富，役财骄溢，或至兼并，豪党之徒，以武断于乡曲。宗室有土、公卿、大夫以下，争于奢侈……无限度"（《通鉴》卷十六）。

2. 刘彻不是坐享其成的太平天子

刘彻上台后即任命信奉儒学的窦婴为丞相，安排其舅父田蚡为太尉主持兵政，任命他当太子时的儒学老师赵绾为御史大夫，王臧为郎中令。汉武帝毅然实行改革。

改革的主要内容，则本于前179年贾谊向汉文帝的建议，即"改正朔，易服色，建官制，重礼乐，更秦法以立汉制"。汉文帝当时对这种改革"谦让未遑"，而年轻的刘彻则决心大刀阔斧实施之。

这种制度改革最终目的是落实在要规范和限制诸侯及权贵无礼无法的乱妄之行，加强国家的权力，以便对外御侮。因而涉及当时政治制度的核心内容，即权力与资源的重新分配，从而引起了朝野既得利益集团的强烈反对。

刘彻于即位的当月（建元元年十月）即下诏要各地举荐"贤良方正直言极谏之士"。各地推荐上来一百余人，刘彻一一召见，亲自策问"古今治乱之由，长治久安之道"，从中擢拔了董仲舒、严助等一批后来的名臣。但刘彻所注意的并不是应付一时的对策，而是统筹全局和长远的总体战略思想。

王臧推荐宿儒鲁申公做皇帝顾问。申公曾做过楚王刘戊的宾客，七国之乱时由于反对楚王叛乱一度被楚王罚为奴隶。刘彻派人以安车驷马恭敬迎接，"征问古今治乱之事"。申公拿不出高明的理论，只说："为政不在多言，重在力行。"这种见解令刘彻大为失望，因为他是要设计一套全新的国家战略和理论。

3. 建元新政及窦氏政变

为了抑制诸侯在中央的政治影响力，刘彻命令当时驻在京城的列侯回到自己的封地，同时命令各地（包括各封国、诸侯领地）开放城门，不得私设关卡限制往来出入。这是打破地方割据的重要举措。汉武帝还下令对贵族子弟横行不法者实施惩戒，削除其贵族属籍。这些措施引起了列侯、宗室贵族们的强烈不满，"毁新政日甚"，都集聚到太皇太后窦氏那里告状诋毁。于是太皇太后要刘彻废弃儒学而采行黄老之道，恢复文景时代的"无为之治"。

刘彻拒绝听从，反而让赵绾上书，建议皇帝对于国事不必报知请示于"东宫"（即太皇太后）。窦氏大怒，派人访察赵绾、王臧莫须有的"奸利"之事，以此斥责刘彻。刘彻下令逮捕赵绾、王臧，迫使二人于狱中含冤自杀。汉武帝当时竟无力保护自己的老师。其后，窦氏罢免了丞相窦婴、太尉田蚡，将申公逐回老家。

轰轰烈烈的建元新政不到一年即告失败。当时在列侯、宗室贵族中引发了欲废黜皇帝的暗流，所以才出现了田蚡与刘安密议的一幕。这可以从史事中得到旁证。

据《资治通鉴》记，当初武帝被立为太子，靠的是其姑母馆陶长公主刘嫖，条件是刘彻娶长公主独女陈阿娇为妻。刘彻即位后，陈阿娇成为皇后。长公主自恃拥立皇帝有功，向刘彻请求利益无厌。武帝深患之。陈皇后骄悍，于是刘彻疏远她。而刘彻的母亲王太后立即警告他说：你新即皇位，大臣未服；先为改制，太皇太后已怒；现"又忤长公主，必重得罪。妇人性易悦耳，宜深慎之"。所谓"大臣未服"，即指公卿权贵中反对刘彻的暗流。所谓"必重得罪"，就是皇帝要当不成了。

刘彻是极其聪明之人，马上转而"恩礼"长公主、陈皇后。从建元二年至建元六年间，他四处游浪射猎，不再过问大政方针，"无为而治"。由于长公主的保护与刘彻的韬光养晦，才使他的帝位得以保全。

建元六年窦氏死后，刘彻的帝权得到恢复。他再度改元，将年号命名为"元光"。这一年号显然是具有象征意义的。此后数十年间，刘彻每隔六年即更改一次年号，表明建元六年之间的失败记忆对他留下的印象是多么深刻！

元光元年起，刘彻遂开始推行一系列大刀阔斧的改革，把汉朝推上了全盛的时代。在历史和政治中，时间也是一种力量，刘彻是懂得这一点的。

注释

①宫址在陕西淳化县西北。

董仲舒与武帝之元光决策

1

中国秦汉时代发生了两件对此后 2000 年历史影响深远的重大事件，一是历史上第一个大一统帝国秦朝的建立，二是汉武帝确立儒家政治思想为国家意识形态，即"罢黜百家，独尊儒术"。后一项措施是根据董仲舒的建议而实行的。对如此重大的历史事件，其背景和原因何在，历来一直没有讲清楚。

元光元年（前134年）五月，汉武帝在主导了对汉帝国的政治控制权力后，再次诏举贤良对策。他作出了对内外政策进行"更化改制"的一系列重大决策。在将亲姊妹隆虑公主远嫁匈奴的同时，汉武帝准备大举反击匈奴。在这一年夏，他派名将李广和程不识率军屯驻云中、雁门。在内政上则锐意发动一场新的改革。史称这一系列新政为"元光决策"。

从理论上和战略上为这一系列重大改革提供了政治思想基础的是平民出身的知识分子董仲舒。

刘彻初次召见董仲舒时就对他说，自从受命登上帝位以来，自己夜夜睡不好觉。"今朕获奉宗庙，夙兴以求，夜寐以思，若涉渊水，未知所济"。"任大而守重，是以夙夜不皇康宁"。刘彻向董仲舒提出的问题是："何行而可以章先帝之洪业休德，上参尧舜，下配三王？""欲闻大道之要，至论之极"，"子大夫其尽心，靡有所隐，朕将亲览焉"。

由此可见，武帝当时所欲求解的，不只是某些具体的政策措施，而是带规律性普遍性的历史哲学和指导战略。也就是要寻找一个既能总结以往历史教训，又能解决现实问题，从而保证未来稳定和繁荣的长治久安之道。

2

刘彻对董仲舒的征问一共三次，董仲舒连上对策三篇作答。由于对策的首篇专谈"天人关系"问题，因此这三问三答以《天人三策》为名而载入史册。

总体而言，董仲舒在对策中提出了五项重大建议：

（1）建立明堂礼制，约束贵族行为；

（2）建立培养官吏的国家太学，从民间选贤良，为平民知识分子开辟通仕之途；

（3）提出一套天人学说，用以约束警策皇帝；

（4）限制豪民占田，节制土地兼并；

（5）以儒家经典统一政治思想，建立国家主流意识形态。

董仲舒上述对策中对后世影响最为深远的，一是建议进行意识形态改革确立以儒家的政治和历史思想作为汉朝的主流意识形态，二是建立一套考试选贤的文官制度。"推明孔氏，抑黜百家，立学校之官，州郡举茂材孝廉，皆自仲舒发之。"（《汉书·董仲舒传》）

刘彻对董仲舒的对策极为重视，亲自批览，召见面谈。他懂得，一个国家要走向强盛，首要之举是维护社会的安定和建立牢固的有凝聚力的社会组织，而政治意识形态是一种重要的社会动员和组织工具。为了保持社会安定、内部团结，必须抑制豪强兼并，构建一套传承有序的政治意识形态。历来论者多将董仲舒看作地主阶级思想家，我则以为未必然。董仲舒反对豪民兼并土地的思想，代表了当时社会中依附于国家土地的自耕小农的利益。《汉书·食货志》记董仲舒上武帝书云："贫民常衣牛马之衣，而食犬彘之食。重以贪暴之利，刑戮妄加，民愁无聊，亡逃山林，转为盗贼，赭衣（罪徒）半道，断狱岁以千万数。汉兴，循而未改。"他的建议是，必须抑制豪强与豪商兼并田地，"贾人有市籍不许以名占田也。若贾人更占田，则没其田业僮仆，皆入之于官……以塞兼并之路"。

我认为，董仲舒是汉代庶民知识分子（士）的政治思想代表。而汉武帝出于加强王权巩固国家的需要，也有意要扶植从庶民中出身的一个"士"阶层，以他们作为一种新生的政治力量，用以贬抑和削弱横行不法的诸侯贵族、大地主（豪强）和大商人。其政策倾向也明显具有庶民政治的色彩。

3

天人关系的核心是天人感应理论。董仲舒的这一理论过去一直被指责为"神学目的论"。其实，天人感应论是一套约束皇帝的理论，是中国古代独特的民权理论。概括言之，董仲舒指出：政治统治的根本基础在于能否得到人民的支持。民心、民意的支持与否，体现了帝王政德的好坏。政德坏则导致滥刑、酷刑，生成冤厉之气，影响天象。天象以灾异示警，警诫帝王必须改良政治。如果多次示警无效，即会导致天命的改变、王朝的灭亡。此学说之流弊是西汉后期盛行的谶纬神秘主义。而其本义则是建立一个以天象示警系统，以制约帝王肆意妄行的无上威权（政治任意性）。

这一理论对此后2000年中国政治的影响是巨大的。大臣经常以"天象示警"的灾异理论对帝王进行告诫，表明这个理论工具在中国政治中是有效的。

汉武帝基本采纳了董仲舒的全部建议。对董仲舒其人，刘彻却并没有重用，原因就是不喜欢这一套天人理论。

汉祖庙发生火灾，董仲舒认为是由于皇帝不修德，导致田蚡、淮南王刘安等权贵横行。主父偃盗窃董仲舒的讲稿报告刘彻，刘彻阅后以妄言诽谤罪将董仲舒下狱，差点杀头。

数年后，淮南王与田蚡政变的密谋暴露，证明董仲舒对田蚡的指责是对的。武帝表示歉疚，又派董仲舒的两位学生根据《春秋》经义审治刘安之案。董仲舒一生耿直，始终是一个直言快语、不识时务、认为原则比现实更重要的迂夫子。

董仲舒是孔子以后自秦汉至清代2000年间对中国政治宗教思想影响最大的政治思想家之一。西汉学者刘向指出："董仲舒有王佐之材，虽伊吕亡以加。"刘歆亦云："仲舒遭汉承秦灭学之后，《六经》离析，下帷发愤，潜心大业，令后学者有所统壹，为群儒首。"而在现代，他所受到的误解很多，至今未得到客观公正的评价。

焚书坑儒及秦汉之际意识形态转型

1

春秋时代，政治中之主要矛盾起因于贵族政治，王权泯丧，政入私门，"陪臣执国命"。各国遂分裂为政，战乱频仍。战乱动变中形成新的强势轴心国，即所谓"五霸"，竞争导致七雄兴起。

新兴政治力量为巩固政权皆积极吸纳社会人才及智力资源。

春秋后期，孔子聚徒讲学，成为一代"素王"。孔子死后魏文侯拜子夏为师，援引子夏众弟子参政，改革政治，形成魏之"西河学派"①。继之齐威宣王建稷下学宫，燕昭王建黄金台，秦国亦设博士官招揽关东人才②，都是由国家奉养学者的制度。当时各国贵族有招客养士风气，但养士者多非国家，而为私门贵族。

先秦学术一主于史官，一主于博士官。史官自商周以来有之，此乃贵族封建宗法时代王官之旧传。博士官则自战国始设，盖相应于平民社会自由学术之兴起。诸子百家既盛，乃始有博士官之创建。博士官与史官分立，即古者"王官学"与后世"百家言"。

孔子以首兴私学知名③，传授六艺（六经，即诗、书、礼、乐、易、春秋）。《汉书·艺文志》以六艺为诸子分类。六艺皆古学，其先掌于史官；诸子则百家学，乃战国以来诸子自创之学。《汉书·艺文志》则列儒家为九流百家之冠，诸子学则不列于六艺。

2

荀子乃子夏的三传弟子，青年时曾主持稷下学宫。秦昭王时荀子曾访秦。其后，其弟子李斯及韩非见重于秦王嬴政。秦王嬴政始则尊儒，用儒生为博士；灭六国后则轻儒，以至焚书坑儒。其间转变之奥秘，历来说不清楚。

秦始皇早年好学，对儒学中尚法术一派颇为尊礼。法家之学本与儒家共源。子夏西河讲学，魏文侯、李悝、吴起俱曾出入子夏门下，商鞅则为李悝弟子。荀子倡导礼法，是儒门中之法势一派，其学亦出于子夏之门弟子。儒学非仅荀子一端，其所遭禁灭者乃诸儒异端也。

3

焚书与坑儒实乃秦始皇整饬意识形态之运动，所针对者，一为儒者以古制非议新法，一为儒生民间议政，批评秦之政令，所谓"处士横议"。其事盖分两阶段：

> 始皇置酒咸阳宫，博士七十人为寿（寿古音铸，通祝）。仆射周青臣进颂曰："……赖陛下神灵明圣，平定海内……以诸侯为郡县……自上古不及陛下威德。"始皇悦。

> 博士齐人淳于越进曰："臣闻殷周之王千余岁，封子弟功臣，自为枝辅。今陛下有海内，而子弟为匹夫，卒有田常、六卿之臣，无辅拂，何以相救哉？事不师古而能长久者，非所闻也。今青臣又面谀以重陛下之过，非忠臣。"始皇下其议。

> 丞相李斯曰："五帝不相复，三代不相袭，各以治，非其相反，时变异也。今陛下创大业，建万事之功，固非愚儒所知。且越言乃三代之事，何足法也？……古者天下散乱，莫之能一，是以诸侯并作，语皆道古以害今，饰虚言以乱实。人善其所私学，以非上之所建立。今皇帝并有天下，别黑白而定一尊。私学而相与非法教，人闻令下则各以其学议之。入则心非，出则巷议，夸主以为名，异取以为高，率群下以造谤。如此弗禁，则主势降乎上，党与（羽）成乎下。禁之便。"

此乃李斯首倡为适应君主专权而统控意识形态之理论。上古及三代本有庶民或贵族议政之传统。《尸子·君治篇》曰："夫黄帝曰合宫，有虞氏曰总章，殷人曰阳馆，周人曰明堂。"又曰："尧立诽谤之木。"《管子·桓公问》亦言："黄帝立明台之议者，上观于贤也；尧有衢室之问者，下听于人也；舜有告善之旌，而主不蔽也；禹立谏鼓于朝，而备讯也；汤有总街之庭，以观人诽也；武五有灵台之复，而贤者进也。"《吕氏春秋·不苟论·自知》亦言："尧有欲谏之鼓，舜有诽谤之木。"孔子之后，百家蜂起；战国之际，处士横议。此自由议政之传统，至此而中断。

4

李斯原为荀子弟子，先倡议废除周代封建制，于中国建立郡县行政区，其治权统一于中央而开秦大一统帝国之局。

李斯上书主张禁民间议政，由政治专制转向钳制舆论之思想专制。其具体措施，则为"禁私学""焚百家言书"及禁民间"偶语"议政也。秦始皇以李斯之议为可，遂由此发生焚百家书之运动。

焚书办法，李斯曰：

> 臣请史官非秦记皆烧之。非博士官所职，天下敢有藏《诗》《书》、百家语者，悉诣守、尉杂烧之。

即烧毁除秦史之外的诸国历史记载，烧毁除国家博士官署所收藏之《诗》《书》、百家语。李斯除请焚书，又拟定控制思想及言论之法：

> 敢偶语《诗》《书》者弃市。
> 以古非今者族。吏见知不举者与同罪。
> 令下三十日不烧，黥为城旦。
> 所不去者，医药、卜筮、种树之书（准许民间藏用）。
> 若欲有学法令，以吏为师（禁闭私学传授法术）。

此即秦廷管制意识形态及学术之禁令，其最要者三：（1）令下三十日内不烧私家藏书者，黥为城旦（官奴隶）。（2）以古非今，其罪"灭族"。

（3）"偶语《诗》《书》"，杀戮弃市。

5

焚书令后一年，乃发生坑儒之事。事变起因则为方士欺骗秦始皇。

秦始皇欲求长生术，一度广招列国方士。方士侯、卢二生为始皇求仙药。方药炼制无效，二人恐惧，亡去。

> 始皇闻亡，大怒曰："吾前收天下书不中用者尽去之。悉召文学方术士甚众，欲以兴太平，方士欲炼以求奇药。今闻韩众去不报，徐市（福）等费以巨万计，终不得药，徒奸利相告日闻。卢生等吾尊赐之甚厚，今乃诽谤我，以重吾不德也。诸生在咸阳者，吾使人廉（间）问，或为妖言以乱黔首。"于是使御史悉案问（捕）诸生。诸生传相告引，乃自除。犯禁者四百六十余人，皆坑之咸阳，使天下告之，以惩后。益发谪徙边。

秦始皇由惩罚方士而祸延儒生。长子扶苏谏曰："诸生皆诵法孔子，今上皆重法绳之，臣恐天下不安。"始皇不听。于是，将有犯禁之言的诸儒悉坑之，其罪名二：一曰"诽谤今上"；二曰"兴妖言以乱黔首"。而所坑之诸生悉乃"文学方术之士"。

所谓术士，即胥士（儒士），即学士也④，亦即当时之知识分子。然诸生所操之学术乃百家之学，非后世所专言之儒学也。

6

意识形态之争论往往牵连政治。儒生反秦，陈涉起兵，有孔子后裔抱《诗》《书》从军。刘邦军中儒者亦不少。

然而，汉立国之初，高祖刘邦与儒者颇为疏远。刘邦本是市井无赖之徒，不学无术。楚汉相争之际，其恶见著儒服者，以儒生为无用之辈，甚且抛儒冠而溺之。

得天下后，刘邦方意识到礼制德教之重要，乃命叔孙通与鲁儒生为订朝仪，朝纲制度赖以建立。其后，刘邦过曲阜乃以太牢祀孔子，此为历代帝王尊孔之始。

高祖死后，惠帝主政日浅。文帝表面推行黄老，实际已欲行儒家政治，故重用师出儒门之贾谊及晁错，以晁错为太子师傅。贾谊、晁错皆尝从学今文《尚书》于伏生。伏生者，汉初一隐逸民间之高人，而堪称两代帝王（景、武）师之师也。

景帝即位后，从晁错之议用贾谊昔日建议于文帝之《治安策》，欲削藩国而集权于中央，引出七国叛乱，一度分崩离析，有割据之忧。

平乱之后，景帝重用儒士卫绾为丞相。刘彻立为太子前，窦太后欲立梁王为储君。景帝乃命袁盎往说太后，袁盎援引《春秋》公羊经义而阻之。

窦太后好黄老之术，不喜儒学，命景帝会集儒生与黄老之士论辩。儒生博士辕固雄辩力折黄老诸生。太后召见辕固。辕固自以治诗书，乃古者王官之学，而轻鄙老子，太后怒，欲杀辕固，景帝救之。《汉书·儒林传》记：

> 窦太后好《老子》书。召问固。固曰："此家人言⑤耳！"太后怒曰："安所得司空城旦书乎！"（秦法，令下三十日不烧黥为城旦，汉以司空主罪人，贾谊云"输诸司空"是也。）乃使固入圈击彘。上（景帝）知太后怒，而固直言无罪，乃假固利兵……彘应手而倒，太后默然，无以复罪。

由是之后，景帝更重儒学，以与辕固同门之儒士赵绾、王臧等为太子属官，置储君左右⑥。

武帝继位后，乃重用卫绾、王臧、赵绾等儒门人士，延请鲁儒申公。又接受治公羊《春秋》之董仲舒建议，独尊儒学为官学，为五经立博士，从此儒学得以大兴也。

注释

①西河地在卫、齐、魏交界处，非秦魏交界之西河。

②《汉书·百官公卿表》："博士，秦官，掌通古今。"《续汉志》："博士，掌教弟

子，国有疑事，掌承问对。"博士亦称弼士，博，博通诸学；弼，辅弼天子也。孟子云："入则无法家拂士，出则无敌国外患者，国恒亡。"

③实际当时邓析、少正卯皆有私学。

④《说文》："儒，柔也，术士之称。"术、需、胥、学古音转通，士、需（儒）士、胥士、学士，皆同源异文之名词也。

⑤"家人言"即对王官之学而说，犹云民间私家言耳。扬雄《博士箴》云："《诗》《书》是泯，家言是守。"以"诗书""家言"对文，正犹《七略》《艺文志》以王官六艺之学与九流十家对列也。家人言亦即谓平民私家之言。秦博士鲍白令对始皇曰："五帝以天下为官，三王以天下为家。""官""家"对文，官言其公，家言其私。崔浩引袁生语"家人筐箧中物，不可扬于王庭"，钟繇以《左氏》为"太官"而公羊为"卖饼家"，此皆尊官学，蔑家言，与辕固意相似。

⑥孔子云："不学《诗》，无以言。"春秋时外交官（大行人）必学《诗》。故学《诗》亦为仕宦之途。

经学今古文分野与汉初政治斗争（上）
——今文经学之兴起

经学今、古文两大学派的兴起及纷争，乃汉代学术史上一大公案，影响中国历史文化至为深远。

今、古文之争一直被认为由于经书书写文字（小篆及隶书）之不同造成经书内容的理解歧义而导致的学术纷争。而我窃认为，汉代的今、古文之争，实际是关系到政治理念的意识形态之争。廖平曾指出，古文派的根据是《周礼》，今文派的根据是《礼记》中的《王制》，由此引申出对于政治制度及礼教和一系列政策的理解不同，学术文字之争只是工具而已。

1

今文学术，西汉时盖分五脉：《书》学尚法术本荀韩之义，《易》学主预兆谶纬天人之学，《春秋》学主授公羊一派讲"大一统"之法，《诗》学则主微言大义以诗为伦理设教。

而考其源流则实出一脉，即齐儒伏生及浮丘伯之学。伏生尝为秦始皇博士。焚书坑儒，伏生归家，乃秘藏《诗》《书》。

汉初，伏生已年九十余，于济南传授《尚书》，贾谊、晁错俱出其门①。鲁儒申培公亦尝从伏生游。

申公名培，鲁人，少与楚元王刘交同受《诗》于齐人浮丘伯，故其所传称"鲁诗"。汉时《诗》说分四家，鲁、齐、韩、毛也。鲁、齐、韩皆为今文学，唯《毛诗》为古文学，晚出[②]。文帝时申公尝为博士。武帝为太子时，景帝为其所择师傅王臧、赵绾皆申培公弟子。

武帝立，以王臧为郎中令，赵绾为御史大夫，极信用。齐学鲁学乃见重一时[③]。武帝欲立明堂，不明古制，乃遣使束帛加璧，安车以蒲裹轮驾驷以迎申公，授为太中大夫，议明堂事。

申公家居设教，远近争赴其门，辗转相传。其弟子为博士者十余人，跻显官者亦不乏人。

2

景帝时，辕固为博士。

武帝即位，时固已九十余岁，公孙弘被征，仄目而事固，固谓之曰："务正学以言，毋曲学以阿世！"盖弘颇为趋合，固因警之。

汉初新兴儒学，其源实本于荀子之学。荀子曾入齐主持稷下学宫为祭酒，齐人颇受其学。唯齐稷下学中又有邹衍神秘主义一派，恢奇驳杂，好言灾异。武帝亦好此术，固所处武帝时代之新兴儒家大兴其术。董仲舒袭《墨子·天志》思想，大言天人交感。

汉初之儒学颇杂阴阳异学，后来演为京房一派易门谶纬之学。

3

学术为政治服务，政治助学术发展。今文经学之在西汉所以能如日中天者，以其适合政治之需要也。

伏氏《尚书》及公羊《春秋》乃今文经学主要典籍。济南伏生高足最著名者即为贾谊、晁错。

文帝时，贾谊为太中大夫。刘歆曾说，在汉文帝时"在汉朝之儒，唯贾生而已"。后来文帝使掌故（官名）晁错亦从伏生受学《尚书》。《尚书》初出于壁中，竹简朽折散绝，字皆已不可识，伏生以口传授之，而晁错记之以汉隶，带回藏于中秘，成为学者之范本。

故汉初《尚书》之学实乃本于伏氏及晁错传授之学也。晁错学成后，文帝命晁错为太子舍人及太子令，传授《尚书》中之帝王术数于太子，太子后即汉景帝也。伏生《尚书传》特重洪范五行，亦为后儒言五行灾异之祖。

4

景帝时，窦太后欲立景帝胞弟梁王为嗣，袁盎乃以《公羊春秋》经义挫太后兄终弟继之议。景帝由是立刘彻为太子，继位为武帝。

武帝登基后，所重用之大儒董仲舒及公孙弘皆以治《公羊春秋》学知名于时，而公羊学术遂成武帝一朝佐治之工具。

汉初匈奴久为边患，前有高帝白登之围，后有单于谩骂吕后之辱，武帝闻《公羊》经师阐述"大一统""复九世仇"及"尊王攘夷"诸义，正触动其心事。元光后武帝挞伐匈奴，攘夷拓边，中国疆域赖以初定。

公孙弘、张汤皆以《公羊春秋》为律典，据其义例而折狱。清儒唐晏《两汉三国学案》云："（西汉时）凡朝廷决大疑，人臣有献替，必引《春秋》为断。"

武帝崇儒术，立五经博士，广设弟子员，建立学官作为取士选官吏之途。《尚书》以伏氏、晁错所传今文学为本。《春秋》有战国荀子、公羊氏所授之今文学。《诗》则取鲁、韩、齐三家诗说。公孙弘治《春秋》杂说，以布衣而为丞相，封平津侯，创白衣晋公卿之局。

5

今文学派见重于武帝朝，但其本源则始出于文帝之世，又见重于景帝一朝。

今文家喜言"微言大义"，微言，"隐微不显之言也"（《汉书》注引李奇说）。孔子修订《六经》，据说事秘旨奥者皆亲口授弟子，师徒单传，不轻易著之竹帛。故说经者须标其所自，远溯尼山，以足取信，是谓"独门师承"。所谓"微言大义"，正可为后儒之迎合时主自由发挥提供广阔天地。

《汉书·艺文志》："《春秋》所贬损大人当世君臣，有威权势力，其事实皆形于传，是以隐其书而不宣，所以免时难也。"大义本于微言，即其旨而引申之。《艺文志》曰："昔仲尼没而微言绝，七十子丧而大义乖。"

今文经学，蒙文通说是平民之学，有庶民参政和革命的意义。如周人创立封建世卿之治，旨在维持贵族世袭统治。故曰："所谓故国者，非谓有乔木之谓也，有世臣之谓也。"（《孟子·梁惠王下》）又曰："为政不难，不得罪于巨室。"（《孟子·离娄上》）

而《公羊春秋》讥世卿，主张大一统，倡言削贵族而张王权。以君主专制抑制诸侯擅权，以加强王权抑裁私门，正是针对春秋贵族、世卿及家臣主政之乱局。

尊王攘夷之义倡于孔子，传于子夏，成为后期法家之主要宗旨。经荀子传于韩非、李斯，而为秦始皇建立大一统帝国制度所全面实行。汉初之公羊学，受之子夏、荀子，正亦本于此义，故为汉武帝欣赏。

6

武帝时代，儒学与前世之私学不同，乃区别于百家而专立为皇家所尊之国家意识形态，而其议则发自于董仲舒。

仲舒应贤良对策，请议"诸不在六艺之科孔子之术者，皆绝其道，勿使并进""推明孔氏，抑黜百家"[④]于是武帝立太学而尊五经（诗、书、礼、易、公羊春秋）[⑤]。

"仲舒通五经，能持论，善属文。"武帝时，《春秋》公羊学派中，江公与董仲舒齐名。武帝使江公与仲舒廷议，江公讷于口，武帝以为不如仲舒。董仲舒对策引《尚书·太誓》"白鱼赤鸟"之论，引灾异以发明公羊。而丞相公孙弘亦为公羊学弟子，比辑其议，遂重用董仲舒。武帝诏太子受《公羊春秋》，由是公羊之学大兴。

武帝任法，常引儒学经训以资点缀。公孙弘善迎合之，建立太学，置五经博士，大扬儒风，立制度而导学者皆习儒学以求利禄，遂开读书入宦之途。

7

汉武帝时所立十四博士，无一例外都是今文派。十四博士的次序依周予同《经今古文学》里排的简化如下：

> 《诗经》有鲁（申公）、齐（辕固）、韩（韩婴）三家。鲁诗、韩诗，文帝时立博士。
>
> 《尚书》三家同出于伏生，武帝时立其弟子欧阳氏为博士（宣帝时增立大、小夏侯）。
>
> 《礼经》有大戴（德）、小戴（圣）二家（此外还有庆普一家，未立博士）。诸家同出于高堂生。武帝时立《礼经》博士（宣帝时分立为二家）。
>
> 《易经》有施（雠）、孟（喜地）、梁丘（贺）、京（房）四家，四家同出于田何。武帝时立《易经》博士（宣帝时分立为施、孟、梁丘三家，元帝时又立京氏）。
>
> 《春秋公羊传》有严（彭祖）、颜（安乐）二家。二家同出于胡毋生、董仲舒。武帝时立《春秋公羊传》博士。

康有为指出，孔子学说中有经世变法之微言大义，孔子是春秋时一个改革家。蒙文通云："今文学的理想是一个万民一律平等的思想，井田制度是在经济基础上的平等，全国普遍建立学校及选举任贤是在受教育和做官吏机会上的平等，封禅、禅让是在出任国家首脑上的权利的平等，大射巡狩是在封国爵土上的平等，明堂议政是议论政治上的平等。"在这一律平等的基础上，再以才德的高下来判分其地位，才德最高的人可以受命而为天子，其次可以为诸侯、卿、大夫、士，其不称职者可以黜免，同时还有辅助政府的议政机构。从形式上看，应当说这是一个气魄雄伟、规模宏大的有理论根据、有具体办法的比较完善的思想体系。

注释

①"孝文时，天下亡治《尚书》者，独闻齐有伏生，故秦博士，治《尚书》，年九十余，老不可征。乃诏太常，使人受之。太常遣错受《尚书》伏生所，还，因上书称说。诏以为太子舍人，门大夫，迁博士。"后又拜为太子家令，人号"智囊"。汉初儒士兼学法术。晁错早年学申商刑名于儒生张恢。晁错自负荀况"术数"。术数者，张

晏曰："刑名之书也。"臣瓒曰："术数谓法制，治国之术也。"(《汉书》颜师古注)。

②三家诗皆自称出于子夏。

③《汉书·艺文志》："汉兴，鲁申公为诗训故（即《鲁诗》25卷），而齐辕固、燕韩生皆为之传，或取《春秋》，采杂说，咸非其本义……三家皆立于学官。"申公弟子中以辕固、瑕丘江公及王臧、赵绾为最著名。

④董仲舒对策详论春秋谓"一"为"元"之说，知其倡议之时在建元元年。又《汉书·公孙弘传》："武帝初即位，招贤良文学士，是时弘年六十，以贤良征为博士。"考弘卒于元狩二年，年八十，上推二十年，正值建元之岁，公孙与董氏并举。第二次对策则在元光年间。

⑤六经排列，今、古两家不同：《易》《书》《诗》《礼》《乐》《春秋》，古文家之排列法也。《诗》《书》《礼》《乐》《易》《春秋》，今文家之排列法也。古文家以书籍时代先后为序，今文家以程度浅深为准。孔门教人，普通讲授限于《诗》《书》《礼》《乐》；若《易》与《春秋》，非高材不得闻也。

经学今古文分野与汉初政治斗争（下）
——古文经学之兴起

1

古文经学立学之初，始皆出于诸侯王者，一出于鲁恭王刘余，一出于河间献王刘德。

后人看汉代今古学争皆以为文字学派之争，实际上今古学争源自政治斗争。古文学派之发端，源自刘姓封王贵族借古书之出土立异端而反对武帝集权之新政也。

汉初《尚书》之始传，本于伏生之口传，乃今文学派。而鲁恭王称于孔子故居壁中发现古文本原始《尚书》，遂另立宗派，而孔子后裔孔安国则自称古文《尚书》之首传者。

景帝时梁王刘武广招文士。武帝时，淮南王刘安亦好读书，所招之学士率多浮辩，而以黄老道术杂以阴阳方术之学为主，汇为《淮南王书》，于建元之初进献朝廷。其时朝政仍由窦太后主持，刘安实欲以黄老学与武帝所倡之儒学相抗礼也。

元光以后，淮南王以谋反罪被诛灭，黄老之学遂告式微。道术之士嗣后乃转入民间，沦为山野河上之道，诸侯皆不得不从武帝而尊儒学。

2

河间献王刘德，栗姬之子，临江闵王刘荣乃其同母兄。初，栗姬有宠于景帝，刘荣得立为太子，后以枝节小过被废，于是刘彻立为太子，而后为武帝。

刘德乃废太子刘荣之同母弟、武帝异母兄弟。武帝削诸侯权、兴开边伐匈奴等新政，刘德多所腹诽之词，不敢见诸奏议，乃借儒者之口笔而发泄之。

刘德不喜董仲舒、公孙弘之今文学，唯以其为武帝所好，不敢公然诋忤，乃潜心收集先秦儒学旧典，实欲以之立异说而辟今文家论也。

尤可注意者，刘德竟于其封国中为传古文经术者（毛苌之诗学、春秋左传）立博士[①]，而与朝廷中之今文博士分庭抗礼也。《艺文志》记："河间献王好儒，与毛生（苌）等共采《周官》及诸子言乐事者，以作《乐记》（《礼记·乐记》），献八佾之舞，与制氏不相远。"[②]但武帝不予采用，其所用者为李延年一流的郑卫民间之声。

毛苌为河间献王博士，遂立古文派《诗》学，托其说谓出于子夏，以标正统。其《诗》说即所谓《毛传》。毛苌所传之《诗序》将300篇古诗几乎全部说成讽骂政治之作，特别反对"奢侈""淫荡"以及"穷兵黩武"——都是直接针对汉武帝的讥讽。夫以区区藩国竟为《毛诗》《左传》自立博士，显然有另立学说挑战中央意识形态之势。武帝乃绝顶聪明之人，岂不知其心事？然献王素有贤名，又行事谨慎，颇得士人之心，故一时难以除之。

史载刘德独好古文经传，尤喜周礼乐及《周礼》（《周官》）。古文经学之重籍实在《周礼》。《周礼》或说出自战国旧籍，实即刘德所召诸儒生据先秦旧典所纂辑。《汉书·河间献王传》谓"献王所得书皆古文先秦旧书，《周官》《尚书》《礼》《礼记》《孟子》《老子》之属，皆经传说记，七十子之徒所论。"

《汉书·景十三王传》记河间王事云：

> （王）修学好古，实事求是。从民得善书，必为好写与之，留其真，加金帛赐以招之。繇是四方道术之人不远千里，或有先祖旧书，多奉以奏（进）献王者，故得书多，与汉朝等。

刘德以古文儒经献武帝，实欲以古文经典为讽喻立异说而影响时政。

3

武帝元光年间，刘德来朝，献雅乐，对策答立雍宫及诏策所问三十余事。其对词"推道术而言，得事之中，文约指明"，而与朝中今文儒者所言之义多相违。

因之，今、古文之争实乃汉初激烈政治斗争和意识形态斗争之继续。古文经学实创立于武帝异母弟河间王刘德也。以刘德为首的各国诸侯大量收集古文旧典，多次向朝廷献古文经，目的是希望武帝据古之"周礼"即分封贵族之封建制而立制度。而武帝冷遇之，将其所献经典皆束之高阁。公羊学喜讲势利法术名分，《周礼》《左传》则喜言仁义礼制，政治方向大不相同。古文难学。盖今文之学，平民庶士进身之学；古文之学，乃学官贵族之学。古文之学的倾向，实代表当时诸侯王对武帝强化中央集权政策之不满。因此刘德所倡导之古文学术遂被武帝视作政治思想之异端。

武帝讥讽刘德说："汤起家于七十里之地，周文王起家于百里之地，你努力吧！"刘德闻言惶恐忧惧。由于遭受武帝疑忌，河间王刘德最终郁郁而死[③]。此乃今古文斗争之发韧。故今、古两派之争，非仅文字学术之争，实映现中央与地方诸侯政治思想对立取向之斗争也。

刘德死后，终武帝一朝，古文经学遂被冰藏，操古文经学者亦多被朝廷投闲置散。

4

今、古文经学之异，根本分歧在于道统之不同：今文推尊孔子及孔子所传之学术"六艺"；而古文则推尊周公，谓"周公制礼作乐"，实乃以周公为教祖，而暗中贬抑孔子。

周之公学，周公所传，汉代古文经学之前身也。周之私学，孔子所传，汉代今文经学之大本也。

今文学上承孔子、子夏、荀子，传自先秦儒家，其学术各有师授。古文学上承周公，鄙薄孔子，其讲论笃守旧典。故今文学所讲是理想制度，古文学所讲是历史陈迹，两者迥然不同；然而却又都在六经的旗帜下讲论学术，当然就要形成誓不并存、互相攻击的局面了。

古文学家抓住旧史来批驳今文学，说今文学家"信口说而背传记""怪旧艺而善野言"。正是这些"口说"和"野言"中包含着今文派儒者不敢公开宣讲而抨击时政的微言大义。

六经是"旧法世传之史"，六经之能脱离"旧法世传之史"而上升为"圣经贤传"，成为一个有独特思想学术体系的经学，是由于今文儒生们依附六经灌注了自己的思想，依附六经寄托了自己的整套理想制度。

荀悦云："仲尼作经，本一而已。古今文不同，而皆自谓真本经。古今先师（谓说经者），义一而已，异家别说不同，而皆自谓古今。仲尼邈而靡质，昔先师殁而无间，将谁使折之者……故一源十流，天水违行，而讼者纷如也。"（《申鉴·时事篇》）

荀氏于汉末，亲见今、古两家互相攻讦，势同水火，故慨乎而言之也。

5

要之：

（1）今、古学派导因于汉代儒经有今文与古文两大系统。

（2）由于文字不同，故发生经义解读及释义不同。

（3）释义不同则传授异，发生真伪及孰为正统（"正经"）之争。

（4）由正统性之争而产生讲述资格之争。

（5）由讲述资格而产生利禄之争。

今文、古文争得很剧烈。西汉立的14个博士都是今文博士，古文一直到王莽时才立博士。今文博士坚决反对古文立博士，也就是反对古文经学成为官学。古文经学的提倡者刘歆曾写了一篇《移让太常博士书》斥责今文博士。

古文派主张封国的大小不能变更，一定要分五等，公方五百里，侯方三百里，子方二百里。

今文派注重现实，主张分三等，把公与侯的封国面积一律缩小为方百里，伯方七十里，子与男一律缩小为方五十里。

古文派坚持山泽皆入官，自然资源如山林川泽之利，他人不能利用，平民或工商业者不能采取；今文派主张山泽无禁，自然资源公开。古文派重传统形式，举行丧礼，不惜尽量铺张浪费，也就是主张厚葬；今文派主张薄葬，而且把日期缩短，也就是所谓短丧。

古文派主张封国割据称伯（霸），各伯（霸）一方；今文派主张统一尊王，也就是所谓"王天下"。

古文派既主张各霸一方，则天子巡视各国的次数便愈少愈好，主张12年才巡视一次，也就是12年中上级只巡视下级一次。今文派认为上级巡视下级的次数要多，主张5年巡视一次。古文派主张凡高位如卿之类，应世袭，也就是权力不外溢，父死子继，一代一代地传下去；而且卿的名额乃至大夫、士的名额都可以无定额。今文派不然：既反对卿的世袭，要用选举，而且要限定卿、大夫、士的名额，不许增多。

古文派既重割据称霸，地区较小，所谓社稷之祀的对象便多带地区性，以"人鬼"为对象。今文派是主张"王天下"的，要用代表性较大的"天神"代替"人鬼"作为社稷之祀的对象。

古文派重传统的形式，所谓七庙之祭，日、月、时（四时）都要举行。今文派反对传统的形式，尊重当前的现实，对七庙的祭祀大加简化，只要时祭一种。

（廖平在《今古学考》里列举了五个不同之点，我们加以归并，成为上面的三类九项。）

6

今文尚义理发挥，以切时用；古文重传古事古言古义，所谓"实事求是"。实事者，实际发生之事，指古史、古代之事也。今文家以古事为粗迹，古文家则标榜求古，蔑今文之义理为妄言。

源头不同，流派各异，师从不同，相互竞立，歧中又有歧。司马迁初习今文经义于董仲舒，不甚好之，复从孔安国学古文《尚书》，兼通今古两家之说，其实所宗者则为古文，故迁曰："不离古文者近是。"

古文经说于汉武一朝乃边缘学派，而今文为当时显学，居主流学派。古文学派备受排斥。武帝晚年，卫太子好儒，不喜公羊之学，乃私问《穀梁》之义而善之。复苏穀梁学实开古文学派之先声。

巫蛊事变卫太子死之，榖梁学亦告式微。唯鲁荣广、皓星公尚传焉④，沛人蔡千秋等人犹习之。

注释

①郑玄《六艺论》云："河间献王好学，其博士毛公善说《诗》，献王号之曰《毛诗》。"

②《汉书·艺文志》又曰："自黄帝下至三代，乐各有名……周衰俱坏，乐尤微眇，以音律为节，又为郑卫所乱，故无遗法。汉兴，制氏以雅乐声律，世在乐官，颇能纪其铿锵鼓舞，而不能言其义。"《礼乐志》："叔孙通所撰礼仪，与律令同录，臧于理官，法家又复不传。汉典寝而不著，民臣莫有言者。又通没之后，河间献王采礼乐古事，稍稍增辑，至五百余篇。"

③西汉人杜业云："河间献王经术通明，积德累行，天下雄俊众儒皆归之（成为一派政治之精神领袖）。孝武帝时，献王朝，被服造次必于仁义。问以五策，献王辄对无穷。孝武帝艴然难之，谓献王曰：'汤以七十里，文王百里，王其勉之！'王知其意，归即纵酒听乐，因以终。"（见王先谦《汉书补注》引）

④《汉书·儒林传》："瑕丘江公受《榖梁春秋》及《诗》于鲁申公，传子至孙为博士。"

武帝晚年的巫蛊之乱

1

发生在武帝晚年的巫蛊案，是西汉时期非常重大的历史事件。此案引起了汉武帝晚期政治的重大转变。为什么会发生此案，扑朔迷离，异说纷纭，成为武帝一生中的一个巨谜。宋洪迈《容斋续笔》即云："汉世巫蛊之祸，虽起于江充，然事会之来，盖有不可晓者。"

什么是巫蛊？"巫蛊"二字历来不见达诂。说者或牵扯《易》之蛊卦①，皆妄不足论。蛊，即蛊惑。蛊之古音通"鬼"②，又通"诅"，是一种诅咒之术。所谓"巫蛊"，即巫鬼之术或巫诅（咒）之术也。《汉书》谓巫蛊起自胡巫。巫蛊之术，其源实来自匈奴民族所信之萨满巫术③。

巫蛊之术的具体方法，就是以桐木制作小偶人，上面写上被诅咒者的名字、生辰八字等，然后施以魔法和诅咒，将其埋放到被诅咒者的住处或近旁。行此术者相信，经过这样的魔法，被诅咒者的灵魂就可以被控制或摄取。

战国晚期及汉代，由于民族的迁移与混合，巫术之风浸染中原，逐步由下层流行至上层。战国时的邹衍就是一位大巫。武帝时的大儒董仲舒著《春秋繁露》，书中也有五行及祈雨巫术。儒家一向以理性见称，但汉儒则多信巫术，可见其时巫风浸润之广。武帝元光年间，皇后陈阿娇失宠，曾使用巫蛊之术诅咒其情敌卫子夫，武帝觉知后将她废黜，女巫楚服及宫人牵连被诛者三百余人④。但其案影响尚较小。

而起于征和元年十一月的巫蛊之祸则绵延数年,牵连诛死者有皇太子、卫皇后、公孙贺及刘屈氂二丞相、诸邑与阳石二公主,及三皇孙,还牵涉到许多公卿大臣和重要人物,如江充、韩说、章赣、苏文、石德、赵破奴、任安、暴胜之、田仁、朱安世、商丘成、张富昌、李寿、马通、马何罗、景建等,都城长安在这次政治动乱中致死者数以万计。其结果,导致了汉帝国统治上层一次严重的政治危机,酿成武帝后期政局空前之巨变。

2

巫蛊之乱的发生,包括四个阶段:(1)酝酿和准备;(2)事件的触发;(3)矛盾激化为京城动乱;(4)平反与清洗。

武帝天汉年间,国内流行疫病。这种疫病最初可能来自匈奴发动的生物战。由于汉武帝不断对匈奴发动大规模战略进攻,匈奴王庭远迁漠北。为阻挡汉军,匈奴使用萨满巫术。这种巫术的"诅军"方法之一,是将疫马、牛、羊埋到汉军经过的水源上,或将染有烈性病毒的疫马施放给汉军,使汉军人畜染疫(《汉书·西域传》)。疫病随归师传回长安。一代名将霍去病在 24 岁的青壮之年早夭,肯定是由于染上了不治的疫病[⑤]。

武帝中后期以后疫病流行国中[⑥]。宫人多染疫者。武帝晚年也染疫多病。"上春秋高,意多所恶",又"以为左右皆为蛊道祝诅",怀疑自己中了巫蛊之术。

天汉二年(公元前99年),"秋,止禁巫祠道中者,大搜"。所谓"大搜",臣瓒以为"谓索奸人也",晋灼注"搜巫蛊也"。

巫蛊之案是在疾疫流行的背景下发生的。

3

巫蛊之案的第一个受害者是战功卓著的名将公孙敖家族。公孙敖是卫青好友,参与过多次对匈奴远征,封侯。太始元年春正月,公孙敖坐妻为巫蛊,腰斩。

征和二年(公元前91年),又有人举报丞相公孙贺的儿子公孙敬声以巫蛊之术诅咒皇帝。

公孙贺为武士出身，青年时是卫青的好友，曾多次追随卫青征伐匈奴，以战功封侯。他娶卫子夫之姊君孺为妻，与汉武帝有连襟之亲，一度深受重用。先为太仆，太初二年（前103年）继石庆为丞相，而他的儿子公孙敬声则接替了其太仆的职务。父子并居公卿位，一时宠贵莫比。

公孙敬声"骄奢不奉法"，擅自挪用"北军钱千九百万"，案发后被捕。公孙贺向武帝请求以立功赎子罪，自请追捕早被通缉但一直未归案的阳陵大侠朱安世以交换儿子。

朱安世被公孙贺捕得后仰天大笑，说："你杀我一个，我灭你一族。"于是自狱中上书首告，举报"敬声与阳石公主私通，及使人巫祠诅上，且上甘泉当驰道埋偶人，祝诅有恶言"。

根据举报，武帝诏"下有司案验贺，穷治所犯"。公孙贺父子死狱中，全家灭族。

这就是巫蛊之案的缘起。受公孙贺之案牵连的有诸邑公主、阳石公主以及卫青的儿子长平侯卫伉。数月后，卫皇后女诸邑公主、阳石公主"皆坐巫蛊死"。

公孙贺一案遂成为点燃巫蛊大案和长安政变的导火索。

4

在纠治公孙贺案时，武帝已染病。"时上疾，避暑甘泉宫"，长安独皇后、太子在。但是，武帝却不信任他们，而把纠治公孙贺案的责任全权委托给了新任丞相刘屈氂和御史章赣。具体查办此案的则是政治背景复杂可疑的宠臣江充。

江充是赵国邯郸人，本出身于市井无赖。他将貌美的妹妹嫁给赵太子刘丹而成为赵王的座上客。后又与赵太子发生龃龉，即入长安举报刘丹有种种不法事。

武帝劾治刘姓诸王及家属极严，根据江充的举报，赵太子获罪死狱中。汉武帝赞许江充，任命他以谒者的官职出使匈奴。出使前武帝曾问他出使时作何计划，他说一切随机应变。江充在匈奴中活动了近一年，归后得到重用。武帝委任他担任钦差无定所的检查官"直指绣衣使者"，负责京师治安，"督三辅盗贼，禁察逾侈"。

在任上，江充严厉劾察亲王贵戚及其子弟，敢于碰硬，因此深得武帝赏识。"上以充忠直，奉法不阿，所言中意"。例如，江充曾将在驰道中奔驰的武帝之姑馆陶长公主的车骑"尽劾没入官"。又曾惩办在御用驰道中疾驰的太子家使，太子亲自出面说情，江充也不给面子。

武帝为疫病所困，长居在远离长安的甘泉宫中。江充目睹武帝已年老，怕他死后太子继承皇位后报复自己，在丞相刘屈氂的支持下，决定借公孙贺一案罗织陷害太子和卫皇后。《汉书·江充传》记："（江充）奏言上疾崇在巫蛊。于是上以充为使者治巫蛊。"

案子愈查愈大，以致武帝"疑左右皆为蛊祝诅"。江充乘机指使胡巫檀何欺骗武帝说："宫中有蛊气，不除之，上疾终不差。"武帝相信其言，指令江充入宫穷治，又派按道侯韩说、御史章赣、黄门（宦者）苏文等协助江充督办。

5

江充接受在长安大规模调查巫蛊一案的指令后，"知上意"久已不满卫氏集团，于是任用了一批来自敌国匈奴及西域的胡巫。胡巫与江充相勾结，罗织陷害，株连牵引数万人，把一个长安城搞得乌烟瘴气，最终则将调查矛头引向皇宫中的卫太子和卫皇后。《汉书·江充传》记：

> 充将胡巫掘地求偶人，捕蛊及夜祠，视鬼，染污令有处，辄收捕验治，烧铁钳灼，强服之。民转相诬以巫蛊，吏辄劾以大逆亡道，坐而死者前后数万人。

江充亲自带领胡巫入宫搜查。"入宫至省中，坏御座掘地"，"充先治后宫希幸夫人，以次及皇后、太子宫，掘地纵横，太子、皇后无复施床处"。

江充果真在太子宫中掘出了桐木人和写有咒语的帛书，他得意洋洋地宣告："于太子宫得木人尤多，又有帛书，所言不道，当奏闻。"

其实，太子宫及皇宫中所发现的巫偶，都是江充指使胡巫及宫人所预先设置。《汉书》颜师古注引《三辅旧事》云："（江）充使胡巫作而埋之。"《资治通鉴》胡三省注引张晏曰："（江）充捕巫蛊及夜祭祀祝诅者，令胡巫视鬼，诈以酒酹地，令有处也。"又注引颜师古曰："捕夜祠及视鬼之人，而（江）充遣巫污染地上为祠祭之处，以诬其人。"⑦

6

眼看冤案就要罗织到自己和母亲卫皇后身上，太子情急，乃征求左右幕僚的意见。太子少傅石德劝刘据诛杀江充："先前的公孙贺父子、两位公主及卫伉家人都已受陷害被杀。现在胡巫又来陷害太子，已挖到了木偶。皇上不会知道这是胡巫所设置，会认为我们真在诅咒他，我们无法自白洗清。我们与其坐而等死，不如动手杀掉江充和胡巫。难道太子忘掉前朝秦始皇的长子扶苏受冤屈而死的事情了吗？"

石德用扶苏的悲剧警告刘据，并指出卫皇后及太子都已失去武帝信任。太子回答师傅："我是皇上的儿子，不能这样擅自去做。我还要见皇上陈情。"

太子想面见武帝，陈情辩白。但是，太子晋见武帝的途径早已被江充封堵。江充则诬陷太子，向武帝报告太子要造反且"反形已具"。

当发现自己已无可能面见皇帝后，面临生与死的选择，刘据不得不采信了石德的话，下决心除掉江充。"征和二年七月壬午，乃使客为使者收捕（江）充等"。太子调动了宫廷卫队，"具白皇后，发中厩车载射士，出武库兵，发长乐宫卫，告令百官曰江充反"。太子命客诈称武帝使者，带兵将江充逮捕，江充的助手按道侯韩说拒捕被杀死。

太子将全部怒火集中于江充，亲自监临，"乃斩充以徇"。临刑前，他责斥江充："赵虏！前乱乃国王父子不足邪！乃复乱吾父子也！"与此同时，又将协助江充制造巫蛊案的胡巫烧死于上林苑中⑧。

有匈奴背景的胡巫在巫蛊一案中扮演了神秘而重要的角色。他们是否具有政治背景，史未明言，我们今日也难以深考。通过胡巫所带来的具有神秘主义特征的萨满巫术介入上层权争，乃是巫蛊之案的显著特色。

江充的另一个助手御史章赣在混乱中受伤突围，逃到甘泉宫向武帝告变。

太子杀掉江充后，并没有就此罢手。他派兵攻入丞相府，去捉拿幕后指使江充的丞相刘屈氂。但是，刘屈氂逃脱了，他派丞相长史乘驿站车马直奔甘泉宫向武帝告变。

7

整个事件的最高潮是卫太子、卫皇后母子遭遇的悲剧。

武帝在甘泉宫起初听到章赣等来告变，尚不认为是太子发动叛乱，而认为可能是江充逼太子过甚，所以太子杀掉了江充。直到丞相刘屈氂来报，他才相信太子实际是谋反叛乱，可能要篡位夺权。

于是，武帝下令丞相刘屈氂率正规军杀回长安，讨伐太子。武帝为此赐丞相玺书说："捕斩反者，自有赏罚。以牛车为橹，毋接短兵，多杀伤士众。坚闭城门，毋令反者得出。"

武帝本人也由甘泉宫来至长安城西的建章宫，亲自指挥对太子的军事行动。武帝下诏发三辅附近兵马以及朝中二千石以下官员，统由丞相统帅，讨伐太子。并遣使收缴卫皇后玺绶，迫使卫皇后含愤自杀。

太子除长安宫中卫队外，手中并无正规军队。他曾派人调任安指挥的北营军马，任安接受调令后却紧闭营门，拒绝出兵⑥。太子只能以皇帝名义"矫制"释放长安中都官狱中关押的数万罪徒，散发武库兵器，由石德统帅与刘屈氂指挥的正规军对战。

卫太子以仁善知名，在民间是比较得人心的。他杀江充的举动得到长安市民的支持，许多市民参与了太子的军队。太子军与丞相刘屈氂率领的正规军"合战五日，死者数万人"（《汉书·刘屈氂传》）。一时间，长安城内，刀光剑影，杀声震天，血肉纷飞。经过5天的动乱和厮杀，太子被击败，不得不逃离长安。汉武帝下旨严令各地缉拿。

太子带着家人逃亡至湖县（今河南灵宝西），藏在泉鸠里一户友人家。主人家贫，织草鞋"卖屦以给太子"。为了生计，太子使人去寻觅一个富裕的故人，被朝廷派出的密探发觉，太子遭到地方官吏的围捕。县卒张富昌破门而入，太子不愿被捕后遭受小吏的欺辱，"入室距户自经"。其友人与来兵格斗而被杀，跟随太子的两个皇孙也在混乱中被杀死。地方官新安令史李寿及张富昌皆因此立功封侯。

此一事变的结果，是整个卫皇后家族及其与武帝所生的所有儿孙，除太子之孙刘病已侥幸隐藏获救外，尽皆死于非命。

注释

①易卦之"蛊"，乃故老之"故"的借文，与巫蛊并不相干。

②《说文》："臬桀死之鬼亦为蛊。"

③萨满，女真语，指巫师巫术。《三朝北盟会编》："珊蛮（萨满）者，女真语巫妪也，以其变通如神。"其来源则甚古老，为北狄、东胡（通古斯）民族所普遍信仰。

④《史记·外戚世家》记载，"（陈皇后）闻卫子夫大幸，恚，几死者数矣。上愈怒。陈皇后挟妇人媚道，其事颇觉，于是废陈皇后，而立卫子夫为皇后。"所谓"挟妇人媚道"，司马贞《索隐》："《汉书》云：'女子楚服等坐为皇后咒诅，大逆无道，相连诛者三百人。'"

⑤元狩前后，连续数位匈奴单于均在青壮年短命早夭，可能也是死于疫病。汉昭帝也仅21岁就病死。

⑥张华《博物志》记："汉武帝时，弱水西国有人乘毛车以渡弱水来献香者，帝谓是常香，非中国之所乏，不礼其使。留久之，帝幸上林苑，西使千乘舆闻，并奏其香。帝取之，看大如燕卵，三枚，与枣相似。帝不悦，以付外库。后长安中大疫，宫中皆疫病。帝不举乐，西使乞见，请烧所贡香一枚，以辟疫气。帝不得已听之，宫中病者登日并差（愈）。长安中百里咸闻香气。"

⑦《汉书·武五子传·戾太子刘据》记："（江）充典治巫蛊，既知上意，白言宫中有蛊气，入宫至省中，坏御座掘地。上使按道侯韩说、御史章赣、黄门苏文等助充。充遂至太子宫掘蛊，得桐木人。"王先谦《汉书补注》："掘得桐人六枚，尽以针刺之。"

⑧服虔曰："作巫蛊之胡人也。炙，烧也。"师古曰："胡巫受（江）充意指，妄作蛊状，太子特忿，且欲得其情实，故以火炙之，令毒痛耳。"

⑨任安也是卫青旧部将领。他接受了太子的调令，尽管没有出兵，武帝认为他首鼠两端，还是杀了他。临死前他曾写信给好友司马迁求救，司马迁回信即著名的《报任安书》。

巫蛊之乱背后的外戚集团斗争

1

导致巫蛊之乱爆发的因素极为复杂，略言之有以下五端：

（1）武帝晚年多病，孤立，多疑。

（2）朝中形成了分别以武帝为中心和以太子为中心的两种政治势力。

（3）为监督和制约刘姓及卫姓亲贵，武帝扶植了以江充为代表的超常规监察势力。

（4）朝中出现了试图取代卫太子、卫皇后的刘屈氂（丞相）、李广利一派新兴贵族、外戚势力。

（5）匈奴背景的胡巫。

巫蛊之祸发生的根本原因则是由于汉武帝与太子刘据不仅存在政治理念的分歧，而且在朝中形成了两个政治中心。

卫太子是卫皇后所生。元狩元年（前122年），刘据被立为太子。他是武帝预立的法定继承人，布告天下，在全国臣民中有着广泛的影响。

此时卫子夫贵居皇后、太子之母，其弟卫青在太子出生前已任车骑将军，全面主持对匈奴的军事。元朔五年（前124年）卫青升任大司马、大将军，不仅掌有重大兵权，而且成为武帝新设立的朝廷最高决策机构中的首领。卫氏权倾一时。

在武帝和太子并存的长时间里，朝廷中存在着两类官僚：一类是积极追随武帝的开边、兴利、改制、用法即"大有为"路线的朝臣，如桑弘羊等；一类是拥护"守文"的太子主张温和路线。

武帝和太子既然各有一班为自己效力的臣僚，他们的关系就超越了宫廷生活中的父子关系，而具有两种相矛盾的政治势力和政治路线的性质。

这两种政治势力的矛盾，在形势变化的时候有可能激化起来。

2

在武帝执政初期开边攻伐匈奴的战争中，卫青立有大功，但随着其权势的加重，也引起武帝的猜忌。十多年的对匈奴战争使汉王朝取得了开疆拓土的巨大胜利，也造成了以卫青、霍去病为代表的军人权势集团的崛起。

卫青"凡七出击匈奴，斩捕首虏五余万级。一与单于战，收河南地，置朔方郡。再益封，凡万六千三百户；封三子为侯，侯千三百户，并之二万二百户。其裨将及校尉侯者九人，为特将者十五人"[1]。

霍去病"凡六出击匈奴，其四出以将军，斩首虏十一万余级。浑邪王以众降数万，开河西酒泉之地，西方益少胡寇。四益封，凡万七千七百户。其校尉吏有功侯者六人，为将军者二人"[2]。

在卫青、霍去病两位名将周围聚集了一批战功卓著的军人，包括李广、张骞、公孙贺、李蔡、曹襄、韩说、苏建、李息、公孙敖、李沮、张次公、赵信、赵食其、郭昌、荀彘、路博德、赵破奴等，皆有名于时。他们或出将入相，或为九卿郡守，成为朝廷政治中的股肱之臣。

而这一军事集团，通过卫青与卫皇后及太子以母系血缘纽带而相连，形成了特殊的关系[3]。

有这样的权力集团为后盾，刘据作为储君，太子地位之巩固，自不待言。

但是，卫氏亲属皆拥重权，且多跋扈，早已引起武帝警惕。元狩元年（前122年）武帝破格擢拔年轻的霍去病任骠骑将军。不久又擢升20岁的霍去病与卫青并列大司马，分掌兵权。虽然霍去病是卫青的外甥，但此举显然也有制衡和牵制大将军卫青之意，分其军权，防止军权集中于卫青一人之手。卫青为大将军，霍去病才为校尉。已而皆为大司马，青日衰，去病日益贵。青故人门下多事去病，唯任安不肯去。

对于卫太子，霍去病则也是其舅表兄弟，仍属至亲。

卫霍集团的势力都环绕聚集在太子周围，形成了一个新的政治核心。这个集团中还包括部分刘姓诸王、权贵子弟。因此，在元狩、元鼎、元封年间，以太子为中心，事实上形成了足以牵制影响武帝一些重大决策的以卫霍集团为后盾的一种新兴政治力量。

3

卫氏集团之所以遭到武帝的疑忌和剪除，根本原因是这个集团与卫太子具有特殊关系。

对此，谨慎而聪明的卫青并非全无知觉。有一次卫青部将苏建（苏武之父）劝卫青召士养客，卫青说："过去魏其、武安侯多养士，上为之切齿。我作为臣下，只应当恭敬侍奉皇上，召士养客何为？"④

惟名器与位不可久居。元狩六年（前117年），卫青的长子卫伉"坐法失侯"。5年以后，卫青的另外两个儿子——阴安侯卫不疑、发干侯卫登——"皆坐酎金失侯"。这显然是武帝对当时权势盛大的卫氏的一种警告。

卫青死后不久，其内亲、老部下公孙贺即被灭族。武帝对公孙贺将取先予，先扬后抑。公孙贺对此似也已有所察觉。公孙贺被武帝任命为丞相时，不喜反哭，拒绝受印，说："这下我家完蛋了。"⑤后来果然巫蛊狱兴，"卫氏悉灭"，而事因起于公孙贺。武帝在杀公孙贺后曾说："故丞相贺倚旧故乘高势而为邪，兴美田以利子弟宾客，不顾元元，无益边谷，货赂上流。朕忍之久矣，终不自革。"

公孙贺之狱与卫太子之狱，实际都是针对削弱卫太子及卫氏集团而发的。所以《汉书》记江充敢无所顾忌地侵犯卫皇后和太子，正是因为他已预先"知上意"。

4

元封五年，大将军卫青死。此前霍去病及名相公孙弘、大儒董仲舒也皆已死。董、公孙、卫、霍四人对武帝元光以后的新政影响极其重大，他们的去世令武帝感到孤独和失落。

元封年间，武帝再次下诏辟征才士，谓"名臣文武欲尽"。马有性烈奔踶不服人者却能驰聘千里，士有背俗特行而有奇才者可立奇功，他要求举荐这样的人。诏曰："盖有非常之功，必待非常之人。故马或奔踶而致千里，士或有负俗之累而立功名。夫泛驾之马，跅弛之士，亦在御之而已。其令州郡察吏民有茂材异等可为将相及使绝国者。"

这一求贤诏，显示了武帝试图再次拔擢新人的雄才大略，也表明了他对已存在于朝中的旧官僚权贵集团的不满意。

武帝感到需要更新一批政治血液，来继续完成彻底消灭匈奴的宏图远志。对朝中已存在的旧权势集团，汉武帝则任用酷吏，劾之以峻法，力求加以抑制。

武帝一朝，始终擢拔重用来自下层社会平民出身的文法酷吏，利用这种人对贵族势力的嫉恨，来抑制朝中的权臣、贵戚和王侯。

武帝重用江充，首先是看重他敢于出首举劾赵王，不畏诸侯权贵。为了让他能作为鹰犬来抑制太子周围的亲王、列侯、贵戚，他授予了江充很大的信任和权力。

5

随着汉帝国对外不断用兵，国家财力匮乏，人民的负担加重，社会中的不满在上升。

元封四年，黄河水灾，关东200万人流离失所。天汉二年，山东流民暴动，群盗蜂起。

元狩四年漠北大战后，匈奴王庭远遁贝加尔湖。汉军已控制过去匈奴境内的大片地域，汉对匈战争已由自卫战争变成侵略性的。

持续不断的对匈奴战事和开拓西部新疆域的屯戍运动，日益劳民伤财，其意义开始受到质疑。在匈奴单于向汉朝示好以后，朝中要求停战和绥靖的呼声也高涨起来。

卫太子周围的军功封侯集团也已厌烦艰苦的远征，他们的态度无疑影响到太子的政治倾向。

在这种内外形势下，卫太子提出对内与民休息，停止酷敛，对外与匈奴和解，停止征伐四夷的新政方针。迫于舆论和形势的压力，武帝一度也考虑是否有必要作出调整。

6

武帝乃以"征和"为新年号。征和，有息征和平之义，也有政通人和之意，显然表明武帝也有转变内外政策之意。此时武帝已年逾花甲，他将部分权力和政事授予了太子。特别是在他外出巡狩期间，由太子监国。

《资治通鉴》记，征和二年后，武帝"体不平，遂苦忽忽善忘"。而太子刘据"性仁恕温谨""宽厚""守文"，与汉武帝政治风格多有不同。在其主持政务时，对汉武帝"用法严，多任深刻吏"的做法"多所平反"，于是"得百姓心，而用法大臣皆不悦"。

"（太子）及冠就宫，上为立博望苑，使通宾客，从其所好，故多以异端进者。"显然，刘据身边当时已经聚集了一批具有政治眼光和政治能力而政治观点与主流观点不同的人士。

"上每行幸，常以后事付太子，宫内付皇后；有所平决，还，白其最，上亦无异，有时不省也。"对此，了解刘彻性格极深的卫皇后知道是不行的。故她常对太子有所规劝，不愿他立即改变武帝的既定方针。但武帝知道后，反而说皇后错，太子做得对。

武帝"用法严，多任深刻吏"，太子"宽厚，多所平反"；武帝坚持以武力征伐四夷，太子则主张用怀柔之策缓和关系。武帝已意识到太子政策与自己的分歧，但他反宽慰太子说："吾当其劳，以逸遗汝，不亦可乎？"⑥

7

实际上，正是由于与太子政治方针和理念的分歧不断扩大，武帝晚年以后明显地疏远于卫皇后和卫氏集团，转而移情于其他宠妃如王夫人、李姬、李夫人，最后是钩弋夫人。

卫子夫的皇后名位虽仍一直保持，但贵为皇后想见武帝一面则日渐困难。

征和二年（前91年），汉武帝已是67岁高龄，太子也近不惑之年，连孙子都有了，然而他能否继承皇位的不确定因素却越来越增多。

太子与武帝在许多重大问题上意见分歧，使朝臣中也分成了拥太子和反太子的两派："群臣宽厚长者皆附太子，而深酷用法者皆毁之；邪臣多党与，故太子誉少而毁多。"

随着时间的推移，武帝与太子间的分歧与矛盾日渐加深。汉武帝开始重新考虑卫太子的继承权问题。卫青临死前显然已感觉到这一点。武帝与卫青曾有这样一番谈话：

> 汉家庶事草创，加四夷侵陵中国，朕不变更制度，后世无法；不出师征伐，天下不安；为此者不得不劳民。若后世又如朕所为，是袭亡秦之迹也。太子敦重好静，必能安天下，不使朕忧。欲求守文之主，安有贤于太子者乎！闻皇后与太子有不安之意，岂有之邪？可以意晓之。⑦

卫青顿首谢，卫皇后闻知皇帝的告谕后也为此向武帝"脱簪请罪"。

武帝还亲自安抚太子，"我为其难，你为其易"，你就安心等着做一个守成之主吧！

也就是在这种极特殊的政治背景下，以江充为代表的反对卫氏集团的一派新兴政治势力看到了机会，乘机挑拨离间。

政治权力的转移，对于最高执政者本人来说，是非常严重的事；即使是由他自己选定的继承人，也难免面对苛刻挑剔的目光。在父子政治理念有重大不同的情况下，心理裂痕最终转化为政治危机。于是，具有敏感的政治嗅觉和投机之心，又一度受到汉武帝特殊信任并赋予重要权力的江充，利用这种矛盾而制造了巫蛊变乱。

8

这个时期还有一个引人注意的情况，即武帝的宠姬李夫人家族的崛起。李夫人原是一个美丽的歌伎，通过其兄乐师李延年来到武帝身边，深受武帝宠爱。李夫人不幸早死，只留下一个儿子刘髆，封昌邑王。李夫人有三个兄长：李广利、李延年、李季。李延年是音乐家。李季是一个市井无赖。李广利后来成为贰师将军。

武帝对李夫人爱得至深，以至李夫人死后常幻见其倩影，并为她写了一篇充满深情寄托怀念的《秋风辞》。李夫人临死时以儿子和兄弟相托武帝。尽管武帝一生都是情色中人，却从来不会让情色或情欲操纵他的政治。像拿破仑一样，女人只是他用以调节紧张政治神经的"药剂"，以至他尊宠某个女人的家族，重用其亲戚（包括早年之重用卫青及霍去病），其中都往往是出于政治方面必须依靠谁的深层考虑。

卫青死后，李广利逐渐取代了卫青的地位。与主张改弦更张的卫太子不同，李广利积极支持武帝的对外扩张路线，成为武帝后期对外用兵的主要统帅。随着李广利军事地位的上升，李氏集团开始兴起。

太始元年，卫青旧部公孙敖因妻子从事巫蛊连坐被腰斩。征和二年，族灭丞相公孙贺。而公孙贺是卫青和卫皇后的姐夫，卫太子的姨父。这件事实际是对太子身后的卫氏贵戚集团沉重打击的开始。与此同时，武帝擢拔与李氏家族有姻亲关系的刘屈氂出任左丞相。

刘屈氂是巫蛊案中的一位重要人物。他是武帝的侄子，其父为中山靖王刘胜，是武帝的庶兄。刘胜"好内"，夫人众多，生有120多个儿子，刘屈氂仅是诸子之一，原来只任涿郡太守。在公孙贺遭巫蛊案后，刘屈氂平步青云，被调任中央担任左丞相。他能获得这一任命，关键是他与李广利的关系——"贰师（李广利）女为屈氂之子妻"。这其中少不了李广利的引荐提携。

对这一牵涉裙带的任命，汉武帝实际仍是有所保留的[⑧]，他认为这种任命只是临时的安排，同时决定对丞相一职分权为二，"分丞相、长史为（左、右）两府，以待天下远方之选"。

《汉书·武五子传》记："武帝末，卫后宠衰，江充用事。充与太子及卫氏有隙。"其实江充只是一个打手或鹰犬。利用巫蛊推倒卫氏集团的幕后操纵者，其实是新任丞相刘屈氂和背后的李广利。

注释

①②《汉书·卫青霍去病传》。

③西汉政治中母权影响甚重，表现为后妃干政，如吕太后、窦太后、王太后等。

④卫青对于这样一种权势集团的形成是存有顾忌的。苏建曾告诉司马迁这样一件事："吾常责大将军至尊重，而天下之贤大夫毋称焉，愿将军观古名将所招选择贤者，勉之哉。"大将军谢曰："自魏其、武安之厚宾客，天子常切齿。彼亲附士大夫，招贤绌不肖者，人主之柄也。人臣奉法尊职而已，何与召士？"

⑤太初二年，公孙贺被任命为丞相。"时朝廷多事，督责大臣苛严……公孙贺不受印绶，顿首涕泣……上与左右见贺悲哀，感动下泣，曰：'扶起丞相。'贺不肯起，上乃起去。贺不得已拜……曰：'（我）从是殆矣！'"

⑥⑦《资治通鉴》卷二十二。

⑧"征和二年春，制诏御史：'故丞相贺倚旧故乘高势而为邪，兴美田以利子弟宾客，不顾元元，无益边谷，货赂上流，朕忍之久矣。终不自革，乃以边为援，使内郡自省作车，又令耕者自转，以困农烦扰畜者，重马伤秏，武备衰减；下吏妄赋，百姓流亡；又诈为诏书，以奸传朱安世，狱已正于理。其以涿郡太守屈氂为左丞相，分丞相、长史为两府，以待天下远方之选。夫亲亲任贤，周唐之道也。以澎户二千二百封左丞相为澎侯。'"（《汉书》卷六十六）

卫太子的平反与轮台罪己诏

1

巫蛊乱后，武帝曾对田千秋反省说："朕之不德，自左丞相与贰师阴谋逆乱，巫蛊之祸流及士大夫。"武帝的这番话，古今之研究巫蛊事件者几乎都没有予以注意，所以过去一直认为巫蛊之乱的祸首是江充，而不是刘屈氂和李广利集团，甚至认为刘屈氂是站在刘彻一边受命平定了动乱的功臣。

刘彻检讨这个事件的始末时还曾说过："巫蛊始发，诏丞相、御史督二千石求捕，廷尉治，未闻九卿廷尉有所鞫也。曩者，江充先治甘泉宫人，转至未央椒房，以及敬声之畴、李禹之属谋入匈奴。有司无所发，今丞相亲掘兰台蛊验，所明知也。至今余巫颇脱不止，阴贼及身，远近为蛊，朕愧之甚。"武帝指出，巫蛊之案的最高行政负责人实际并不是江充，而是亲掘兰台（即太子宫）验蛊的左丞相刘屈氂与御史章赣，而江充又曾陷害公孙贺之子敬声及部属李禹与匈奴有勾结。所有这些大案，并未经有关检察执法机构举证核查。本来廷尉是没有权力直接审治公卿的，只有丞相得到皇帝授权，才可能审理王公大臣们。那么正是刘屈氂指使江充（抛开了廷尉），然后才与胡巫设谋，而对椒房中的公主们、公孙敬声及李禹之属牵连陷害，甚至诬陷他们与匈奴勾结。又是刘屈氂亲自去兰台掘地，寻找证验，才制造了这起大祸乱。

由此可见，正是李广利身后的刘屈氂所代表的新兴李氏集团，伙同江充以及来自匈奴背景的胡巫势力，形成了某种形式的默契与合作，才能以非常手段摧毁以卫太子为代表的"守文"政治势力。

对于李氏集团来说，搞垮卫氏的真正目的就是要废除卫太子，改换继承皇位的人。这是引发巫蛊之变的重要原因。

2

在卫氏集团被粉碎后，李氏集团着手筹谋夺取皇位继承权。征和三年（前90年），在李广利受命率兵出征匈奴的前夕，刘屈氂与李广利合谋立昌邑王为太子。

> （征和三年）贰师将军李广利将兵出击匈奴。丞相为祖道，送至渭桥与广利辞决。广利曰："愿君侯早请昌邑王为太子。如立为帝，君侯长何忧乎？"（此言颇耐寻味：屈氂时任丞相又有什么忧虑呢？只能是担忧陷害太子的阴谋被皇帝发现吧。）屈氂许诺。昌邑王者，贰师将军女弟李夫人子也。

然而，这一密谋却被内者令郭穰听知并密报武帝。郭穰又举报丞相夫人因为丞相曾遭武帝遣责，"使巫祠社，祝诅主上，有恶言，及与贰师共祷祠，欲立昌邑王为帝"。武帝乃命有司案验，查证后属实。

这一事件暴露了李氏集团制造巫蛊事件的真正目的。王夫之《读通鉴论》谓："（刘屈氂对卫太子）必出于死战，此其心欲为昌邑王地耳。太子诛，而王以次受天下，路人知之矣。其要结李广利，徇姻亚而树庶孽，屈氂之慝，非一日之积矣。"王夫之的这一见解是深刻的。在李广利与刘屈氂阴谋暴露后，武帝可能由此意识到，巫蛊之乱背后存在着一个巨大的阴谋。

征和三年，因刘屈氂"坐谋立昌邑王及使巫祝诅"，武帝毅然将李氏家族全部消灭了。刘屈氂被腰斩东市，其妻子儿女枭首华阳街。李广利的妻子儿女亦被收入狱，"贰师闻之，降匈奴，宗族遂灭"。

贰师将军李广利是武帝宠幸的李夫人的兄长、昌邑王刘髆的舅父，而李广利又与丞相刘屈氂为儿女亲家。阴谋被告发，刘屈氂被杀，于是李广利在前线投降匈奴，不久就被卫律、阏氏找借口杀死。曾积极参与江充陷害卫太子事件的武帝近侍马何罗，在江充被灭族后又试图行刺武帝而被诛杀。

征和四年（前89年），汉遣使入匈奴，单于使左右以巫蛊乱事难汉使者："汉，礼义国也。贰师道前太子发兵反，何也？"使者曰："然。乃丞相私与太子争斗，太子发兵欲诛丞相，丞相诬之，故诛丞相。此子弄父兵，罪当笞，小过耳。孰与冒顿单于身杀其父代立，常妻后母，禽兽行也！"单于留使者，三岁乃得还。

此事对武帝的震动是极其巨大的。

3

"久之，巫蛊事多不信"，汉武帝"知太子惶恐无他意"。臣子中虽有不少人认为太子无罪，但不敢向盛怒中的武帝陈明，只有并州壶关（今山西屯留东）的三老令狐茂最早上书：

> 臣闻父者犹天，母者犹地，子犹万物也。故天平地安，阴阳和调，物乃茂成；父慈母爱，室家之中，子乃孝顺。阴阳不和则万物夭伤，父子不和则室家丧亡。
>
> 故父不父则子不子，君不君则臣不臣，虽有粟，吾岂得而食诸！昔者虞舜，孝之至也，而不中于瞽叟；孝己被谤，伯奇放流，骨肉至亲，父子相疑。何者？积毁之所生也。
>
> 由是观之，子无不孝，而父有不察。今皇太子为汉适嗣，承万世之业，体祖宗之重，亲则皇帝之宗子也。江充，布衣之人，闾阎之隶臣耳，陛下显而用之，衔至尊之命以迫蹴皇太子，造饰奸诈，群邪错谬，是以亲戚之路隔塞而不通。
>
> 太子进则不得上见，退则困于乱臣，独冤结而亡告，不忍忿忿之心，起而杀充，恐惧逋逃，子盗父兵以救难自免耳，臣窃以为无邪心。

令狐茂的上书，使盛怒中的汉武帝回归于理性思考。当时刘屈氂、李广利的阴谋尚未暴露，因此武帝仍未下定为太子平反的决心。

直到李广利叛变，马何罗谋刺，江充胡巫阴谋集团陷害太子的罪案一一暴露出来后，武帝反思，知道巫蛊事件是一场大冤案。

恰在此时，高寝郎田千秋"上急变讼太子冤"。武帝以此为契机而彻底感悟。武帝亲自召见人微言轻的田千秋，说："父子之间，人所难言也，公独明其不然。此高庙神灵使公教我，公当遂为吾辅佐。"立即晋升他为大鸿胪。

紧接而来的就是为卫太子平反昭雪。于是，他族灭江充家，将江充同党苏文焚死在横桥上。他"怜太子无辜"，在刘据自杀去世的地方筑作"思子宫"与"归来望思之台"，以示哀念，"天下闻而悲之"。

不久，武帝任命田千秋代替已被杀的刘屈氂为丞相。

其后，武帝重新思考卫太子曾经谏阻过的对四夷的用兵征伐等问题。

马通、商丘成、景建等在巫蛊事件中以迫害卫太子得功封侯者，包括当年积极搜捕逃难中的卫太子将其父子逼死而立功封侯的李寿及张富昌，在汉武帝统治的最后三年内一一被杀或被逼自杀，以至灭族。

他们之死，史籍中记有不同的罪名，但集中起来看，就知道其实都是出于为卫太子昭雪和复仇，同时也为转变大政方针扫清道路。

4

问题更复杂的一面还在于，有一批始终忠实于武帝路线的重臣，如桑弘羊等，他们反对太子与匈奴议和的新政理念。他们并未参与江充的阴谋，甚至与李氏集团有矛盾，但在政治上是一直支持武帝的开边征战路线的。

征和四年（公元前89年），桑弘羊曾建议在西域轮台扩大屯戍，修建亭障，推进开拓西域战争。修亭障，包括修成以后置卒戍守，这两者本来都是剪除匈奴右翼西进方略中的大计，汉武帝却断然拒绝了桑弘羊的建议，由此而发布了历史上极其著名的《轮台罪己诏》。

在这个诏书中，武帝公开对天下人作自我修正：

> 当今务在禁苛暴，止擅赋，力本农，修马复令，以补缺，毋乏武备而已。

由此诏可见，武帝已决意把施政重心转移到和平与生产方面来。为了推行亲民政策，武帝册封谨慎温和的丞相田千秋为富民侯，"以明休息，思富养民也"。

司马光在《资治通鉴》中曾经这样评价汉武帝的晚年：

> 孝武穷奢极欲，繁刑重敛，内侈宫室，外事四夷，信惑神怪，巡游无度，使百姓疲敝，起为盗贼，其所以异于秦始皇无几矣。然秦以之亡，汉以之兴者，孝武能尊王之道，知所统守，受忠直之言，恶人欺蔽，好贤不倦，诛赏严明，晚而改过，顾托得人，此其所以有亡秦之失而免亡秦之祸乎！

5

田千秋就任丞相以后，想改变君臣、君民，尤其是统治集团内部关系紧张的局面。他在一次酒会中借祝寿委婉地向武帝进言，提议武帝退到二线去"玩听音乐，养志和神"：

> 乃与御史、中二千石共上寿颂德美，劝上施恩惠，缓刑罚，玩听音乐，养志和神，为天下自虞乐。

面对这一寓劝于颂的祝祷，武帝并未愤怒，他再次作了如下自白和反思：

> 朕之不德……朕日一食者累月，乃何乐之听？痛士大夫常在心，既事不咎。

他拒绝了大臣们的颂贺之辞。

征和四年（前89年）武帝封泰山时，曾对群臣说："朕即位以来，所为狂悖，使天下愁苦，不可追悔。自今事有伤害百姓，糜费天下者，悉罢之！"

后元元年（前88年）七月，武帝准备立刘弗陵为太子。在下诏公布天下之前，他却下令将其生母、年轻的钩弋夫人赐死。此一举措使朝野惊得目瞪口呆。

面对臣民"且立其子，何去其母乎"的疑惑，武帝解释说："是非儿曹愚人之所知也。往古国家所以乱，由主少、母壮也。女主独居骄蹇，淫乱自恣，莫能禁也。汝不闻吕后邪！故不得不先去之也。"表明武帝对身后之局是有深谋远虑的。

后元二年二月乙丑，71岁高龄的武帝病卧五柞宫，自知不久于人世，正式下诏册立刘弗陵为皇太子。同时任命霍光任大司马、大将军，授予了军国大权。值得注意的是，霍光乃是卫青的外甥、霍去病的异母兄弟。

武帝崩逝。临终遗命，命霍光、金日磾、桑弘羊、田千秋四人为监护小皇帝的托孤大臣。这四个人的安排也是做了精心选择的。

在这四个人中，被授予主要军政实权的霍光是卫霍集团的代表，田千秋是新进大臣，桑弘羊是一直忠于武帝军政路线的老臣。而金日磾则原是匈奴休屠王王子，休屠部则是匈奴右路之大部落。汉武帝在临终前安排金日磾为托孤大臣，显然寓有安抚强大的南匈奴部落的深刻用意。

6

汉昭帝刘弗陵8岁即位，在位仅13年，在21岁时病死，没有后嗣。主持朝政的大司马、大将军霍光倡议推立故昌邑王刘髆之子刘贺继位。

霍光在诸王中提出这一人选是颇为奇怪的。刘髆是李夫人的儿子。李广利、刘屈氂当年就是因为策划谋立昌邑王刘髆为太子而被武帝识破而灭族的。刘髆早死，其王位由长子刘贺继承。

霍光召刘贺入京的方式也是极为奇怪的。名义上是让他进京当皇帝，但采用的是武装征召的方式，"乘七乘传诣长安邸"，由宗正刘德、光禄大夫丙吉、中郎将利汉等陪伴，形同武装押送。半夜朝命宣到，日中即起行离国，下午至定陶，"行百三十五里，侍从者马死相望于道"。实际在途中刘贺已失去行动自由。①

这个新皇帝仅在位27天，实际是在皇宫中被软禁了27天。仅27天，霍光就指责其"淫乱不孝"，召集群臣廷议，向孝昭皇后奏废贺"归昌邑"，但已撤销其王国，改为山阳郡。

消除了昌邑王刘贺这一政治隐患之后，霍光尊立卫太子之孙刘病已为皇帝。（这位新皇帝的命运也是颇为奇特的。他是卫太子家族中唯一存活的遗孤，被狱吏丙吉所救，自幼变换姓名而匿藏生长于民间，至霍光主政时方得复出。）

"大将军光更尊立武帝曾孙，是为孝宣帝。即位，心内忌（废帝）刘贺。元康二年遣使者赐山阳太守张敞玺书曰：'……谨备盗贼，察往来宾客。毋下所赐书。'"即要当地官员密切监视刘贺。为此，张敞给朝廷写了一个详细的汇报，表明刘贺已无能作为，"上由此知贺不足忌"。

7

在改弦易辙的昭帝一朝，在朝主政者中以霍光为一方，以桑弘羊、田千秋等武帝旧臣为另一方。前者是卫氏集团中人，后者是追随武帝多年深受信任的重臣。二者同为武帝临终受命托孤的股肱大臣，武帝显然是希望他们能摒弃前嫌而合作的。

但是，巫蛊事变中两大集团的对峙和积怨已经太深。这种矛盾终于在昭帝一朝彻底爆发。先有对桑弘羊直接发难的盐铁官营政策的质疑和辩论。始元六年（前81年），举行了包括盐铁问题在内的扩及全部国事问题的政策性大辩论。

《盐铁论·轻重》记述文学之士言曰："大夫君（指桑弘羊）以心计策国用，构诸侯，参以酒榷。（东郭）咸阳、孔仅增以盐铁，江充、杨可之等，各以锋锐，言利末之事析秋毫。"

桑弘羊是为武帝理财的财政专家。江充曾任水衡都尉，协助从事财政事务。所谓江充"言利末"，是指他准许犯罪的贵戚子弟入钱赎罪，因而"各以秩次输钱北军，凡数千万"。在昭帝临朝霍光当政之时，文学之士出来揭发指证桑弘羊与已伏法的江充曾属于一个团伙，这即暗伏了桑弘羊后来被霍光清除而杀头的原因[2]。

支持辩论的丞相田千秋"括囊不言，容身而去"，实际是支持桑弘羊但又不敢公开表态。

盐铁辩论的最后结果是霍光推翻了武帝的这一政策。接着就发生了扑朔迷离的燕王旦、上官桀与盖长公主等阴谋反叛事件，桑弘羊牵连被杀，罪名是"伐其功，欲为子弟得官，怨望大将军霍光"。

在武帝朝中，桑弘羊自少年入宫，从13岁为侍中，自武帝即位初年起，长期侍从在武帝身边，作为一个经济奇才而深受武帝信任，由搜粟都尉迁御史大夫，位列三公，治绩显著，使"民不益赋而天下用饶"，是对武帝忠心耿耿的兴利开边之臣。

清洗桑弘羊、上官桀以及燕王旦，实际是霍光走向大权独揽的一次政变。这些后继事件都可以视为巫蛊事件的余波。

8

在霍氏秉政的昭宣时代，霍光继续推行屯田、开拓西域打击匈奴的路线，并最终实现了武帝所经营的这一战略目标。

田余庆先生在分析"巫蛊之祸"前后的历史过程时指出："历史动向向我们昭示，汉武帝作为早期的专制皇帝，实际上是在探索统治经验和教训，既要尽可能地发展秦始皇创建的专制主义中央集权的统一国家，又要力图不蹈亡秦覆辙。在西汉国家大发展之后继之以轮台罪己之诏，表明汉武帝的探索获得了相当的成功。"[③]

注释

①《汉书·武五子传》"使大奴善以衣车载女子……（龚）遂入问贺……即捽善，属卫士长行法。"

②昭、宣二帝的谥号是颇耐人寻味的：昭，昭雪也；宣，光宣也。

③田余庆《论轮台诏》，《历史研究》1984年第2期。

汉武帝抗击匈奴之十五战役

公元前202年汉高祖即位，逾年（前200年）即被匈奴围困于平城（大同），七日始解。数年后匈奴单于来信谩辱吕后。当日匈奴不仅据有蒙古高原，而且控制西域诸国，"引弓之民尽为一家"。建元三年（前138年），汉武帝即遣张骞深入西域以窥匈奴，准备对其作战，开凿空前之业。前133年，汉武帝组织马邑之战。前126年张骞归来。5年后，混邪王降，汉人获得西域之重要据点。又3年，虏楼兰王。又3年，与乌孙和亲，遂切断匈奴右臂。再4年后（前101年），李广利伐灭大宛，置校尉屯田渠犁。及车师被征服，遂于乌孙设立都护治所，统管西域事务。

对匈奴作战，是汉武帝一生中最辉煌壮烈的史篇。自元光二年的马邑之战始发，至征和三年发起最后一次燕然山远征，40余年之间，武帝倾全国之力发动了对匈奴的15次远征。其规模之大，气魄之雄伟，在世界军事史上是罕见的。其中尤以元狩四年漠北大战最为惨烈，迫使大单于向西方远遁，匈奴内部发生分裂。由此开始了古代史上一次重大的自东向西的民族大迁徙。西去的匈奴人，会合蛮族入侵，冲垮了西罗马帝国。

今人对汉匈战争之了解甚少，原因不仅在于史料语焉不详，有些记述错乱矛盾，还在于学术界至今缺少对此次战争有深度的研究。

1

匈奴,其种源据说与华夏本属同族[①]:"夏桀无道,汤放之鸣条,三年而死。其子獯粥妻桀之众妾,避居北野,随畜迁徙,中国谓之匈奴。"(乐彦《括地谱》)夏人拜龙,匈奴亦拜龙,故名大会处为龙城。

秦汉之际,匈奴在北狄诸族中最为强大。建立了强大的部族和部落联邦,匈奴成为盟主。分为三大部:大单于居中,控制蒙古高原和中亚大草原;左贤王居东,控制中国东北部、朝鲜半岛及西伯利亚;右贤王居西,控制西域。汉高帝刘邦击匈奴,被困于平城。后用刘敬建议,与匈奴和亲。匈奴由此轻视汉。汉遗单于书,辞甚谦曰:"皇帝敬问匈奴大单于无恙。"牍长尺一寸。而匈奴来书尺二寸,语气倨傲:"天地所生日月所置匈奴大单于敬问汉皇帝无恙。"

2

文帝十四年,匈奴14万骑大举入朝郡、萧关(今宁夏固原东南),杀北地都尉,虏人民畜产甚众。转至彭阳(今甘肃镇原东),烧回中宫(在今陕西陇县西),后至甘泉(今陕西淳化西北)。单于留塞内月余乃去。汉以中尉周舍、郎中令张武为将军,发车千乘,骑十万,击胡。尾逐出塞即还,不能有所杀。匈奴日骄,岁入边,杀掠甚多,云中、辽东最甚。

汉患之,遣使复言和亲事。至军臣单于立岁余,复绝和亲。匈奴入上郡、云中各三万骑,杀掠甚众。

汉使三将军——燕屯北地,代屯句注,赵屯飞狐口(今河北蔚县东南)——各置守以备胡。又置三将军,驻长安西细柳、渭北棘门、霸上,以备胡。

是后,景帝复与匈奴和亲,通关市,给遗单于,遣公主和亲。终景帝世,匈奴仍时时小入盗边。

武帝即位,明和亲约束,通关市,饶给之。匈奴自单于以下,时往来长城下。

3

建元三年（前138年），武帝招募能出使绝域者，张骞应召出使西域。在外历13年，至元朔三年（前126年）归。"张骞，汉中人也，建元中为郎。时匈奴降者言匈奴破月氏王，以其头为饮器，月氏遁而怨匈奴，无与共击之。汉方欲事灭胡，闻此言，欲通使，道必更（经）匈奴中，乃募能使者。骞以郎应募，使月氏，与堂邑氏奴甘父俱出陇西。径匈奴，匈奴得之，传诣单于……留骞十余岁，予妻，有子，然骞持汉节不失。"《汉书·张骞传》

此次出使，乃汉寻求盟友、战略侦察，为实施大迂回战略夹击匈奴所作的准备也。

4

汉军对匈奴反击战争之始即元光三年的马邑之战。（一击）

元光二年，武帝开始筹划对匈奴之战。武帝命朝臣议汉匈关系。朝中有和、战两派。大行王恢是积极的主战派，提出设计诱匈奴入塞、汉军伏击的战略。武帝采纳，王恢遂安排马邑（今山西大同）商人聂翁壹走私货物赴匈奴。

> 汉使马邑下人聂翁壹间阑出物与匈奴交易，阳为卖马邑城以诱单于。单于信之，因贪马邑财物，乃以十万骑入武州塞（山西左云县），汉伏兵三十余万马邑旁。御史大夫韩安国为护军，护四将军以伏单于。单于既入汉塞，未至马邑百余里，见畜布野而无人牧者，怪之，乃攻亭……尉史知汉谋，乃下，具告单于。单于大惊，乃引兵还……将军王恢部出代击胡辎重，闻单于还，兵多，不敢出。汉以恢本建造兵谋而不进，诛恢。

自是后，匈奴绝和亲，攻当路塞，往往入盗于边，不可胜数。
《汉纪》载：

> 于是上议伐之。大行王恢曰："匈奴和亲率不过数岁。请击之。"

御史大夫韩安国以为："匈奴轻疾之兵也，至如飙风，去如流电，居处无常，难得而制。今将卷甲亲举，深入长驱，从行则迫胁，横行则中绝，徐行则后利，疾行则粮绝，难以为功。圣人以天下为度者也，不以私怒伤天下公议。故高帝始结和亲，孝文遵其约，二圣之迹足以为效。"王恢曰："五帝不相袭礼，三王不相沿乐，各因时宜也。且言击之者，固非发兵而深入也，将顺单于之欲，诱而致之于边，选骁骑羽林壮士阴为之备。吾势已定，或营其左，或营其右，或当其前，或当其后，单于必可擒也。"上从恢议。

夏六月，护国将军韩安国、骁骑将军李广、轻车将军公孙贺、屯骑将军王恢、材官将军李息袭匈奴。阴使雁门马邑豪聂壹诈亡入匈奴，谓单于曰："吾能斩马邑令以降，则物可尽得也。"单于爱信之，令归为间。壹乃诈斩死罪囚头，悬邑城上以示单于使者。使者还，单于乃将十万骑入武塞。是时汉兵三十余万伏马邑旁草中，王恢、李息约从代出击辎重。单于未到马邑百余里，雁门尉史行徼，单于大惊而还，曰："吾得尉史，天也。"以为天王。乃远走，兵追至塞，不及乃罢。上大怒，恢首谋，不出兵击单于辎重也，恢自杀。时主父偃上书谏伐匈奴，曰："……轻兵深入，粮食必绝；运粮以行，重不及事。得其地不可以耕而食也，得其人不可役而畜也。胜必杀之，非仁德也。疲弊中国，甘心匈奴，非完计也。"

燕人徐乐上书曰："天下之患，在于土崩，不在瓦解。秦之末世，天下大坏，是谓土崩。吴楚七国之时，是谓瓦解。今关东比年谷不登，民多困穷，不安其处，故易动。易动者，土崩之势也。故明主之要，其在于使天下无土崩之势而已。"临淄人严安上书曰："今天下奢侈，车马衣裘宫室皆竞修饰。夫养失而泰，乐失而淫，礼失而采，教失而伪。伪、采、淫、泰，非范民之道也，是以天下逐利无已。臣愿为民制度以防其淫，使富贫不相耀以和其心。心和志定，则盗贼消，刑罚少，阴阳和，万物蓄也……"

此三人同日上书。上皆召见，谓之曰："公等家皆安在？何相见之晚也！"皆拜郎中。而偃一岁四迁，至太中大夫。上自即位，好士。既举贤良，赴阙上书自衒者甚众。其上第者见尊宠，下者赐帛罢。若严助、朱买臣、吾丘寿王、司马相如、主父偃、徐乐、严安、东方朔、枚皋、胶仓、终军、严忌等皆以才能并在左右。每大臣奏事，上令助等辩论之，中外相应以义理之文。秋九月，令民大酺五日。

5

元光六年秋，汉使四将各万骑击胡关市下。（二击）

遣骑将军公孙敖出代，轻车将军公孙贺出云中，骁骑将军李广出雁门，车骑将军卫青出上谷（此次为汉军改变战略的首次主动出击）。

卫青出上谷，至龙城，得胡首虏七百人。

公孙贺出云中，无所得。公孙敖出代郡，为胡所败七千。

李广出雁门，为胡所败。匈奴生得广，广道亡归。

汉囚敖、广，敖、广赎为庶人。

《汉纪》载：

卫青者，卫夫人子夫之弟也。父郑季，河东平阳人也。初，季与主家僮卫媪私通，生青，冒姓为卫氏。青长姊君孺，即公孙贺妻也。尝有相青者曰："贵人也，当封侯。"青曰："人奴之生，得无笞骂足矣，安得封侯乎！"及子夫自平阳公主家僮得幸于上，立为夫人。陈皇后之母大长公主捕囚青，欲杀之。公孙敖为骑郎，与壮士篡青。上闻，乃召青为建章监，侍中。子夫姊少儿故与陈掌通。上乃召贵掌及公孙敖，卫青之宠始隆矣。其时诸将皆无功，唯青颇斩首虏，赐爵关内侯，而李广为匈奴所生得。单于闻李广贤，令曰："得李广，必生致之。"广初被创，胡骑置两马间络囊盛之。广伪死，渐渐腾而上马，抱胡儿而鞭马南驰。匈奴数百骑追之，广取胡儿弓射杀追骑，遂得免。后下吏，赎为庶人。

冬，匈奴入边报复。汉使将军韩安国屯渔阳备胡。

6

元朔元年（前128年）秋，匈奴二万骑攻入汉，杀辽西太守，掠二千余人。又败渔阳太守军千余人，围韩安国。安国时千余骑亦且尽，会燕救之，至，匈奴乃去。又入雁门杀略千余人。于是（元朔元年冬），汉使将军卫青将三万骑出雁门。将军李息出代郡，击胡。（三击）

此役得首虏数千人。

7

元朔二年（前127年），遣将军卫青、李息复出云中以西至陇西，击胡之楼烦王、白羊王于河南，得胡首虏数千人、牛羊百余万。于是，汉遂取河南地，筑朔方城。复缮故秦时蒙恬所为塞，因河而为固②。（四击）

封卫青为长平侯。校尉苏建有功，封平陵侯。校尉张次公有功，封岸头侯。（此役为河南之战，第一阶段）

汉亦放弃上谷之斗辟县造阳地以予胡。

汉击匈奴，除由传统的车步军团改为骑兵团作战外，为反制匈奴之擅长弓箭，而使用大量强弩、连发弩箭，以高射速之密集矢箭压倒匈奴骑兵。此种新弩，工艺复杂先进，非匈奴所能制造，是一种新的军事技术。其战术是以骑兵集团奔远袭击，以车步重兵运送后援及后勤辎重补给。由此遂取得了对匈奴的优势，转变了战场之主动权。李陵以五千步兵屡战匈奴数万骑兵，即靠此技术。后弩箭用完，遂被俘。

元朔三年（前126年）冬，军臣单于死。弟左谷蠡王伊稚斜自立为单于，攻破太子於单。於单降汉，封涉安侯。

三年夏，匈奴数万骑入边，杀代郡太守恭友，掠千余人。秋，又入雁门，杀掠千余人。

元朔四年（前125年）春，匈奴入代郡、定襄（今内蒙古和林格尔）、上郡，各三万骑，杀掠数千人。右贤王怨汉之夺河南地而筑朔方城，数寇盗边，及入河南，侵扰朔方，杀掠吏民甚众。（欲夺回河南地，匈奴发动反攻）

8

元朔五年（前124年）春，汉以车骑将军卫青击胡，将六将军、十余

万人。（五击）

卫青将三万骑出高阙。骁骑将军公孙贺、游击将军苏建、强弩将军李沮出朔方，将军李息、张次公出右北平，凡十余万骑，击匈奴右贤王。

右贤王以为汉兵不能至，饮酒醉。汉兵出塞六七百里长途奔袭，夜围右贤王部。右贤王大惊，乃将数百骑驰，溃围北遁，仅以身免。汉得右贤王部众男女一万五千余人，畜数千万，裨小王十余人，还师屯塞上。

诏即军中拜卫青为大将军，封青三子为列侯。青固拜让诸子封，上不听。

诸将公孙贺、李蔡、护军都尉公孙敖、校尉李朔、赵不虞、戎奴都尉韩说，皆以功封列侯。卫青贵为大将军，贵宠甚盛，自公卿以下莫敢不拜。唯汲黯无礼，或责之，对曰："夫以大将军之尊而有揖客，反不重乎?"大将军闻而贤之。（河南之战经此役而告一段落）

秋，匈奴万骑入边，杀代郡都尉朱英，掠千余人。

9

元朔六年（前123年）春二月，大将军卫青击胡。（六击）

此役卫青将六将军，十余万骑，乃再出定襄，长奔数百里击胡，得首虏前后凡万九千级，而汉亦亡两将军（苏建、赵信），三千余骑。

右将军苏建得以身脱。前将军翕侯赵信兵不利，降匈奴。赵信者，故胡小王，降汉，汉封为翕侯，以前将军与右将军并军分行，独遇单于兵，故尽没。

《汉纪》载：

> 大将军卫青、中将军公孙敖、左将军公孙贺、前将军赵信、右将军苏建、后将军李广、强弩将军李沮，凡十余万骑出定襄，斩首虏三千级。还，休士马于定襄、云中、雁门。赦天下。夏四月，卫青复出，将六将军逾绝漠北，大克获。苏建、赵信以三千骑独遇单于，战败。信遂降匈奴。建独以身免，归。大将军议其罪，议郎周霸曰："自大将军出，未曾斩一裨将，建弃军，可斩，以明军威。"军正闳、长史安曰："不然。兵法'小敌之坚，大敌擒也'。建以数千当单于数

万，力战一日余，士尽死，无二心。自归而斩之，是示后人无返意也。"青曰："善。青幸得以肺附待罪行阵之间，不患无威，而霸说我以明军威，甚失人臣意。且以臣之尊宠不敢擅诛于外，其归天子，天子自裁之。于是以讽人臣不敢专权，不亦可乎?"将吏皆曰善。遂囚建至长安。上赦之，赎为庶人，忧死……校尉张骞从卫青有功，封博望侯。骞者，汉中人也。初为郎，应募，使月氏。时匈奴杀月氏王，遂西徙。故汉欲与月氏击匈奴。骞行，为匈奴所得。留骞十余岁，与妻，有子，然骞常持汉节不失。后亡到月氏，月氏未有报匈奴意。骞留月氏岁余，乃还，并南山，从羌中来归，复为匈奴所得。留之岁余，会单于死，国内乱，骞乃与其胡妻来归汉，拜为太中大夫。初，骞行百余人，十三年乃归，唯骞与堂邑氏奴二人得还。骞身所到大宛、大月氏、大夏、康居，而传闻其旁国名，具为上言之。西域本三十六国，后分为五十四国，皆在匈奴之西……南北有大山；东则接汉，阨以玉门、阳关；西则限以葱岭。中央有大河，其河有两源：一出葱岭，一出于阗。于阗在南山下，河北流，与葱岭河合，东注蒲昌海。蒲昌海一名盐泽，去阳关三百余里，广长三百里。其水亭居，冬夏不增减，皆以为潜行地下，南出于积石山，为中国河云。自玉门、阳关出西域有两道：行从鄯善旁出南山，西行至莎居，为南道；南道西逾葱岭则出大月氏、安息。自车师旁北山西行至疏勒，为北道；北道西逾葱岭则出大宛、康居、奄蔡、鄢耆。西域诸国，大率土著，有城郭田畜，与匈奴异俗，皆役属匈奴。匈奴赋税之，取给焉。

（漠北之战由此始发）

单于既得翕侯，以为自次王，用其姊妻之，与谋汉。赵信教单于绝北漠，以诱疲汉兵，相机而取之，毋近塞。单于从其计。

元狩元年（前122年），胡骑万人入上谷，杀数百人。

10

元狩二年（前121年）春，汉使骠骑将军霍去病击胡。（七击）

去病将万骑出陇西，过焉耆山千余里，得胡首虏骑万八千余级，得休屠王祭天金人。

元狩二年夏，骠骑将军霍去病复与合骑侯公孙敖数万骑出陇西、北地二千里，过居延，攻祁连山，得胡首虏三万余人，裨小王以下十余人。（八击）

由此开始霍去病统帅指挥的漠北之战，此为第一阶段。奔袭作战，距离长安达一千里至二千里。骑兵军团实施无后方深入敌后的远途。

其秋，单于怒昆邪王、休屠王居西方为汉所杀虏数万人，欲召诛之。昆邪王与休屠王恐，谋降汉，汉使骠骑将军往迎之。

昆邪王杀休屠王，并其众降汉，凡四万余人，号十万。于是陇西、北地、河西益少胡寇，徙关东贫民处所夺匈奴河南地新秦中以实之③，而减北地以西戍卒半。

（此战乃卫青指挥的河南战后，汉军对于匈奴的第二次决定性打击）

是时，匈奴左贤王部入代郡、雁门，杀掠数百人。汉使博望侯张骞及将军李广出右北平，击匈奴左贤王。

左贤王围李广，李广军四千人死者过半，杀虏亦过当。会博望侯张骞救至，李广得脱，但尽亡其军。合骑侯公孙敖后骠骑将军期，与张骞皆当死，赎为庶人。

元狩三年（前120年），匈奴大入右北平及定襄各数万骑，杀掠千余人而去。

11

元狩四年（前119年）春，汉武帝与诸将谋曰："翕侯信为单于计，居漠北，以为汉兵不能至。"乃以粟喂马，发十万骑，负私从马凡十四万匹，粮重不计其数。令大将军卫青、骠骑将军霍去病分军东西击胡。（九击）

大将军出定襄，骠骑将军出代，咸约会于绝漠，夹击匈奴。匈奴单于闻之，远其辎重，以精兵待于漠北。与汉大将军遇，接战一日。会暮，大风起。汉兵纵左右翼围单于。单于自度战不能如汉兵，遂与壮骑数百溃汉围西北遁走。汉兵追不得，行斩捕匈奴首虏万九千级。北至寘颜山（杭爱山）赵信城而还。李广兵失路失期，自杀。

单于遁去，其兵往往与汉兵相乱，而不随单于。单于久不与其大众相得，其右谷蠡王以单于死，乃自立为单于。真单于复得其众，而右王乃去其号，复为右谷蠡王。

骠骑将军出代二千余里，与左贤王接战。汉兵得胡首虏凡七万余级，左贤王大将皆遁走。骠骑封于狼居胥山（今乌兰巴托东之肯特山脉），禅姑衍山，临翰海（贝加尔湖）而还。

（此为卫、霍联合统帅的漠北大战，此役完成第二阶段，汉朝取得汉匈大战决定性胜利）

嗣后匈奴远遁，而漠南无王庭。汉渡河自朔方，以西至令居（今甘肃永登西），往往通渠置田官，设吏卒五六万人。稍蚕食，地接匈奴以北。

至此，汉两将军大出围单于，所杀虏八九万，汉士卒物故亦数万，汉马死十余万。匈奴虽病，远去，而汉亦马少，无以复往。匈奴用赵信计，遣使于汉，好辞请和亲。

天子下其议，或言和亲，或言遂臣之。丞相长史任敞曰："匈奴新困，宜使为外臣，朝请于边。"

汉使任敞使于单于。单于闻敞计，怒，留之不遣。

汉方复收士马，会霍去病死④。其后多年，汉久不北击胡。

（本年派张骞第二次出使西域，游乌孙，副使到大宛；武帝开始考虑实施第二个大迂回战略）

元鼎三年（前114年），伊稚斜单于死，子乌维立为单于。

12

元鼎六年（前111年），汉灭南越国。遣公孙贺将一万五千骑出九原二千余里，至浮苴井而还，不见匈奴一人。又遣从骠侯赵破奴将万余骑出令居数千里，至匈奴河水（杭爱山南）而还，亦不见匈奴一人。（十击）

是时天子巡边，亲至朔方，勒兵十八万骑以见武节，而使郭吉讽告单于。郭吉至匈奴，见单于曰："南越王头已悬汉北阙下。今单于骑能前与汉战，天子自将兵待边；即不能，亟南面而臣于汉。何但远走，亡匿于漠北寒苦无水草之地为？"

单于怒，斩主客见者，而留郭吉不归，迁辱之北海上。而单于终不肯为寇于汉边，休养士马，习射猎，数使于汉，为辞言甘，求请和亲。汉使王乌、杨信窥匈奴。

汉东拔涉貉、朝鲜立郡。西置酒泉郡，以隔绝胡与羌通之路。汉又西通月氏、大夏，又以公主妻乌孙王，以分匈奴西方之援国。又北益广田至眩雷为塞，而匈奴终不敢以为言。是岁，赵信死于匈奴。

元封三年（前108年），汉遣赵破奴攻破楼兰国，汉使者王恢（又一王恢）助破姑师。"因暴兵威以动乌孙、大宛之属"，"于是汉列亭障至玉门矣"。（此乃河南战役、漠北及河西战役后开辟西域战役）

元封四年，汉自酒泉至玉门始筑玉门障（元狩二年筑令居以西障，终点在酒泉，至是汉边西延至玉门矣）。令居至酒泉，再至玉门的亭障皆连以长城，即古"西塞"。

元封五年（前106年），大将军卫青死。

13

元封六年（前105年），匈奴乌维单于死，在位十年。子詹师庐立，年少，号儿单于。单于益迁西北，左方兵直云中，右方兵直酒泉、敦煌郡。

儿单于初立。汉使两使者，一吊单于，一吊左贤王，欲以乖（睽）其国。儿单于扣汉使。

乌孙与汉和亲。

14

太初元年（前104年），匈奴左大都尉欲杀儿单于，使人间告汉。汉使贰师将军李广利西伐大宛。而令因杅将军公孙敖筑受降城待之。冬，大雨雪，匈奴畜多饥寒死。

太初二年（前103年）春，浞野侯赵破奴将二万余骑出朔方西北二千余里，期至浚稽山（居延北，今杭爱山南）而还。（十一击）

左大都尉欲发兵袭大单于，单于觉而诛之，发左方兵击浞野侯。浞野侯击败之，还兵，未至受降城四百里，匈奴重兵八万骑围之，断汉军水

源。浞野侯夜出求水，为匈奴捕获，军遂没于匈奴。单于喜，纵兵攻受降城，不能下。（西域之战之第二役）

太初三年（前102年），单于自攻受降城，未至，病死。子年少，乃立其季父乌维单于弟右贤王句黎湖为单于。

汉使光禄勋徐自为（徐息）筑五原塞（榆林）数百里，外列城，远者千余里，筑城障，列亭西北至芦沟山（在今包头市西北，固原之西南）。使游击将军韩说、长平侯卫伉（卫青子）将兵屯其旁。使疆弩都尉路博德筑障于居延泽上（在今内蒙古额济纳旗东）。

其秋，匈奴大入云中、定襄、五原、朔方杀掠数千人，败数二千石而去。行破坏光禄所筑城列障。又使右贤王入酒泉、张掖，掠数千人。将军任文率兵至，尽复失所得而去。

（时汉之战略为北守西攻也）

太初四年春正月，李广利破大宛，斩其王而还。匈奴欲遮之，不能至。

《汉纪》载：

> 贰师将军李广利斩大宛王首，获汗血马。

> 初，广利将骑六千、步兵数万人至贰师城下取善马。西至郁成城，当道小国各城守，不肯给食，食之而还。往来二岁，到敦煌，士卒十遗二三。上书请罢兵。上大怒，乃益发兵卒六万人，负从者不豫。牛十万，马二万，驴骡骆驼以万数，多赍粮。转运奉军，天下骚动。广利遂进兵，当道小国皆送迎，给廪食。径到大宛城，围宛三十余日。

> 宛中贵人共杀其王毋寡，奉其首，出食给军，悉出善马。汉择取其善马十匹，中马三千余匹。乃共与立宛贵人昧察为王，与盟而还。诸所过小国，皆遣子弟从入献见，因为质焉。

> 还玉门关者万余人，马千余匹。后行，非乏食，战死不甚多，将吏贪，不爱士卒，故死亡者多。上以为万里而伐，不录其过，乃封广利为海西侯；封骑士赵弟杀郁城王者为新畤侯；拜卿三人，二千石数百人，千户以下千有余人。

广利者，李夫人兄也。广利弟延年，性知音，善歌舞，上爱之。乃为新声变曲，闻者莫不感动。而李夫人亦善舞，甚姣丽，有宠……及夫人卒，上以厚礼葬之，图画其形于甘泉宫，而尊重其兄弟广利为将军，延年为协律都尉。

其冬，句黎湖单于病死。其弟左大都尉且鞮侯乃立为单于。

汉既灭大宛，威震西域。太初四年，武帝复下诏动员击胡。且鞮侯单于立，恐汉来袭，尽归汉使之不降者，路充国得归。单于致书卑词自谓："我儿子，安敢望汉天子！汉天子，我丈人行。"汉乃遣苏武为使，遭张胜之变，匈奴拘留而扣之。

其明年，赵破奴逃亡归汉。

15

天汉二年（前99年）五月，李广利以三万骑出酒泉，击右贤王于天山，得胡首房万余级而还。（十二击，此乃西域之战之第三役）

匈奴大围广利部，几不得脱，汉兵物故十之六七。

《汉纪》载：

（天汉二年）夏五月，贰师将军李广利将三万骑出酒泉击匈奴，斩首房万余级……骑都尉李陵将步卒五千出居延，与鞮汗单于战，斩首万余级。陵兵败，降匈奴。

陵者，李广孙，敢兄当户之子。上使陵为贰师将军督辎重。陵稽首曰："愿得自当一队。"上曰："吾无骑与汝。"陵曰："不用骑，愿以少击众，步兵五千人涉单于庭。"上壮而许之。

陵至峻稽山，与单于相遇，以骑三万攻陵。陵千余弩俱发，应弦皆倒。房还走上山，陵追击之，杀数千人。单于大惊，召左右贤王，驰兵八万骑攻陵。陵且战且却，南行数日，抵山谷中。复大战，斩首三千余级。引兵东南，五日，抵大泽葭苇中，房从上风纵火，烧陵部，陵亦令军纵火以自救。南行至山下，单于在山上，使其子将骑击陵。陵自步斗树木间，复杀房数千，因发连弩射，单于下走。是日捕得生口，言："单于曰：'此汉精兵也，日夜引吾南行近塞，得无有伏兵乎？'诸军长皆曰：'单于自将数万骑击汉数千人不能胜，后无以复使边臣，令汉益轻匈奴。复力战山谷间，尚四五十里得平地，不能破，乃还。'"

是日，战数十合，复力战，杀伤虏二千余人。虏不利，欲退去。会陵军中候管敢为校尉所辱，亡降匈奴，具言"军无后救，射矢且尽"。单于大喜，进兵使骑并击汉军，疾呼曰："李陵、韩延年趋降！"遂遮道攻陵，四面射，矢下如雨。陵矢且尽，即弃车去。士卒尚三千余人，徒斩车辐持之，军吏持尺刀，抵入山谷。单于入遮，从山上坠石下，士卒多死，不得行。陵曰："兵败，吾死矣！"军吏或劝陵降，陵曰："吾不死，非壮士也。"陵叹曰："使人有数十矢，足以免矣，今无兵复战。"令军士人持三升糒，一片冰，令各散去遮虏鄣相待。

陵与延年俱上马，壮士从者数十人。虏千骑追之，延年死。陵曰："无面目以报陛下！"遂降。士卒分散，脱至塞者四百余人。陵败处去塞百余里。单于以大女妻陵，立为右校王。

上闻陵降，大怒。大臣忧惧。太史公司马迁上言陵功，以陵之不死，宜欲得当以报汉也。初，上遣贰师将军出时，令陵为助兵，及陵与单于相持，而贰师无功。上以迁欲沮贰师，为陵游说。后捕得匈奴生口，言陵教单于为兵法。上怒，乃族陵家，而下迁腐刑。李陵闻之曰："教单于为兵者，乃绪也，非陵也。"李绪者，故塞外都尉，先是降匈奴。陵痛其家以绪诛，乃使人刺杀绪。

秋，汉复使因杅将军公孙敖出西河，与路博德会涿邪山，毋所得。（十三击）⑤

以匈奴降将成娩为将，率楼兰国兵击车师。匈奴右贤王往援，汉兵不利，引去。（此乃对西域之战役之第四役）

16

天汉四年（前97年）春正月，汉使贰师将军将率六万骑、步兵七万，出朔方。路博德将万余人，与贰师将军会师。游击将军韩说将步骑三万人出五原。因杅将军公孙敖将万骑，步兵三万人，出雁门。（十四击）

匈奴闻，悉远其辎重于余吾水北，而单于自以十万骑待水南，与贰师将军接战。汉军与单于相持连战十余日，伤亡略相抵，皆引还。游击将军韩说无所得。因杅将军与左贤王战，不利，引归。（此乃对西域之战之第五役）

太始元年（前96年），且鞮侯单于病死，在位5年。长子左贤王立为狐鹿姑单于。

> 初，且鞮侯两子，长为左贤王，次为左大将，病且死，言立左贤王。左贤王未至，贵人以为有病，更立左大将为单于。左贤王闻之，不敢进。左大将使人召左贤王而让位焉。左贤王辞以病，左大将不听……遂立为狐鹿姑单于……以左大将为左贤王，数年病死……其子先贤掸……更以为日逐王……贱于左贤王，单于以其子为左贤王。

新单于立后第六年（征和二年，前91年），匈奴入上谷、五原，杀掠。

17

征和三年，匈奴复入五原、酒泉，杀两都尉。三月，汉遣贰师将军李广利率十万人出五原，御史大夫商丘成将二万余人出西河，重合侯马通将四万骑出酒泉，驰千余里击胡。至浚稽山，多斩首虏。（十五击）

单于闻汉兵大出，悉弃其辎重，徙赵信城北抵郅居水（色楞格河，在今杭爱山北麓，流入贝加尔湖）。左贤王驱其民渡余吾水七百里，退居兜衔山。单于自将精兵渡姑且水（杭爱山东南）。

御史大夫军至追邪径，无所见，还。匈奴乃使大将与李陵将三万余骑追汉军，至浚稽山与李广利部会战。汉兵陷阵却敌，杀伤胡虏甚众。至蒲奴水，匈奴不利，还去。

贰师将军将出塞，匈奴使右大都尉与卫律将五千骑要击贰师将军于夫羊句山峡（今蒙古达兰札达加德城西）。贰师遣属国胡骑二千与战，虏兵坏散，死伤者数百人。汉军乘胜追北，至范夫人城（夫羊句山东北），匈奴奔走，莫敢距敌。

重合侯马通军至天山，匈奴使大将偃渠与左右呼知王将二万余骑要击汉兵，见汉兵强，引去。重合侯无所得失。是时，汉恐车师兵遮重合侯归道，乃遣闿陵侯成娩（原是匈奴人）将兵围车师国。马通至天山，虏引去，因招降车师，尽得其王、民众而还。

李广利归汉途中，其妻子坐巫蛊及刘屈氂案发，全家被收。李广利闻之忧惧。其掾胡巫夫亦避罪从军，乃游说其降匈奴。李广利欲深入立功自赎，乃旋师北至郅居水上，匈奴兵已去。

李广利遣护军将二万骑渡水追击，逢匈奴左贤王、左大将，率二万骑与汉军合战一日。汉军杀左大将，胡虏死伤甚众。

广利军长史与辉渠侯共谋曰："将军怀异心，欲危众立功，恐必败。"乃谋共执李广利。谋泄，李广利斩长史，引兵还至速邪乌燕然山。

单于知汉军劳倦，自将五万骑遮道击汉军，相杀伤皆甚众。匈奴乃夜挖堑汉军前，深数尺，从后急击之。汉军阵乱败，李广利被俘，投降。（河西战役，第五役）

单于素知李广利乃汉之大将、贵臣，以女妻之，尊宠在卫律上。

李广利入匈奴岁余，卫律害其宠。会单于母阏氏病，卫律饬胡巫言先单于怒，曰："胡故时祠兵，常言得贰师以社，今何故不用？"于是命收李广利。李广利怒曰："我死必灭匈奴！"遂屠李广利以祠。会连雨雪数月，畜产多死，人民疫病，谷稼不熟。单于恐，乃为李广利立祠室祭之。

18

自李广利败没后，汉新失大将军、士卒数万人，无力再出兵。

是时下民疲于兵革，方经历巫蛊之乱，创痛甚深，武帝悔之。搜粟都尉桑弘羊与丞相、御史大夫奏言：

> 故轮台以东皆故国处，有溉灌田。其旁小国少锥刀，贵黄铁绵缯，可以易谷。臣愚以为可遣屯田卒诣轮台，置校尉二人，通利沟渠，田一岁，有积谷。募民敢徙者诣田所，就畜积为产业，稍稍筑亭，连城而西，以威西国，辅乌孙，为便。

奏上，武帝乃下诏拒之，深陈既往之悔，曰：

前有司奏欲益民赋以助边用，是困老弱孤独也。今又请田轮台。曩者，朕之不明，兴师远攻，遣贰师将军。古者出师，卿大夫与谋，参以蓍龟，不吉不行。乃者遍召群臣，又筮之，卦得"大过"，爻在九五，曰："匈奴困败。"方士占星气，大卜蓍龟，皆为吉，匈奴必破，时不可失。卜诸将，贰师最吉。朕亲发贰师，诏之必无深入。今计谋卦兆皆反谬，贰师军败，士卒离散略尽，悲痛常在朕心。今有司请远田轮台，欲起亭燧，是唯益扰天下，非所以优民也。朕不忍闻。当今务在禁苛暴，止擅赋，务本劝农，无乏武备而已。

由是此后不复出军。封丞相田千秋为富民侯而劝耕农，自是田多垦辟，而兵革休息。

《汉书·西域传》曰："孝武之世，图制匈奴，患其兼从西国，结党南羌，乃表河西，列四郡，开玉门，通西域，以断匈奴之右臂，隔绝南羌、月支。单于失援，由是远遁漠北，而幕南无王庭。"

后元二年（前87年），武帝崩。

19

昭帝时，汉匈复和亲。

宣帝地节二年，汉军出车师。匈奴击乌孙，欲复收汉两翼。汉乃救乌孙，破匈奴。匈奴力衰，丁零、乌桓皆反。人民死亡三成，商户亡失过半。匈奴大困。

宣帝神爵二年（前60年）时，虚闾权渠单于死，匈奴分裂，五单于争立。呼韩邪单于稽侯珊据单于庭，归降汉为藩臣。郅支单于部西迁中亚，漠北空虚。元帝即为后，汉以昭君嫁呼韩邪。

东汉建武二十二年（公元46年），蒲奴立为单于。匈奴境大旱，大疫，人畜多死。乌桓复叛胡，匈奴北徙。公元48年，呼韩邪单于之孙比自立为单于，率部至五原（今包头西北），归降汉朝。东汉册立其为南单于，北部匈奴另立单于。从此匈奴分裂为南北部。

和帝永元元年（公元89年），汉与南匈奴出击北匈奴，北单于大败，三年，北单于部西迁乌孙，又徙至中亚，遂入欧洲。151年，汉逼退西域匈奴自立不服诸残部。

　　作为中国北部一个强大草原帝国和联邦体的匈奴遂告灭亡。

注释

①《史记·匈奴列传》："匈奴者，其先祖夏后氏之苗裔也，曰淳维。"

②"河南"是秦汉与匈奴争夺的第一焦点。其地包括河套，"自代并阴山下至高阙为塞"，乃赵武灵王所首开。(《史记·匈奴列传》："赵武灵王……北破林胡、楼烦，筑长城，自代并阴山下，至高阙为塞。"《正义》引《括地志》："赵武灵王长城在朔州善阳县北。"）造阳在今河北怀来（河北赤城北独石口），襄平在辽阳。"其地则张掖之南，陇西之西，在河之南，故以为号。"（《梁书·诸夷传》）指黄河第二曲之南伊克昭盟诸旗以及榆林靖边绥德诸县之地。朔方，在今内蒙古乌拉特前旗东南。

③即"河南"地。

④霍去病死于元狩六年（前117年）。

⑤公孙敖屡次出兵不利，筑受降城死伤士兵甚多，下狱，为部属所救，匿民间，后被举报，再下狱。太始元年死。

匈奴对汉朝的生物战争及其历史后果

人类历史上最早利用生物武器进行的战争是汉匈之战，由匈奴人所用。此事件关系西汉后期，以至两汉魏晋数百年历史，影响至为深远。

1

我在编制《汉武帝年谱》时曾注意到，征和四年汉武帝著名的《轮台诏》中说：几年前匈奴将战马捆缚前腿送放到长城之下，对汉军说："秦人（此即西语 China 之称的起源）①，你们要马，我送你们战马。"而所捆缚的这些战马是被胡巫施过法术的。所谓法术，当时称为"诅"或"蛊"，实际就是染上草原所特有的病毒的带疫马匹。此马引入关后，遂致人染病。

在武帝时代，由于汉军攻势猛烈，"闻汉军当来，匈奴使巫埋羊牛所出诸道及水上以诅军"。

埋牛羊如何能阻挡汉军攻势呢？原来这些牛羊也是被胡巫"诅"过的，汉军触及或食用，或饮用过埋置牛羊尸体的水源，就会染疾疫，丧失战斗力。显然，这些牛羊是被胡巫做过特殊毒化处理的"生化武器"。这是人类历史上见诸记载的第一代生化武器。这种生化战的后果，《史记》《汉书》未作详述，但《资治通鉴》记东汉桓帝延熹五年春三月，皇甫规伐羌之战，"军中大疫，死者十三四"，可知流行疫病对当时军队战斗力影响之大。

汉武帝时代的名将霍去病,远征匈奴归后,年仅24岁就病死了。使他早死的病因在历史上是一个谜,但是《汉书》本传记:"(骠骑将军)登临瀚海……取食于敌,卓行殊远而粮不绝。"他的部队不带粮草,完全依靠掠食匈奴牛羊,则在匈奴胡巫施术后,其部属必多染疾疫。这位年轻将领一向体魄壮健,剽勇过人,远征归来后突患暴病而早死,现在看来,很可能与匈奴的生物战有关。

2

汉武帝后期,国中已数起大疫。当时人认为来自匈奴的胡巫及其诅咒是瘟疫的起源,引起武帝对胡巫的警惕。天汉二年秋,下诏"止禁巫祠道中者,大搜(捕)"。武帝多次派出专使钦差"直指绣衣使者"纠察胡巫。这也是引发后来巫蛊之祸的源头。

巫蛊之祸是发生于汉武帝晚年一次严重的宫廷变乱,其直接目标是搜寻和打击致人病蛊的胡巫,但由于扩大化,株连甚多,引发了激烈的宫廷政争,最终导致武帝储君卫太子刘据之死难。如果究其原因,可以认为这也是由于匈奴搞生物战所间接引发的一次重大政治事变。

3

匈奴胡巫通过疫畜所施放的瘟疫,当时人称为"伤寒"。这种伤寒有两个病征:一是因发高热而苦寒,"今夫热病者,皆伤寒之类也"(《黄帝内经·素问·热论》),一是患者体有斑瘀(所以称为"伤"),死亡率很高(所谓"瘟疫"即瘟病,瘟也是发热的意思)。

由于缺乏有效抗疫手段,自武帝后期开始,直到三国两晋的数百年间,这种流行恶疫呈10年至20年的周期反复发作,在政治、经济、宗教、文化以及医学上均对中国历史造成了极其深远的影响和变化。东汉名医张仲景总结治疗疫病经验写成名著《伤寒杂病论》。

西汉后期,由王莽改制及赤眉绿林起义引爆的社会动乱,原因除当时社会中的阶级矛盾外,与大疫的流行也有关系。总体来说,当社会处在发展阶段的上升期,大疫不致影响社会安定,但在社会危机时期大疫往往成为社会变乱的诱因。至东汉后期，疫情再度频繁发作。

东汉桓帝延熹年间国中屡发大疫。延熹五年瘟疫对军事的影响已见前述。延熹九年襄楷上疏警告皇帝称，当前"天垂异，地吐妖，人厉疫"，可能会引发社会变乱。这一预言不到20年就应验了。桓帝死后，灵帝时代大疫又于公元171年、173年、179年、182年、185年五次爆发流行。其中尤以灵帝光和五年（182年）春的大疫最为猛烈。次年，张氏三兄弟（张角、张宝、张梁）趁民间大疫流行，"以妖术教授，号'太平道'，咒符水以疗病……众共神而信之……十余年间，徒众数十万"。其徒党诡称"苍天已死，黄天当立，岁在甲子，天下大吉"，起事者焚烧官府，劫掠州邑，旬月之间，天下响应。这就是著名的"黄巾起义"。

4

由黄巾起义，中经三国分裂，直到晋武帝太康元年（280年）重新统一中国为止，战乱分裂绵延持续80余年。在这期间，瘟疫反复发作不已。

张仲景在《伤寒杂病论》序中悲伤地说："余宗族素多，向余二百。建安纪元以来，犹未十稔，其死亡者，三分有二，伤寒十居其七。"

战乱与疾疫导致这一时期中国人口锐减。汉桓帝永寿三年（157年）统计全国人口5650万。120余年后，晋武帝太康元年（280年）统计，全国人口仅有1600余万，锐减去将近3/4）。毛泽东曾注意到汉末三国时期中国人口的锐减情况，云"原子弹不如刘关张的大刀长矛厉害"。其实，导致这一时代中国人口锐减的更重要原因不是战争，而是饥荒和瘟疫。

5

当时人称为"伤寒"的流行瘟疫究竟是什么疫病，过去史家无所论及。从有关史料看，这种疫病发病急猛，致死率很高。病的主要特征是高热致喘，气绝而死。一些患者体有血斑瘀块（故称为"伤/疡"）。

根据史料所记述的疫情特点——（1）由动物（马牛羊等）作为病毒宿主传播；（2）起病急猛，高热；（3）患者体有出血瘀点；（4）具强烈传染性——推断当时流行的"伤寒"可能是两种与啮齿类动物有关的烈性传染病：一是鼠疫，二是流行性出血热。笔者窃以为当时中国东北流行的主要是后者，此病基本未过长江，盖大江阻隔了老鼠也。

流行性出血热（EHF）又称病毒性出血热，是一组由小型啮齿动物（特别是鼠类）引起的传染病。以高热、出血（体有出血斑点）和休克为主要临床特征，病死率相当高（40%—50%）（出血热由汉坦病毒引起，所致疾病称为汉坦病毒肺综合征，英文缩写为HPS）。

现代医学认为出血热的宿主动物和传染源，主要是小型啮齿动物（包括家鼠、田鼠、仓鼠），但临床上已查出30种以上动物可自然携带本病毒，一些家畜也携带流行性出血热病毒（EHFV），包括马、猫、兔、狗、猪等，证明有多宿主性。值得注意的是，这些作为病毒载体的宿主动物本身染疫后很少发病，而通过接触将瘟疫传给人类。

我们可以设想：匈奴人将马匹和牛羊染上患病者的排泄或分泌物（即"诅""蛊"）后，将动物或动物尸体施放给汉军。汉军染病后，其排泄物又通过老鼠及家畜向内地反复传播。由此即引发了自公元前1世纪至4世纪数百年间在中原地区反复发作的"伤寒"瘟疫。

6

疫疾的流行引起东汉末民间道教与王室贵族中佛教的盛行。在中国，道教和佛教最初流行都是作为一种医道和长生道而被信仰的。

道教本起于战国后期齐滨海方术士（陈寅恪观点）。西汉时期与黄老之学及导引吐纳养生方术相结合，仅流行于贵族中。汉武帝尊儒而贬黜黄老，黄老之术降入民间。在东汉后期，由于伤寒疾疫的流行，有方士于吉、张陵、左慈、张鲁等以符水方术为人治病，传布《太平清领书》（《太平经》），使其逐步发展为道教。

浮屠（佛教）于战国末已传入中土，但其立教并流行于上层精英中，或始于元狩二年三月。霍去病远征匈奴，得匈奴休屠王祭天金人，有人认为是金佛像。带到长安后，武帝诏于甘泉宫中为立祠（敦煌莫高第323窟有此事绘画）。后汉明帝时期，精英贵族（当时称为耆旧俊彦）已流行崇信佛教。当时人认为"此道清虚，贵尚无为，好生恶杀，省欲去奢"，也是一种养生之道。明帝永平八年（公元65年）致楚王英诏书："楚王诵黄老之微言，尚浮屠（佛陀）之仁祠，絜斋三月，与神为誓。"

絜斋即洁静服素守斋，是一种养生保健之道。汉桓帝亦于宫中设立黄老浮屠之祠。"自永平以来，臣民虽有习浮屠术者，而天子未之好；至（桓）帝，始笃好之，常躬自祷祠，由是其法侵盛"。

我们应注意到，早期佛教的传入，不仅包含着经、教、学、法的传入，也包含着古印度医学和医术的传入（汤用彤曾论之）。桓帝时在洛阳传教的西域高僧安世高，既是一代佛学大师，也是一位医术高超的名医，所以信徒众多。

7

汉末三国，疾疫多次流行，不仅平民，当时的名士贵族短寿。魏文帝曹丕《又与吴质书》中曾悲叹说："昔年疾疫，亲故多离其灾。徐、陈、应、刘，一时俱逝，痛何可言邪？……谓百年己分，长共相保，何图数年之间，零落略尽，言之伤心。"裴松之也说："自中原酷乱，至于建安，数十年间，生民殆尽。比至小康，皆百死之余耳。"

战乱兵灾加上瘟疫疾病，使建安、正始成为一个色彩阴暗悲怆的时代。难怪建安、正始文士之诗作常以"七哀"为题，作悲苦之音，充满萧杀之气。如阮瑀的《七哀》：

> 丁年难再遇，富贵不重来。良时忽一过，身体为土灰。冥冥九泉室，漫漫长夜台。身尽气力索，精魂靡所能。嘉肴设不御，旨酒盈觞杯。出圹望故乡，但见蒿与莱。

王粲《七哀》亦曰：

> ……出门无所见，白骨蔽平原……南登霸陵岸，回首望长安。悟彼下泉人，喟然伤心肝。

由此中国哲学及文化主题，由两汉时代以经学政治伦理为主题的讨论，转变到魏晋时代关注存在意义和生命真伪的讨论，导致清谈和玄学的兴起。

南朝梁代宗懔《荆楚岁时记》："五月五日，四民并踏百草。今人又有斗百草之戏。采艾以为人，悬门户上，以禳毒气。"

艾，俗称艾蒿、家艾，散发一种清黍的气味，是一味中药，陶弘景《名医别录》载"主灸百病"，叶入药，性温味苦，有和营血、暖子宫、祛寒湿的功能。艾叶油有明显的平喘、镇咳、祛痰及消炎作用，叶加工如绒，称"艾绒"，为灸法治病的燃料。另外"大艾"制成艾片，中医学上用于芳香开窍药，也可用作杀菌、防腐、兴奋剂。

菖蒲，生于水边，又名"水剑草"，俗称"蒲草"。《本草纲目》说菖蒲乃蒲类之昌盛者。菖蒲有香气，是提取芳香油的原料。它也是一味中药，具有开窍、行气止痛、祛风湿的功能，也可作芳香健胃剂。用菖蒲浸制的药酒，传说饮后可避瘟气，延年益寿。《荆楚岁时记》："端午，以菖蒲生山涧中一寸九节者，或镂或屑，泛酒以辟瘟气。"宋代欧阳修在《端午贴子词》中写道："共存菖蒲酒，君王寿万春。"在民间常将菖蒲叶与艾叶结成束，或烧以花序，以熏蚊虫。

8

"清谈"一词，源之于刘祯诗："所亲一何笃，步趾慰我身。清谈同日夕，情眄叙忧勤。"

清谈谈玄之风始于曹丕的提倡："太子燕会，众宾百数十人。太子建议曰：'君父各有笃疾，如药一丸，可救一人，当救君邪，父邪？'众人纷纭，或父或君。"（《三国志·魏志·邴原传》注）

"魏文慕通达，而天下贱守节。其后纲维不摄，而虚无放诞之论盈于朝野。"（晋书·傅玄传）

汉末魏晋时期哲学中流行崇尚虚无与放达的存在主义，文学中充满慨叹人生苦短、生死无常的空旷、悲凉、清脱、玄虚的气氛，构成建安、正始、永嘉三代主流思潮。此不仅与当时的社会动荡不安有关，也与人类在瘟疫面前的无能和无力感有关。

时孔门儒家正统（如孔融）反曹，仍崇尚名教以尊汉室。而曹丕乃倡导清谈，尚通脱非名教以破之。魏代汉后，玄言清谈由曹丕等之提倡而成为学术主流。晋室废魏，司马氏复以推崇名教为标榜。当时崇尚名教者拥汉、拥晋，反名教者则拥曹氏。阮籍说："汝君子之礼法，诚天下残贼乱危死亡之术耳！"（阮籍《大人先生传》）古今论魏晋清谈者多，但对上述社会背景及意识形态特点则鲜及之。

9

汉末动乱，连年的战争及瘟疫残害了无数人的生命，生存问题至要，贵族、士人为躲避疾疫，延长生命，多亲自入山采集药石。如"（嵇）康尝采药游山泽，会其得意，忽焉忘反"（《晋书·嵇康传》）。又如王羲之"与道士许迈共修服食，采药石不远千里，遍游东中诸郡，穷诸名山，泛沧海，叹曰：'我卒当以乐死！'"（《晋书·王羲之传》）。

由此可知，山水之美也是名士们在采药与浪游之中发现的。当时士人所练导引吐纳、服药采炼之法，名为求仙，实仍是求现世的祛病健身之术。

针对伤寒的流行，当时士人流行服用一种能致人发热的"寒食散"。寒食散又名"五石散"，主要原料是紫石英、白石英、赤石脂、石钟乳、石硫磺（余嘉锡对此有详考）。用这些原料炼出来的药物，服用之后据说能散寒气，补不足，祛病延年。隋代巢元方《诸病源候论·寒食散发候篇》云："近世尚书何晏，耽好声色，始服此药，心加开朗，体力转强。京师翕然，传以相授，历岁之困，皆不终朝而愈。"所谓"历岁之困"，应即指多年流行的瘟疫。换句话说，五石散在当时之流行是由于被认为有治病之功效的。

何晏说："服五石散，非唯治病，亦觉神明开朗。"（《世说新语·言语》）自何晏用后，在士人中逐渐流行。"寒食散之方，虽出汉代，而用之者寡，靡有传焉。魏尚书何晏首获神效，由是大行于世，服者相寻也。"（秦承祖《寒食散论》）王羲之得友人推荐，服后说："服足下五色石，膏散身轻，行动如飞也。"（《全晋文》）服药后生幻觉，称"散心"；生幻力，狂走发散，称"散步"。这些语言创自当时之服散者，一直流传到今天。

关于五石散祛治伤寒的药效，史料中有所记载：

时直阁将军房伯玉服五石散十许剂，无益，更患冷，夏日常复衣。嗣伯为诊之，曰："卿伏热，应须以水发之，非冬月不可。"至十一月，冰雪大盛，令二人夹捉伯玉，解衣坐石，取冷水从头浇之，尽二十斛。伯玉口噤气绝，家人啼哭请止。嗣伯遣人执杖防阁，敢有谏者挝之。又尽水百斛，伯玉始能动，而见背上彭彭有气。俄而起坐，曰："热不可忍，乞冷饮。"嗣伯以水与之，一饮一升，病都差。自尔恒发热，冬月犹单裈衫，体更肥壮。（《南史·徐嗣伯传》）

10

王瑶在《中古文学史论集》中指出，常服五石散者，因药性的作用，会影响人的性格，使人变得暴躁、狂傲。服药会使人的容颜有所改观，服药还会使人的行为方式发生重大变化。鲁迅有一篇名作论药酒及魏晋文化风气之关系。他注意到当时贵族士人多服药任酒，形骸放浪，形成特有的魏晋风度：

吃了散之后，衣服要脱掉，用冷水浇身；吃冷东西；饮热酒。这样看起来，五石散吃的人多，穿厚衣的人就少……因为皮肉发烧之故，不能穿窄衣。为豫防皮肤被衣服擦伤，就非穿宽大的衣服不可。现在有许多人以为晋人轻裘缓带，宽衣，在当时是人们高逸的表现，其实不知他们是吃药的缘故。一班名人都吃药，穿的衣都宽大，于是不吃药的也跟着名人，把衣服宽大起来了！

还有，吃药之后，因皮肤易于磨破，穿鞋也不方便，故不穿鞋袜而穿屐。所以我们看晋人的画像或那时的文章，见他衣服宽大，不鞋而屐，以为他一定是很舒服，很飘逸的了，其实他心里都是很苦的。（《魏晋风度及文章与药及酒之关系》）

除此之外，为避疫疾传染，当时许多士人远避人世，寻找净土，于是又有回返寻找大自然的风尚，遂导致山水诗及山水文学的兴起。

服五石散需以酒为饵，而且药力必须借酒力发散，因此当时士人亦多纵酒。"王孝伯云：'名士不必须奇才，但使常得无事，痛饮酒，熟读《离骚》，便可称名士。'""王佛大叹云：'三日不饮酒，觉形神不复相亲。'"

（《世说新语·任诞》）

饮酒后嗜睡，可以拒客绝交游，成为当时名士的处身之道，即所谓"闭关"。"阮籍本有济世之志，属魏晋之际，天下多故，名士少有全者，籍由是不与世事，遂酣饮为常……钟会数以时事问之，欲因其可否而致之罪，皆以酣醉获免。"（《晋书·阮籍传》）

《苕溪渔隐丛话》引《石林诗话》：

> 晋人多言饮酒，有至沉醉者，此未必意真在于酒，盖方时艰难，人各惧祸，惟托于醉，可以粗远世故。盖陈平、曹参以来用此策。《汉书》记陈平于刘、吕未判之际，日饮醇酒，戏妇人，是岂真好饮邪？曹参虽与此异，然方欲解秦之烦苛，付之清净，以酒杜人，是亦一术。不然，如蒯通辈无事而献说者，且将日走其门矣。流传至嵇（康）、阮（籍）、刘伶之徒，遂全欲用此为保身之计。此意惟颜延年知之。故《五君咏》云："刘伶善闭关，怀清灭闻见。韬精日沉饮，谁知非荒宴。"如是，饮者未必剧饮，醉者未必真醉也。

11

吴世昌说，魏晋名士习尚服药、饮酒、清谈、放荡、狂狷、任性、好山水、好音乐、好享乐和自暴自弃的颓废。近时文坛论及魏晋风度，犹有人推崇魏晋时士人之服药、饮酒、山水遨游，认为魏晋士人崇尚"自由"。没意识到这实际是根源于一种大不自由的背景——当时社会动荡，民生艰难，又时有人力不可控制的瘟疫流行以夺人性命。对于士人来说，魏晋时期乃是充满忧患的痛苦悲哀的时代。所谓通脱、放达，不过是精神上寻求解脱的一种自慰的表达方式而已。

匈奴虽是这场生物战的最初发动者，其本族后来也成为严重的受害者。史载自武帝征和年后，匈奴部亦屡遭大疫，导致人口锐减。在汉军的打击下，其势力急剧衰落。随着北匈奴的西迁，公元2世纪这种瘟疫爆发于中亚，后又流行到罗马。其间反复发作，对中古欧亚历史产生了深刻的影响。中世纪晚期著名的文学作品《十日谈》，就与当时在意大利流行的"黑死病"（鼠疫）及出血热有关。

加文·汉布里（Gavin Hambly）《中亚史纲要》：

公元165年，在帕提亚战役中发生了一次很著名的事件：当阿维狄俄斯·卡希厄斯率领的罗马军队进入泰西封时，他们遭受了一种毁灭性的流行病的袭击。而最近的研究表明，同一时期在南阿拉伯地区也发生了一场大灾难。这场灾难只可能是一场可怕的流行病，而这种流行病开始于贵霜帝国，又沿着贸易通道流传到了古代世界的其他地区。

注释

①据希腊人科斯麻士《世界基督教诸国风土记》，希腊称中国为秦尼策国（Tzinitza），又称秦尼斯达国（Tzinista）。长安《大秦景教流行中国碑》上之叙利亚文称中国为秦尼斯坦（Tzinisthan）。数名皆同一语源，由海道传播至西方者也（见《中西交通史料汇编53—54页）。此即英文chinese之语源。

汉武帝年谱

汉武帝年谱[①]

　　何按：汉朝之得名，旧以为源自汉水或汉中，非也。刘邦始封汉中王，初不欲就国。有进言曰："天汉者，天之所赐于汉也。汉水上应天汉。汉中，据有形胜，进可攻退可守，秦以之有天下。"刘邦乃就汉中王。取天下后，国号称"汉"。汉者，天汉，银河之古称也。武帝年号有"天汉"，盖以苦旱连年，欲天汉降雨，故名之。故汉民族之名，语源实来自"天汉"。

汉文帝后元七年（前157年，甲申）

　　夏六月，文帝病甚，托孤周亚夫、卫绾。以中尉周亚夫为车骑将军。嘱太子："若有缓急，可用周亚夫为将。"

　　乙亥，孝文皇帝崩。民出临三日，葬霸陵。

　　丁未，太子启即皇帝位，是为景帝。尊母窦皇后为皇太后，立太子妃薄氏为皇后。

　　《史记·外戚世家》："窦太后好黄帝、老子言，帝（景帝）及太子、诸窦不得不读黄帝、老子，尊其术。"

　　窦太后，赵国清河人，《史记》《汉书》不传其名。《索隐》引皇甫谧云"名猗房"。

　　窦氏在惠帝时以良家子被选入宫侍皇太后。汉初时，国家经济不富裕，宫室开支很大，吕太后决定将部分宫人赏赐给诸侯王，每位诸侯王五个。窦氏也在列。她请托负责这次派遣工作的官员将她的名册放在去赵国的人员之中，因为她是赵国人。但那位官员把窦姬托付的事给忘了，将窦姬的名册错放在去代国的人员中。这些名册都已经过吕太后的审批，无法更改。当时的代王是高祖和薄姬的儿子刘恒，后来的孝文帝。

惠帝七年（公元前188年），窦姬给刘恒生了一个儿子，这就是后来的景帝刘启。刘恒做皇帝之后，窦姬成为皇后。刘启即位是为景帝，窦皇后成为皇太后。

封太后弟窦广国为章武侯，太后兄窦长君（已死）子彭祖为南皮侯。

何按：西汉初叶，功臣（列侯）、外戚及刘姓诸王鼎足而立，构成统治阶层的三大集团，皇帝亦受制之。在统治阶层与被统治的"小人"之间，出现了一个新的边缘阶层，即"游士"（游学之士）。游士有文化知识特异才能而无财产及社会地位，往往寄食贵族阶层，成为其荫户——"客"。游士在战国争霸角逐中曾发挥过重要作用，从事战略和政略设计、意识形态组织、舆论操纵。在秦始皇时代游士形成一种重要的政治边缘力量，可主导舆论威胁于政权，因而被秦始皇压制（即"焚书坑儒"）。这一边缘政治势力，在刘邦起义和夺取政权及新制度构建中发挥过重要作用（如韩信、陈平、叔孙通、陆贾之辈）。这一游士阶层所操学术则颇不同，有黄老之学，有儒学，有方术之士，亦有习法术者。贾谊、晁错正是汉初这个边缘层中的政治代表人物。

《史记·屈原贾生列传》："贾生以为汉兴至孝文二十余年，天下和洽，而固当改正朔，易服色，法制度，定官名，兴礼乐，乃悉草具其事仪法，色尚黄，数用五，为官名，悉更秦之法。孝文帝初即位，谦让未遑也。诸律令所更定，及列侯悉就国，其说皆自贾生发之。"

贾谊是汉初之政治改革家，然其学术来源于李斯。贾谊早夭，其志未酬，而晁错则是贾谊之同道，在政治上继承了贾谊的事业。汉武帝一朝之更制改化，其源实本于文景两代贾、晁始倡之新政试验。

汉朝开创者刘邦是个实用主义者，轻视书本知识，不喜欢甚至是不尊重满腹经纶的读书人、儒士。刘邦曾在儒冠小解，以示他对读书人的轻视。刘邦能成为气势恢弘的大汉朝开国皇帝，两个儒生给了他鼎力之助：一个是陆贾，一个是叔孙通。

陆贾很早就是刘邦的追随者，然而刘邦并没有重用他，经常拿他开心。天下初定，尉佗平定南越后，自封为王，意在割据，刘邦就派陆贾前往授他南越王印，陆贾的辩才使尉佗叹服，甘愿称臣。刘邦封陆贾为太中大夫。

陆贾见刘邦并没有什么具体的治国方略，便经常在刘邦面前称赞和引用《诗经》《尚书》。刘邦说："我坐在马背上能打下天下，靠背诵《诗》《书》行吗？"陆贾反诘道："可以坐在马背上得天下，但可以坐在马背上治天下吗？"

陆贾将中国历代治国成败的经验教训分析给刘邦听："商汤和周武王都是靠文武并用才使天下得以长治久安，而吴王夫差、智伯都是崇尚武力而灭亡的。如果秦王朝能在一统天下之后施行仁义，仿效先圣治理国家，陛下你能得到天下吗？"

刘邦觉得陆贾说的也有道理，于是就说："陆贾，你就给我写几篇文章，帮我分析分析秦王失天下和我得天下的原因，跟我谈谈历史上治国成败的经验和教训。"

陆贾于是写了12篇文章，合订成书，名叫《新语》。《新语》实际上代表了汉初治国的大政方略。

《新语》分析秦朝灭亡的原因在于过度使用刑罚、傲慢自大以及奢侈无度。陆贾尽力地说明汉朝如何避免必然的消亡，旁敲侧击地大谈灾异现象和其显示的警戒意义。他强调，一个能长治久安的国家必须要注重儒家的伦理道德。几十年之后，贾谊在其《过秦论》中指出秦亡的教训："仁义不施，攻守之势异也。"

汉初另一位重要政治家是编订朝廷礼仪的叔孙通。他重新整合礼仪而使之正式使用。朝廷礼仪成为中国政治文化中非常重要的内容。

叔孙通，秦始皇时的儒经博士，秦二世时逃出秦宫，投奔早已兴起于山东的义军，最后投靠到刘邦的麾下。

叔孙通跟刘邦说："知识分子都是文弱书生，打天下的时候用不上他们，但是取得天下之后治天下时，他们还是有用的。"刘邦未置可否。叔孙通又说："古代五帝不同乐，三王不同礼。应该根据不同时代的人的要求而制定礼乐制度。我愿意吸取古代礼制和秦朝礼仪中有益的成分，再结合当今现状，制订汉代礼制。"刘邦说："你去试试看，原则是要简单明了，便于把握，利于适用。"

叔孙通找了鲁地儒生三十余人，练习朝廷上应该用的各种礼仪。刘邦检阅过之后，觉得并不像担心的那么难，就要求群臣随着学习。

公元前200年，刘邦要求使用汉家朝仪。整个过程由御史大夫主持，隆重而有秩序，庄严肃穆。

朝仪结束之后，刘邦很兴奋，感叹："我今天才知道做皇帝原来也是很威风的。"于是任命叔孙通为奉常（景帝中元六年，更名为太常），主持国家的宗庙礼仪。叔孙通使汉代开始以礼治国，即以文治国。司马迁评价叔孙通说："叔孙通希世度务制礼，进退与时变化，卒为汉家儒宗。"

汉景帝前元元年（前156年，乙酉），刘彻诞生。

七月七日景帝王美人称言梦红日入怀，生刘彻于长安未央宫猗兰殿，乳名阿彘，后更名"彻"[②]，字"通"。

王美人共生三女一男。汉制，美人俸比二千石。景帝共生14子，彘为第九子，或言为第十子。时年景帝32岁。

景帝刘启生14子：王美人生刘彻。栗姬生临江闵王刘荣、河间献王刘德、临江哀王刘阏。程姬生鲁恭王刘馀、江都易王刘非、胶西于王刘端。贾夫人生赵敬肃王刘彭祖、中山靖王刘胜。唐姬生长沙定王刘发。王夫人生广川惠王刘越、胶东康王刘寄、清河哀王刘乘、常王宪王刘舜。

五月，实行薄赋政策，复民田半租，三十税一。

匈奴入代边，劫掠而去。遣御史大夫陶青至代下与匈奴议和亲事。

以太中大夫周仁为郎中令，张凯为廷尉，楚元王子平陆侯刘礼为宗正，以中大夫晁错为左内史，申屠嘉为丞相。

班固《百官公卿表》：太中大夫，掌论议，无员，多至数十人，秩比千石，属郎中令。中大夫掌论议，其位在太中大夫之下，谏大夫之上。后武帝拔擢中大夫，更名曰光禄大夫，秩比二千石。太中大夫比千石如故。

诏减笞刑。

　　文帝时以笞刑代肉刑（废除刖足剃目等残肢之刑）。本年又减少笞刑数，五百者减三百，三百者减二百。

前元二年（前 155 年，丙戌），刘彻 2 岁。

冬十月，梁王刘武来朝。

三月，立皇子刘德为河间王，刘阏为临江王，刘馀为淮阳王，刘非为汝南王，刘彭祖为广川王，刘发为长沙王。

四月，太皇太后薄氏（文帝母）崩。

令天下男子年二十始傅（登籍征役）（旧法依秦律，傅年为十七）[3]。

　　何按：傅者，夫也，父也。成丁曰夫，成年可为人父曰父。傅、夫、父字通。秦制男十七而成丁，至此改之。男子成丁曰"夫"，未婚曰"匹夫"，已婚有子曰"父"。君子成丁曰"士"。士者，什长也。什长世袭。成丁有仪礼，曰"冠"。

六月，丞相申屠嘉卒。

八月，以御史大夫陶青为丞相。晁错为御史大夫。晁错上议削藩。

秋，与匈奴和亲。

削赵王邑，又削去胶西王六县。

以卫绾为河间王太傅。

前元三年（前 154 年，丁亥），刘彻 3 岁。

冬十月，梁王武、楚王戊来朝。

　　是时上未置太子，与梁孝王宴饮，从容言曰："千秋万岁后传于王。"窦太后喜之。时诸王有欲反之势，孝王乃亲弟，故景帝安抚之，非出帝之真心，乃笼络之术也。兄终弟及，殷商之制也。嫡长子继承父业，周宗法制也。儒家重宗法（礼），继承主周制。道家法自然，不反对兄终弟及。

　　何按：《史记·梁孝王世家》褚少孙补记："袁盎等曰：'殷道亲亲，立弟。周道尊尊，立子……周道，太子死，立嫡孙。殷道，太子死，立其弟。'‘方今汉家法周，周道不得立弟，当立子。'”

殷代帝王相继，自商汤至于帝纣，十七世中之九世皆为兄弟相继。

《史记·殷本纪》：“自中丁以来，废嫡更立诸弟子，弟子或争相代立，比九世乱。”《史记·梁孝王世家》：“故《春秋》所以非宋宣公。宋宣公死，不立子而与弟。弟受国死，复反之与兄之子。弟之子争之，以为我当代父后，即刺杀兄子，以故国乱，祸不绝。故《春秋》曰：‘故君子大居正，宋之祸，宣公为之也。'”

徐中舒先生谓，兄终弟及之制实乃氏族贵族选举之制，而有母系氏族文化之遗俗也。其说甚确。故立子之争含有宗法权力之争。宗法制下，母以子贵。立梁王，则太后仍为母后，操权柄而贵；立太子，则太子母升为太后，太后成为太皇太后，其权削矣。故景帝时立嫡之争含有母权残余与父权相争之涵义。汉世尚母权而重外戚。故《后汉书·荀爽传》云：“汉承秦法，设尚主之仪，以妻制夫，以卑临尊，违乾坤之道，失阳唱之义。”

洛阳东宫大火，焚毁大殿、城室。

晁错更法令十章，诸侯大哗。楚王与吴王阴谋欲反。

春正月，景帝诏削吴国之会稽、豫章。书至，吴王叛。

楚、赵、胶东、济南、淄川、胶西、吴等七国俱反，发兵西向，以“诛晁错，清君侧”为名，史称“七国之乱”。

景帝从袁盎议，诛晁错。七国兵不止。

二月，遣太尉周亚夫、大将军窦婴平叛，破吴兵。

中尉条侯为太尉，击吴楚。曲周侯郦寄为大将军，击赵。窦婴为大将军，屯荥阳。栾布为将军，击齐。

三月，平七国之乱，斩首十万余级。追斩吴王濞于丹徒。其余六王自杀。

吴兵攻梁，屡胜。梁孝王城守睢阳。周亚夫到洛阳，得游侠剧孟，大喜，谓得孟若得一敌国。太尉引兵东北走昌邑（今山东巨野东南），遣轻骑出淮泗口，绝吴、楚兵后，断其粮道。吴、楚军攻梁不能下，走下邑（今安徽砀山），击太尉军。太尉坚壁不出。吴、楚军兵疲粮尽，引去。太尉追击大破之。楚王戊自杀，吴王濞逃至东越，被杀。吴、楚叛三月而败。胶西、胶东、淄川三王以齐不肯同反，引兵围临淄。汉将栾布等破三国兵。胶西王自杀。胶东、淄川、济南三王被杀。汉将郦寄攻赵邯郸七月不下，栾布会师破之，王自杀。是年，长安列侯封君从军，借款治装，子钱家（放债取息者）以成败未定，多束手。惟毋盐氏以十倍取息，事平成巨富。

封大将军窦婴为魏其侯。立楚元王子平陆侯礼为楚王，立皇子端为胶西王，胜为中山王，徙济北王志为淄川王，淮阳王馀为鲁王，汝南王非为江都王。齐王将庐、燕王嘉皆薨。

何按：吴楚及赵等发动七国之乱。吴王刘濞称："燕王、赵王与匈奴单于有约，燕王北定代、云中二郡，引匈奴铁骑入萧关，合击长安。"萧关，地约在今宁夏固原县东南，是关中通向塞北的交通要冲，文帝时匈奴南掠烧毁汉廷的回中宫，即自萧关入。勾结匈奴共同进攻关中是七国反叛总体战略部署的组成部分，但由于七国之乱迅速被平定，匈奴只好放弃南下的打算。

前元四年（前153年，戊子），刘彻4岁。

春，恢复过关用传制度。

四月己巳，立皇子荣为皇太子。立刘彻为胶东王。以窦彭祖为奉常。

奉常即太常，汉之九卿之一，掌宗庙礼仪。《百官公卿表》："奉常，秦官，掌宗庙礼仪，有丞。景帝中六年更名太常。""太常"二字又作"太尚""大尚"。汉无极山碑："大尚承书从事。"尚书，是太尚之书；大尚又称大社，宗社也。太常之职有三（孙毓棠）：一是礼仪祭祀，二是庙寝园陵，三是考试及招博士。太常之下有六属官：1. 太乐令（乐府前身），2. 太祝令，3. 太宰令（掌祭品），4. 太史令（掌天时置历，凡岁将终奏新年历；掌奏良日及时节禁忌，记国之瑞应灾异），5. 太卜令，6. 太医令。

前元五年（前152年，己丑），刘彻5岁。

春正月，始建阳陵。募民徙阳陵。

桑弘羊生（死于公元前 80 年）。

遣公主嫁匈奴单于。

这位公主为王美人（后来被立为皇后）所生的南宫公主，系景帝第二女，武帝的胞姊。这是汉代以来以真公主出嫁匈奴单于之首例。

时间		出嫁者身份	出嫁对象	出处
文帝	1. 前 176 年	汉宗室女	冒顿单于	《汉书·匈奴传》
	2. 前 174 年	汉诸侯王女	老上单于	同上
	3. 前 161 年	汉宗室女	同上	《汉书·文帝纪》
	4. 前 160 年	同上	军臣单于	《汉书·景帝纪》
景帝	1. 前 156 年	同上	同上	同上
	2. 前 155 年	同上	同上	同上
	3. 前 152 年	汉景帝女	同上	《册府元龟》卷九七八

* 表据王川著《汉景帝传》。

前元六年（前 151 年，庚寅），刘彻 6 岁。

夏四月，封卫绾为建陵侯。

七国之乱时，河间王太傅卫绾击吴、楚有功，任中尉。绾以中郎将事文帝，醇谨无它。文帝临终嘱太子曰："绾长者，善遇之。"故上亦宠任焉。

秋九月，以无子嗣，废薄皇后。

刘彻言金屋藏娇当发生于是年。陈阿娇乃长公主窦嫖之女④，长刘彻一岁，窦太后外孙女也。王美人谋与窦氏结姻，命田蚡往游说。王美人出身微末，但生性聪明温和，巧于应付，她塑造了童年刘彻早熟机敏的个性。

王美人微言讽告大行请立太子荣母为后，以窥帝意。帝以大行妄议，诛之。

何按：刘彻母亲出身微贱，故刘彻自幼蔑视出身显贵、盛气凌人的诸异母兄长和权贵子弟。与其少年为友的是韩嫣、桑弘羊、司马相如一类贵族弃儿或边缘少年。

前元七年（前150年，辛卯），刘彻7岁。

冬十月，梁王武来朝。帝使使持乘舆驷，迎于关下。

春正月，废太子荣为临江王。太子太傅窦婴力谏不可得，乃谢病免归。太子母栗姬恚恨而死。

二月，免陶青丞相。任太尉周亚夫为丞相，免其太尉。调济南守郅都为中尉。

窦太后欲以梁孝王武（景帝弟）为嗣，因大臣袁盎等反对而止。以刘舍为御史大夫，郅都为中尉。都行法不避贵戚，号为"苍鹰"。郅都任济南守时，杀豪强瞷氏首恶，宗人三百余家皆股栗。

"都为中郎将，敢直谏……尝从入上林，贾姬如厕，野彘入厕。上目都，都不行。上欲自持兵救贾姬，都伏上前曰：'亡一姬，复一姬进。天下所少，宁贾姬等乎？陛下纵自轻，奈宗庙太后何？'上还，彘亦去。太后闻之，赐都金百斤……郅都迁为中尉……行法不避贵戚。列侯宗室见都侧目而视，号曰'苍鹰'。"

夏四月乙巳，立王美人（娡）为皇后。

丁巳，立刘彻为皇太子。以中尉卫绾、王臧为太子太傅、少傅。两人皆出于儒门。

王臧，鲁儒申培公弟子。申公，鲁人也，少从齐人浮丘伯[5]受《诗》。申公亦精《春秋》，受穀梁学于荀子、浮丘伯，而传于瑕丘江公，即《穀梁春秋》。刘邦过鲁，申公以弟子从师入见于鲁之南宫，傅楚元王孙刘戊。戊立为王，胥靡申公。七国乱后，申公杜门不出。弟子自远方受业者千余人。兰陵王臧从之受《诗》，已通，事景帝为太子少傅。代人赵绾亦尝受《诗》于申公。二人及穆生皆鲁儒生。"赵绾、王臧等以文学为公卿，欲议古立明堂城南以朝诸侯，草巡狩、封禅、改历服色事未就……"吴、楚反，申公、白生谏刘戊。戊使二人囚服舂于市。

何按：汉初儒家之始兴乃由于叔孙通。汉王已并天下，诸侯共尊皇帝于定陶，通就其仪号。高帝悉去秦苛仪法，为简易。群臣饮酒争功，醉或妄呼，拔剑击柱。上患之。通说上曰："夫儒者难与进取，可与守成。臣愿征鲁诸生，与臣弟子共起朝仪。"上曰："可，试为之，令易知，度吾所能行为之。"汉七年长乐宫成，诸侯群臣皆朝十月，至礼毕，高帝曰："吾乃今日知为皇帝之贵也。"拜通为奉常，赐金五百斤。后刘邦过鲁，乃以太牢祭祀孔子。汉初儒者之受重视，以此。于是诸儒之学亦得传授于民间，但并未成为官方学术。官方学术由于张良、陈平等所尊崇者悉为黄老之术，故一直为黄老学也。

武帝的两位师傅赵绾、王臧皆是儒生，都是治《诗经》的学者。自孔子始，《诗经》即与政治和政教密切联系。子曰："诵《诗》三百，授之以政。不达，使于四方，不能专对，虽多，亦奚以为？"以《诗经》作为政治寄托和讽喻的工具（公羊学等今文家言尤重《诗经》）。

汉昭帝死后，昌邑王贺立，旋被霍光废。责其师王式："师何以无谏书？"式答："臣以《诗经》三百五篇谏，是以无谏书。"使者具闻，得减死论。

儒家六艺为《诗》《书》《礼》《乐》《易》《春秋》。秦焚《诗》《书》，即因《诗》可以用作政治讽喻之象征。而《书》即"周道"，重讲天命与人德，反对暴力与暴政，与秦道（以暴力取天下，以酷法治天下）大不合。儒家尤反对以暴政治天下，故始皇焚之。

儒家讲授有小学传六艺，大学传平天下之道，要学者以天下为己任。孟子云："五百年必有王者兴，其间必有名世者。"（《孟子·公孙丑下》）刘彻少年时即以此言为自任也。

擢汲黯为太子洗马，郑当时为太子舍人，二人俱从黄老之学。

何按：汉初儒法与黄老学之分，不唯学术不同，亦有地域之分别。儒学乃邹鲁学，黄学乃齐学，老学乃楚学。黄学主神仙家言，即方仙道也。法家之学乃郑魏之学，起于子产。子夏传儒，兼授法术，其学成于李悝、吴起，再传于商鞅、荀卿、韩非，而尊盛于秦。汉兴以来，以叔孙通辈之提倡，儒家势力已渐养成。武帝少时主学儒家，兼学道、法家言。其成年后治国乃以儒家董仲舒、公孙弘一派公羊今文经学为本，治术则兼行法家刑名，养生则亦杂信神仙黄老，并未尽废百家言也。

汉初黄老之学极盛，君主如文、景，宫闱如窦太后，宗室如刘德，将相如曹参、陈平，名臣如张良、汲黯、郑当时、直不疑，处士如盖公、郑章、王生、黄子、杨王孙等，皆宗仰之。东方朔诫子亦有"首阳为拙，柱下为工"的话，是亦宗尚黄老之学的。司马谈论六家要指，其意以其余五家各有所长亦各有所短，并致其不满之词，而独为推崇老氏道德，谓其能具有五家之长，而去其所短，且又特举道家之"指约而易操，事少而功多"，与儒者之"博而寡要，劳而少功"两两相校，以明孔子不如老子。

西汉初年道、儒两家的斗争，不但是一种思想上的斗争，而且是一种政治上的斗争。所以司马迁有"世之学老子者则绌儒学，儒学亦绌老子。'道不同不相为谋'，岂谓是邪"的话。就事实来说，汉高祖时代"叔孙通作汉礼仪，因为奉常，诸生弟子共定者，咸为选首。于是喟然兴于学。然尚有干戈，平定四海"。惠帝、吕后时代"公卿皆武力功臣"。文帝时代"好刑名之言"。武帝即位以前，因"窦太后又好黄老之术，故诸博士具官待问，未有进者"。武帝即位以后，因"赵绾、王臧之属明儒学，而上亦向之，于是招方正贤良文学之士"。及"窦太后崩，武安侯田蚡为丞相，绌黄老、刑名百家之言，延文学儒者数百人，而公孙弘以治春秋为丞相封侯，天下学士靡然乡风矣"。

中元元年（前149年，壬辰），刘彻8岁。

关西地震。

夏四月，赦天下，赐民爵一级。

齐儒辕固生治《诗》为博士，与黄老派学者黄生廷辩汤武革命事。辕固生面折窦太后，贬讥黄老之道曰"此是家人言耳"。太后欲杀之，为景帝所救。

《汉书·儒林传》："辕固，齐人也。以治《诗》孝景时为博士，与黄生争论于上前。黄生曰：'汤武非受命，乃杀也。'固曰：'不然。夫桀纣荒乱，天下之心皆归汤武，汤武因天下之心而诛桀纣，桀纣之民弗为使而归汤武，汤武不得已而立，非受命为何？'黄生曰：'冠虽敝必加于首，履虽新必贯于足。何者？上下之分也。今桀纣虽失道，然君上也；汤武虽圣，臣下也。夫主有失行，臣不正言匡过以尊天子，反因过而诛之，代立南面，非杀而何？'固曰：'必若云，是高皇帝代秦即天子之位，非邪？’于是上曰：‘食肉毋食马肝，未为不知味也；言学者毋言汤武受命，不为愚。’遂罢。窦太后好《老子》书，召问固。固曰：‘此家人言耳。’太后怒曰：‘安得司空城旦书乎！’乃使固入圈击彘。上知太后怒，而固直言无罪，乃假固利兵。下，固刺彘正中其心，彘应手而倒。太后默然，亡以复罪。后上以固廉直，拜为清河太傅，疾免。武帝初即位，复以贤良征。诸儒多嫉毁曰固老，罢归之。时固已九十余矣。公孙弘亦征，仄目而事固。固曰：‘公孙子，务正学以言，无曲学以阿世！’诸齐以《诗》显贵，皆固之弟子也。”

何按：汉初儒老之争非单纯观念之争，而有重大现实政治之含义。其所争要点之一，即老子主张不尚贤，而儒家则主张尚贤、传贤。不尚贤，即听任自然，世官世守，世卿世禄，不变革贵族自然而传递的政治特权。尚贤、用贤，即禅让制，主张实施权力财产调整（改制）与重新分配。意识形态斗争下掩藏着关于汉初诸王诸侯及世袭贵族制度合法性的辩论。黄老之学，汉初世袭贵族之学；儒学，游士寒素文吏之学也。老子主张顺应之道，儒家主张变革之道。故刘彻欲大有为，尊君权抑贵族权，乃弃黄老之道而尊儒术也。

清河是窦太后的故乡。辕固就任清河王太傅，不久，便借口生病辞去了职务。汉武帝即位后，辕固又以贤良被武帝征召。那时他已经90岁了，然而他的秉性并没有改变。他常常教诲年轻人，要“务正学以言，无曲学以阿世”。

窦太后指儒学为“城旦语”，本于秦之典故。李斯议焚坑疏云：“《诗》《书》、百家语者，令下三十日不烧，黥为城旦。”故云。

由于窦太后推崇黄老无为而治，景帝只得在政治上推行清静无为；在经济上减轻百姓的田赋，要求官吏不能夺“女红之利”；在法律上进一步宽减刑罚；在文化意识形态上崇尚黄老思想，将黄老思想作为社会的核心思想。正因此，景帝时西汉社会在十分宽松的政策环境之下发展。

“革命”学说，当导源于孟子。孟子是民本主义者，曾说过“民为贵，社稷次之，君为轻”。当君主严重违反人民意志、人民利益的时候，应以"诛放"（杀戮放逐）。《孟子·梁惠王下》载：齐宣王问曰："汤放桀，武王伐纣，有诸？"孟子对曰："于传有之。"曰："臣弑其君，可乎？"曰："贼仁者谓之'贼'，贼义者谓之'残'，残贼之人谓之'一夫'。闻诛一夫纣矣，未闻弑君也。"

荀子是和孟子齐名的儒家后劲，虽然他已改变孟子的"轻君"为"尊君"，但其贵民思想仍然是与孟子相同的，世俗之论者曰："桀纣有天下，汤武篡而夺之。"

中元二年（前148年，癸巳），刘彻9岁。
二月，匈奴入燕侵掠。

景帝闻报，下令中止与匈奴和亲，并命令边郡吏民予以抵抗。在汉郡抗匈奴战斗中，曾在平定吴楚七国之乱中名闻天下的卫尉李广屡立战功。李广，秦名将李信之后也。

三月，临江王刘荣坐侵太庙地，景帝下诏征召之，命中尉郅都审案，临江王自杀。以太后怒故，帝免郅都中尉，旋改任雁门太守。

临江王囚，欲得刀笔为书谢上，郅都禁吏不与。窦婴知之，使人与之。临江王作书谢上，因自杀。

何按：景帝以小罪任酷吏逼死刘荣，实欲为改立刘彻扫清障碍也。

四月，立皇子越为广川王，皇子寄为胶东王。

七月，更郡守为太守，郡尉为都尉。

九月，梁王恨袁盎，遣刺客刺杀之，并刺杀反对立梁王之大臣十余人。景帝究治其罪，梁王客羊胜、公孙诡引咎自杀。

中元三年（前147年，甲午），刘彻10岁。
冬十一月，罢诸侯国御史大夫官。
春正月，废皇后薄氏死（据《汉书·景帝纪》臣瓒曰）。
夏四月，禁酤酒。
免周亚夫丞相，以御史大夫桃侯刘舍为丞相，以卫绾为御史大夫。
立皇子乘为清河王。

匈奴数掠扰汉地。景帝命中尉魏不害率车骑（骑兵）、材官（步兵）驻扎于代、高柳（今山西阳高县）等地，为备。

春，匈奴内讧相杀。匈奴王子于军率部属来降。

九月，蝗灾。

十一月庚子日，景帝封匈奴王于军为安陵侯，户一千五百五十。此举打破了刘邦所定"无军功不得封侯"的祖制。

中元四年（前146年，乙未），刘彻11岁。
四月，建德阳宫。

中元五年（前145年，丙申），刘彻12岁。
立皇子舜为常山王，以《诗经》博士韩婴为王太傅。

五月，封王皇后兄王信为益侯。

八月，易诸侯国丞相改名为相，从此诸侯王不得治国民。

司马迁诞生。

何按：一说迁生于武帝建元六年，即公元前135年。王国维谓当以本年为是。迁乃司马谈独子，左冯翊夏阳（今陕西韩城）人。司马氏上承重黎祝融，在秦为名将世家，乃世袭而于汉初没落之贵族也。至谈、迁之世，成为布衣游士。

一说是主张司马迁生于景帝中元五年，为公元前145年。《史记·太史公自序》说：迁于父谈卒三岁而迁为太史令，而读史记石室金匮之书；五年而当太初元年，十一月甲子朔旦冬至，天历始改，建于明堂，诸神受纪，又当孔子作《春秋》后五百年，因此司马迁便论次功臣世家贤士大夫之业，而作《史记》。《索隐》在"迁为太史令"一语下说："《博物志》：'太史令茂陵显武里大夫司马迁，年二十八，三年六月乙卯除，六百石。'"司马谈卒于元封元年，卒三岁而迁为太史令，那么这为太史令除六百石之"三年"即是元封三年了。元封三年司马迁年28岁，若上溯其生年，应是武帝建元六年。这是照《索隐》的推算而得出的。裴氏《集解》说："李奇曰：'迁为太史后五年，适当武帝太初元年，此时述《史记》。'"《正义》曰："案：迁年四十二岁。"从裴氏《集解》诠释本文说，是太初元年司马迁开始作《史记》。从《正义》诠释《集解》以明本文之义说，是司马迁年42岁时，适值太初元年，而始作《史记》。要从太初元年上推42年，则司马迁生于景帝中元五年。这正是照《正义》的说法推算出来的。这两种说法相差10年，自然不可并存，其中必有一个正确、一个错误。

匈奴东胡王卢它之（其父卢绾原为刘邦重臣，封燕王）来降。景帝封之为亚谷侯（封邑在河内郡），封户1500。对匈奴归降者封侯的做法，以此为始。

中元六年（前144年，丁酉），刘彻13岁。
冬十月，梁王入朝，求入侍皇太后，不许，归国。
二月乙卯，行幸雍，祭五帝。
四月，梁王死。七月，追谥孝王，窦太后极悲恸。

王为窦太后少子，有宠，赏赐极多，珠玉宝器多于京师。筑东苑，方三百余里，扩建睢阳城七十里，大治宫室。喜招揽文士，淮阴人枚乘、吴人严忌、齐人邹阳、蜀人司马相如等都受礼遇。梁国四十余城，孝王死后，分梁地为五小国（梁、济川、济东、山阳、济阴），以孝王子五人为王。"孝王未死时，财物以巨万计，不可胜数。及死，藏府黄金尚四十余万斤，他财物称是。"
城阳共王、汝南王死。
夏，改官制官名。

此前，汉官制官名皆仿秦制，而袭其故名。景帝欲开新气象，乃命廷尉改称大理，将作少府改称将作大匠，主爵中尉改称都尉，长信事改称长信少府，将行改称大长秋，大行改称引人，奉常改称太常，典客改称大行，治粟内史改称大农。
六月匈奴入雁门（郡治善无，今山西右玉南），至武泉（今内蒙古呼和浩特东北），入上郡（治肤施，今陕西榆林东南），取苑马而去。

何按：此次匈奴入寇，汉军吏卒战死者达2000余人，是景帝在位时期匈奴人入汉境劫掠规模最大的一次。景帝闻报，派遣了中贵人跟随名将李广训练军队，以抗拒匈奴。另一位著名将领程不识也在边界战备中立功。

减笞数，并改笞背之刑为笞臀。

后元元年（前143年，戊戌），刘彻14岁。

正月，下平冤狱令，赦天下。诏允审判不服者可上诉，直至廷尉。

条侯周亚夫因小过下狱，绝食五日，呕血而死。

何按：此二事可体现景帝治国政策之微妙，待民宽仁而治大臣则苛严。

三月，大赦天下。

五月，地震。

七月，乙巳，日食。丙午，免刘舍丞相。

八月，以御史大夫卫绾为丞相，封建陵侯。擢卫尉南阳直不疑为御史大夫。

是年，上庸（今湖北竹山西南）地震22天。

弛酒酤之禁。

后元二年（前142年，己亥），刘彻15岁。

正月，雁门太守郅都出击匈奴，有斩获。太后仍因刘荣事憎忌郅都。以太后命免郅都太守职，以冯敬继任。

太后杀郅都。以宁成为中尉。

郅都死后，长安贵戚多犯法。是年以宁成为中尉。成执法如郅都，廉则不及。宁成，南阳穰（今河南邓州）人。郅都为济南守时，成为都尉，与都友善。

三月，匈奴复发兵进犯雁门，冯敬战死。征车骑与步兵往屯雁门。

以岁歉，禁内郡喂马粟米。

何按：卫尉一官，《百官公卿表》称其掌宫门屯卫兵。景帝初，更名中大夫令，后元元年复为卫尉，长乐、建章、甘泉卫尉，皆掌其宫。颜师古引《汉旧仪》云："卫尉寺在宫内。胡广云主宫阙之门内卫士，于周垣下为区庐，区庐者，若今之仗宿屋也。"卫尉所掌必为南军。

　　卫尉掌南军，而汉制尚有郎卫，为郎中令所领。《表》《志》及《汉旧仪》，皆列郎中令于卫尉之前，其与卫士虽同为宿卫宫廷之职，所掌又皆宫门内外之事，故马端临《文献通考》以为郎卫与卫士均属南军。南军有郎卫兵卫，掌天子宿卫，北军则止于护城。《百官公卿表》："郎中令，秦官，掌宫殿掖门户，有丞。武帝太初元年更名光禄勋。"臣瓒曰："主郎内诸官，故曰郎中令。"汉制，宫卫凡四官：少府、光禄勋、执金吾、卫尉。

　　郎卫为诸侯及公卿大夫子弟之为郎者，郎中令掌之（《百官公卿表》）；卫士以郡国之材官骑士更给于中者，卫尉掌之（《盖宽饶传》）。郎卫初无定员，更直执戟，宿卫诸殿门，出充车骑。张骞、东方朔、扬雄皆以执戟为郎。郎者，廊也。通道警卫曰郎卫。

后元三年（前141年，庚子），刘彻16岁。

正月甲寅，太子行冠礼。

下诏勉农重农。

　　令郡国劝农桑，多种树；禁止官吏征发人民采黄金珠玉。

正月甲子，孝景皇帝崩于未央宫，卒年48岁。太子刘彻即皇帝位，是为武帝。

　　景帝体弱多病，又好色，多内宠，纵欲不止，故早逝。

　　何按：文、景有清静恭俭、安养天下之称。《汉书·食货志》云："至武帝之初七十年间，国家亡事，非遇水旱，则民人给家足，都鄙廪庾尽满，而府库余财。京师之钱累百巨万，贯朽而不可校。太仓之粟陈陈相因，充溢露积于外，腐败不可食。众庶街巷有马，仟佰之间成群，乘字牝者摈而不得会聚。守闾阎者食粱肉，为吏者长子孙，居官者以为姓号（如仓氏、库氏）。"

二月癸酉，景帝葬阳陵。

武帝尊祖母前皇太后窦氏为太皇太后，母皇后王氏为皇太后（王太后于元朔三年崩，与景帝合葬阳陵）。

三月，封皇太后同母弟田蚡为武安侯，田胜为周阳侯。

　　"皇帝甲子即位，年十六。二月癸酉，孝景帝葬阳陵。三月，尊

太后母臧儿为平原君，封田蚡、田胜为列侯。臧儿初为槐里王仲妻，生太后。后改嫁长陵田氏，生蚡及胜。"（荀悦《汉纪》）

武帝建元元年（前140年，辛丑），刘彻17岁。

十月，以"建元"为年号。

中国历史从此以年号纪元。帝王以年号纪元创始于武帝。赵翼《廿二史劄记》："古无年号……至武帝始创为年号，朝野上下俱便于记载，实为万世不易之良法。"

何按："建元"寓有创始之意，表明武帝就位初始即有锐意变革之壮志也。司马迁后来评论曰："汉兴五世，隆在建元。外攘夷狄，内修法度——封禅、改正朔、易服色。"又，赵翼认为："武帝非初登极即建年号也……一元曰'建元'，二元以长星见曰'元光'，三元以郊得一角兽曰'元狩'。是帝至元狩始建年号，从前之建元、元光等号乃元狩后重制嘉号，追纪其岁年也……武帝自建元至元封，每六年一改元。太初至征和，每四年一改元。征和四年后，但改为后元年，而无复年号，盖帝亦将终矣。"

诏丞相、御史、列侯、中二千石、二千石诸侯相举贤良方正直言敢谏之士。

汉高祖十一年下《求贤诏》："今天下贤者智能岂特古之人乎？患在人主不交故也……贤人已与我共平之矣，而不与吾共安利之，可乎？贤士大夫有肯从我游者，吾能尊显之。布告天下，使明知朕意。"汉武帝求贤意亦仿高祖也。⑥

《汉书·东方朔传》："武帝初即位，征天下举方正贤良文学材力之士，待以不次之位，四方士多上书言得失。"

何按：武帝之招贤，意在复古选贤之政也。《周礼·地官·乡大夫》："三年则大比，考其德行、道艺而兴贤者、能者。"《国语·齐语》："正月之朝，乡长复事，君亲问焉，曰：'于子之乡，有居处好学、慈孝于父母、聪惠后仁、发闻于乡里者，有则以告。有而不以告，谓之蔽明……有拳勇股肱之力秀出于众者，有则以告。有而不以告，谓之蔽贤。'"武帝命乡举里选荐贤良方正及孝廉之政，意当本此。马克思说："一个统治阶级越是能吸收被统治阶级中最优秀的分子，它的统治就越是巩固。"⑦

冬十月，诏举贤良方正直言极谏之士，上亲策问以古今治道，对者百余人。

《资治通鉴》记武帝于本年召见董仲舒亲自策问。董仲舒乃西汉公羊春秋一派今文经学之代表人物。其学兼采墨子及法家经世致用治国之术，甚为武帝所重视。

"广川董仲舒对曰：'臣谨按《春秋》之中，视前世已行之事，以观天人相与之际，甚可畏也。国家将有失道之败，而天乃先出灾害以谴告之；不知自省，又降怪异以警惧之；尚不知变，而伤败乃至……自非大亡道之世者，天尽欲扶持而全安之，事在强勉而已矣。''道者，所繇适于治之路也。仁义礼乐皆其具也。'天子善其对。"时董氏年已近60岁。

董仲舒，河北广川人，生于惠帝三年。以治《春秋》公羊学，孝景时征为博士。《汉书·匈奴传》称董仲舒亲见四世（惠帝、文帝、景帝、武帝）之事。

初征以公孙弘为博士，董仲舒为江都相，严助为中大夫。丞相卫绾奏："所举贤良，或治申、韩、苏、张之言乱国政者，请皆罢。"制曰"可"。除儒学外，贬黜诸家不用其为从政致仕之术。

何按：自此令始，学百家言者只能为杂家立说，不能作求仕之道。此即"独尚儒术"之意，但并非灭废百家或不许民间研习百家也。国家官方之主流意识形态与民间非正统意识形态之区别，亦由此为始。

至此，武帝乃一改汉初之宗黄老轻儒政策。《史记·黥布传》记："高祖语随何：'为天下安用腐儒？'"《郦食其传》记，高祖好溺儒冠。《陆贾传》记："陆生时时前说称《诗》《书》，高祖骂之曰：'乃公居马上而得之，安事《诗》《书》！'"《汉书·儒林传》记："孝文本好刑名之言。及至孝景，不任儒，窦太后又好黄老术，故博士具官待问，未有进者。"

举行皇帝大婚大典，册立陈阿娇为皇后。

二月，行三铢钱。

夏四月行新政。诏立学校之官。

五月，诏修雍之祠，开立乐府，征各国及民间乐曲入礼部。

《汉书·礼乐志》："乃立乐府，采诗夜诵，有赵、代、秦、楚之讴。以李延年为协律都尉，多举司马相如等数十人造为诗赋，略论律吕，以合八音之调，作十九章之歌。"

赦吴楚七国奴输在官为隶者。

六月，奉窦太后命，免丞相卫绾，退老归。

荀悦《汉纪》："建元元年冬十月，诏举贤良方正。丞相卫绾奏：'所举贤良，或治刑名纵横之术，乱国政，罢之。'春三月，赦天下，赐民爵一级。民年八十复二算，九十复甲卒。行三铢钱。夏四月，诏民年九十已上为复子若孙，令奉供养。五月，诏修山川之祀。"

以窦婴为丞相，田蚡为太尉，赵绾为御史大夫，王臧为郎中令。遂欲全面推行新制及儒家政治。

以桑弘羊为侍中，入宫主司财计，时年仅 13 岁。

《汉书·食货志》："弘羊，洛阳贾人之子，以心计，年十三侍中。"洛阳乃周公所建居殷贵族之名城，在汉代亦为通都大邑，"东贾齐鲁，南贾梁楚"，商业最为发达。吕不韦失相后曾谪居洛阳。贾谊亦出身"洛阳少年"。

秋七月，诏罢苑马以赐贫民。

议设立明堂，以朝诸侯。为此征询百官及博士议。然皆不明古之明堂礼制，乃遣使征鲁申公。申公，宿儒，曾从学于荀子，通明堂、巡狩、改历、服色从古制。申公乃赵绾、王臧之师也。

申公，《史记·儒林列传》作申培公。《集解》引韦昭曰："培，申公名。"

《汉书·儒林传》："武帝初即位，臧乃上书®宿卫，累迁，一岁至郎中令。及代赵绾亦尝受《诗》申公，为御史大夫。绾、臧请立明堂以朝诸侯，不能就其事，乃言师申公。于是上使使束帛加璧，安车以蒲裹轮，驾驷迎申公。"

《史记·平准书》曰："至今上（武帝）即位数岁，汉兴七十余年之间，国家无事，非遇水旱之灾，民则人给家足，都鄙廪庾皆满，而府库余货财……"《盐铁论·国疾》曰："文景之际，建元之始，民朴而归本，吏廉而自重，殷殷屯屯，人衍而家富。""建元之始，崇文修德，天下乂安。"

何按：立明堂之制，欲以订诸侯朝觐之礼。盖武帝登基年少，诸侯王或为叔，或为从兄、兄长，蔑其年少而不尊。建明堂朝觐之制，序上下尊卑之礼，有尊隆皇权之作用。因之，要不要立明堂，遂成为当时政治斗争之一大焦点。又儒家尊周礼，尚宗法及父权。而道家法殷礼、宗法不明、母权舅权为重。此亦当时儒道间之一大争端。

是年，内史甯成得罪下狱，旋逃去，在乡租陂田数千顷，役使贫民数千家。数年，积资数千万。

建元二年（前139年，壬寅），刘彻18岁。

武帝于本年始，大刀阔斧地推行一系列新政，计其大者有：

（1）令列侯归就国；（2）除关传，禁行旧制，各国交通可自由出入；（3）仿周礼立汉制；（4）贬谪诸窦宗室"毋（无）节行"者，削除其贵族属籍。

《史记·魏其武安侯列传》记："魏其、武安侯俱好儒术……令列侯就国，除关，以礼为服制，以兴太平。举谪诸窦宗室毋节行者，除其属籍。时诸外家为列侯，列侯多尚公主，皆不欲就国。以故毁日至窦太后。太后好黄老之言，而魏其、武安、赵绾、王臧等务隆推儒术，贬道家言，是以窦太后滋不说魏其等。"

冬十月，窦太后数次折阻新政。御史大夫赵绾上书，请诸政事毋奏东宫（东宫，即太皇太后窦氏所居地）。窦太后闻之大怒，密访绾、臧阴过以让上。赵绾、王臧遂下狱，皆自杀。

继之而废王臧、赵绾辈关于立明堂等诸议。王臧乃武帝为太子时之师傅，帝竟不能保全之。申公亦得罪而免归故里。

以太皇太后命，免丞相窦婴、太尉田蚡，去官家居。

《汉纪》："二年冬十月，丞相窦婴、太尉田蚡皆免。御史大夫赵绾、郎中令王臧下狱死。蚡、婴、绾、臧皆同心欲兴太学，建立明堂以朝诸侯。而婴请无奏事太皇太后，又罢窦氏子弟无行者，绝属籍，故毁谤日至（何按：《史记》谓赵绾、王臧，此谓窦婴）。窦太后怒，皆抵之罪。明堂遂不立。”

《汉书·郊祀志》：“武帝初即位，尤敬鬼神之祀。汉兴已六十余岁矣，天下乂安，缙绅之属皆望天子封禅改正度也，而上乡儒术，招贤良。赵绾、王臧等以文学为公卿，欲议古立明堂城南，以朝诸侯，草巡狩、封禅、改历、服色事未就。窦太后不好儒术，使人微伺赵绾等奸利事，按臧、绾，绾、臧自杀，诸所兴为皆废。”

太皇太后乃以石建为郎中令，石庆为内史。

三月，以太常柏至侯许昌为丞相。（太尉一职空缺不置。兵权乃由窦太后自主之。）

始置茂陵。

《汉纪》：“春二月丙戌朔，日有蚀之。三月己未，太常许昌为相。”

何按：至此，武帝建元新政皆废，此乃壬寅年间一次政变也。事变后，武帝易服外出游猎，不复问国之大政。

纳卫子夫为夫人。

《汉书·外戚传》：“帝祓霸上，还过平阳主（主乃武帝姊，平阳侯曹寿妻。寿，曹参曾孙也）。主见所侔美人，帝不说。既饮，讴者进，帝独说子夫。帝起更衣，子夫侍尚衣轩中，得幸。还坐欢甚，赐平阳公主金千斤。主因奏子夫送入宫。子夫上车，主拊其背曰：‘行矣！强饭，勉之。即贵，愿无相忘！’入宫岁余，不复幸（以陈后妒，为宫婢）。后武帝择宫人不中用者斥出之，子夫得见，涕泣请出。上怜之，复幸，遂有身，尊宠。召其兄卫长君、弟青侍中。而子夫生三女，元朔元年生男据，遂立为皇后。”

以卫子夫同母弟卫青为建章监（官名，武职，即皇宫侍卫队长）、侍中，旋迁太中大夫、典护军。

建元二年春，青姊子夫得入宫幸上。陈皇后，长公主女，无子，妒。长公主乃使人捕青，青时给事建章宫，未知名。长公主执囚青，欲杀之。其友骑郎公孙敖与壮士往篡取之，以故得不死。

何按：建元新政仅行一年而失败。当时诸窦氏外戚及诸刘氏宗室贵族暗中向太皇太后提出了更换皇帝的要求。武帝之所以得到保全，主要靠馆陶长公主之回护。

据《通鉴》记："帝之为太子，公主有力焉，以其女为太子妃，及即位，妃为皇后。窦太主恃功，求请无厌，上患之。皇后骄妒，擅宠而无子，与医钱凡九千万，欲以求子，然卒无之，后宠浸衰。皇太后谓帝曰：'汝新即位，大臣未服。先为明堂，太皇太后已怒；今又忤长主，必重得罪。妇人性易悦耳，宜深慎之！'上乃于长公主、皇后复稍加恩礼。"

何按：以王太后之尊而必须面诫武帝，警示其不可忤窦氏而致重罪。于此言可见当日武帝所处局势之危迫也。

田蚡以侯家居，虽不任职，以王太后故受宠信，数言事，多效。

四月，初置茂陵邑，徙郡国豪强于茂陵⑨。

《史记·平准书》："当此之时，网疏而民富，役财骄溢，或至兼并豪党之徒，以武断于乡曲……物盛而衰，固其变也。"

任司马谈为太史丞，督建茂陵，后以功升太史令。

何按：太史令隶属太常（司徒）。司马氏世为史官，善占星风水之术，故以督造陵寝，掌风水也。司马谈《论六家要旨》自述其学术由来云："太史公学天官于唐都，受易于杨何，习道论于黄子。"司马谈先世是世家贵族出身，其意识形态亦偏向于道家。又，太史公亦掌天下财计，则相当于今之审计署长。财长事则丞相兼之。如淳引《汉仪注》："天下计书先上太史公，副上丞相。"

以吾丘寿王为太中大夫。

武帝与大臣复议晁错案，以为冤案。

淮南王刘安献《淮南鸿烈》（即《淮南子》）。

何按：或说献书年为建元初年，不足信。刘安乃武帝之从父，淮南厉王刘长之长子，约生于文帝元年（前179年），文帝八年封侯，文帝十六年继父号封淮南王。《淮南鸿烈》此书系统纂述黄老派学术。"鸿，大也。烈，明也。"此书乃当时儒道激烈论争、意识形态与政治斗争之产物也。故太史公言："世之学老子者则绌儒学，儒学亦绌老子。'道不同不相为谋'，岂谓是耶？"刘安招致宾客方术之士数千人作是书。其书称"欲以观天地之象，通古今之事，权事而立制，度形而施宜"。书中批评："上多故则下多诈，上多事则下多态，上烦扰则下不定，上多求则下交争。"主张："权衡规矩，一定而不易。不为秦楚变节，不为胡越改容。一日刑之，万世传之，而以无为为之。"胡即匈奴，越即闽越。刘安不同意武帝所议将施行之内外政策，此言实即有所针对也。《淮南鸿烈》书原分三部，今仅传内、外篇，佚中篇⑩。后刘向改书名为《淮南子》，置《诸子略》内。

本年田蚡与淮南王刘安暗中策划政变事，未果。

《史记·淮南王列传》："（刘安）入朝……武安侯（田蚡）……乃逆王霸上……曰：'方今上无太子。大王亲高皇帝孙，行仁义，天下莫不闻。即宫车一日晏驾，非大王当谁立者？'淮南王大喜，厚遗武安侯金财物，阴结宾客，拊循百姓，为畔逆事。"

《史记》记："（田蚡）貌侵，生贵甚。"景帝晚年，田蚡为太中大夫，善辩有口才，学兼儒墨名法。"孝景崩，即日太子立，称制，所镇抚多有田蚡宾客计策。"蚡弟田胜封周阳侯。建元初，蚡欲用事为相，进名士家居者贵之，欲以倾魏其诸将相。建元元年，卫绾免相，上议置丞相、太尉。蚡从门客籍福说，微言王太后风上，让丞相于窦婴，自居主兵权之太尉。"又以为诸侯王多年长，上初即位，富于春秋，蚡以肺腑为京师相，非痛折节以礼诎之，天下不肃。""治宅甲诸第，田园极膏腴，后房妇女百数，诸侯奉金玉狗马玩好，不可胜数。"

何按：当时武帝方18岁，何言"晏驾"？晏驾者，欲废之也。则当时太皇太后及朝野诸王皆有废立之意明矣。田蚡乃刘彻至亲，亦感帝位之不安，急欲投靠新主。刘安善黄老术，迎合窦太后之心。故田蚡阿附于淮南王，欲求长自保也。由此可见当时淮南王刘安之位尊势大以及刘彻地位之危。

建元三年（前138年，癸卯），刘彻19岁。

春，河水决，溢于平原。大饥，人民相食。

武帝入终南山射猎，自称"平阳侯"，践踏农田，民皆呼骂，如跋扈子。

《通鉴》曰："是岁，上始为微行，北至池阳，西至黄山（扶风槐里县），南猎长阳，东游宜春，与左右卫能骑射者期诸殿门，常以夜出，称平阳侯（平阳侯曹寿尚帝女弟平阳公主，见恩宠，帝以此暗结功臣子弟以制诸窦也）。旦明，入南山下，亲射鹿豕狐兔。"

使太中大夫吾丘寿王建上林苑，傍南山而西向，周袤300里，设离宫70所，苑中饲养百兽，供皇帝秋冬射猎。

罗致文士司马相如、朱买臣、终军、东方朔等，并伺左右，每令与大臣辩论。

何按：此时汉武帝之所以四出游猎，大建上林苑而广招文学之士，一是示诸窦诸刘政敌以驰骋游猎失志之态，二是为了争人才、造舆论。时诸侯皆好养士，尤好文学之士。（"文学"概念今古不同。文者，文字也。学者，术也。汉言"文学"即今言"学术"也。文学之士即通文辞、有学艺之士。）前此，梁孝王招延四方豪杰，山东游士莫不至，如羊胜、公孙诡、邹阳之属（《汉书》卷四十七）。公孙诡能文，作《文鹿赋》："叹丘山之比岁，逢梁王于一时。"司马相如旧亦先从梁王游，作《子虚赋》。其辈于梁王死后皆为武帝所招揽。

梁孝王好园林艺术，曾筑东苑，方三百余里。[11]"梁孝王好营宫室苑囿之乐，作曜华之宫，筑兔园。园中有百灵山，山有肤寸石、落猿岩、栖龙岫。又有雁池，池间有鹤洲凫渚。其诸宫观相连，延亘数里。奇果异树，瑰禽怪兽毕备。王日与宫人宾客弋钓其中。"（《西京杂记》）武帝造上林苑，仿之也。命枚乘作《兔园赋》，相如作《上林赋》。

《三辅黄图》："汉上林苑，即秦之旧苑也……茂陵富民袁广汉，藏镪巨万，家僮八九百人，于北邙山下筑园，东西四里，南北五里。激流水注其中。构石为山，高十余丈，连延数里。养白鹦鹉、紫鸳鸯、牦牛、青兕，奇兽珍禽，委积其间。积沙为洲屿，激水为波涛……延漫林池。奇树异草，靡不培植。屋皆徘徊连属，重阁修廊，行之移晷，不能遍也。广汉后有罪诛，没入为宫园。鸟兽草木，皆移入上林苑中。"

《汉官仪》："上林苑中以养百兽禽鹿，尝祭祠祀宾客，用鹿千枚，麕兔无数。佽飞具缯缴，以射凫雁，应给祭祀置酒。每射收得万头以上，给太官。上林苑中，天子遇秋冬射猎，取禽兽无数实其中。离宫观七十所，皆容千乘万骑。"

"武帝时使上林苑中官奴婢，及天下贫民赀不满五千，徙置苑中养鹿。因收抚鹿矢，人日五钱。"（《汉旧仪》）

"上林苑令一人，六百石，主苑中禽兽。"（《续汉书·百官志》）

"西郊有苑囿，林麓薮泽连亘，缭以周垣四百余里，离宫别馆三百余所。"（《三辅黄图》卷四）

"太仆牧师诸苑三十六所，分布北边四边，以郎为苑监，宦官奴婢三万人，养马三十万匹。"（《三辅黄图》卷四引《汉仪注》）

武帝勇武有猛力，于上林好自击熊豕，驰逐野兽。司马相如乃作赋谏之。

何按：《淮南子·主术训》："桀之力，别觡伸钩，索铁歙金，椎移大牺，水杀鼋鼍，陆捕熊罴。然汤革车三百乘，困之鸣条，擒之焦门。"此言似即影射武帝为桀，而自喻为汤武也。《管子·宙合》："贤人之处乱世也，知道之不可行，则沉抑以辟罚，静默以侔免，辟之也犹夏之就清，冬之就温焉。可以无及于寒暑之灾矣。"武帝嬉戏上林，似采此道以避太皇太后。

赐徙茂陵者户钱二十万，田二顷（赐予"命田"）。

七月，闽越攻东瓯，告急于汉。

武帝乃与严助等相谋，阴遣严助发兵救东瓯。

严助，会稽吴人，严夫子子也。郡举贤良，对策百余人，武帝独善助对，由是独擢助为中大夫。

建元三年，闽越举兵围东瓯，东瓯告急于汉。时武帝年未二十，以问太尉田蚡。蚡以为越人相攻击，其常事，又数反复，不足烦中国往救也，自秦时弃不属。上曰："太尉不足与计。吾新即位，不欲出虎符发兵郡国。"乃遣助以节发兵会稽。会稽守欲拒法，不为发。助乃斩郡司马，晓谕意旨，遂发兵，浮海救东瓯。未至，闽越引兵罢。

何按：此是建元新政失败后刘彻所做之一件大事。所谓"不欲出虎符发兵"，诡言托词也。当时虎符实并未在武帝手中。盖其时田蚡已废黜家居，太尉之职空缺，兵权在太皇太后及诸窦手中矣。借此，武帝乃取得征用天下兵之权，从而避开太皇太后之控制。

九月，丙子晦，日食。

招选天下文学才智之士，待以不次之位。

史载：武帝招贤前后得朱买臣、吾丘寿王、司马相如、主父偃、徐乐、严安、东方朔、枚皋、胶仓、终军、严葱奇等多人，并引在左右。是时帝将欲征伐四夷，开置边郡，军旅数发，内改制度，朝廷多事，故国家急需人才。上常令严助等与朝廷大臣辩论，中外相应以义理之文，大臣数诎。帝特优礼其亲幸者，如东方朔、枚皋、严助、吾丘寿王、司马相如之属。相如有宿疾（患焦渴症，即糖尿病），常称疾避事。朔、皋不根持论，上颇俳优畜之。唯严助与寿王特见任用，而助最先进。

发布招募使月氏勇士榜文。郎官张骞应募出使西域。

何按：张骞此行主要使命是寻找大月氏，并探查西域之地理人文情况，为打击匈奴作外交准备。

新建期门军，以卫青统帅之。

何按：此又一件大事也。更改军制，建立起一支忠于自己的新军。至此，刘彻已开始谋求恢复其对国家权力的全面控制。

武帝招选天下文学才智之士，待以不次之位。四方士多上书言得失，自炫者以千计，上择其优异者宠用之，此后立为辟察举制，实际是有意培养一个平民出身的士人阶层，以事功封侯，形成后来之庶民封侯、布衣卿相。从此之后，读书士人出身之官僚阶层乃形成古典社会中一个新阶级，而与世官世禄之贵族阶级成为制衡。

西汉初年，汉帝国之统治集团为军功受益阶层。这个社会阶层是由创建西汉王朝的刘邦政治军事集团转化而来的，其主要成员乃是刘邦政治军事集团的将校吏卒及其家属。这个社会阶层的中坚约有60万人，合其家属约300万人，占当时人口总数的20%左右。由于一系列优待军吏卒的法令之颁布及实行，他们得到了爵位、田宅财产及特权，形成了一个以军功爵名为基础，拥有强大的政治势力、雄厚的经济力量、高等社会身份的新的统治阶层。

汉代行政为郡国制。西汉初年，以旧秦国之领土（关中）为基础的汉王朝与关东各诸侯王国并立，共同组成四级制联合帝国。中央政府所在的汉王朝，其政治权力的重心在以丞相为中心的政府，即所谓三公九卿。诸侯王国亦皆各有其政府，其政治的运作则以王及国相为中心。此以下，汉王朝及各王国之地方行政皆为郡县制，各郡以郡太守为中心行政，其下则为县乡亭里。

从高帝到文帝的近50年间，汉初军功受益阶层支配着汉朝政权。其间，汉初军功受益阶层在三公九卿、王国相及郡太守三者之和中的占有率均在50%以上，即高帝期的97%、惠吕期的81%、文帝期的50%。

汉初军功受益阶层之势力乃随时间之推移而逐渐衰退。其衰退大体取一种自下而上的渐进方式，即变动首先发生于政权下部，渐次波及于上。具体而言，该阶层支配汉朝中央政府最为稳固长久，直到景帝末年尚占46%。在郡守中的占有率，开始就较低，衰退速度则较快，高帝期88%，惠吕期60%，至文帝期间下降至40%，可以说已经不居支配地位。诸侯王国的状况比较特殊，文帝期间该阶层在王国相中所占之比率突然下降（由86%至29%），这种突变反映了汉王朝之政策有重大变动。就其整体及部分的变动幅度而言，都以文帝期间较为引人注目。

秦有以军功为吏（即以有军功的军人补充吏员）之制度。此种军吏与文吏相互补充的制度，皆为汉所继承。汉初，长年战乱之后，不仅中央、王国、郡之主要职位由军吏担任，县之主要职位乃至郡县掾史乡亭里之吏也以军人出身者为多。汉初之文职官吏常可世袭。《汉书·王嘉传》所载："孝文时，吏居官者或长子孙，以官为氏，仓氏、库氏，则仓库吏之后也。"

景帝时期，军功受益阶层出身者已从郡太守一职中消失；稍早于此，在文帝后期，他们就可能已经失去了对县及县以下的官职的支配。

军功受益阶层乃是在汉初的政治和社会中占有主导地位的社会

集团。

随着该社会阶层的衰退而出现政治真空，将由谁来填补？汉武帝设立地方推选贤良及中央考试制度，以儒学经义立为取士之标准，培养出身儒家的文士官僚集团。

汉代官僚，从其出仕任官的途径而言，不外亲缘型和贤能型这两种，即所谓"亲亲""贤贤"二途。亲缘型，即凭借与皇室的血缘婚姻关系而出仕任官。进一步可分为两类，即宗亲（皇室外戚）和宦官（拟亲缘）。贤能型，即凭借个人能力而出仕任官。个人赖以出仕任官的能力，就汉代而言，从选举类的名目当中如从军、明法、明经、德行、文学、出使、治河、射策等即可见一斑。

持有各种可赖以出仕之术学的人，称之为"士"，贤能型官僚则简称为士吏。汉代士吏之中，主要有三大子类，即军吏、法吏、儒吏。
东瓯王广武侯望率其众四万余人归降，安置于庐江郡。

建元四年（前137年，甲辰），刘彻20岁。

南越王赵佗死，孙赵胡立。

六月，大旱，有风赤如血。

擢江都王相郑当时为内史。

"（郑当时）每候上问，未尝不言天下长者，其推毂士及官属丞史……常引以为贤己"。举荐桑弘羊，以赀为常侍郎官。"幸得宿卫，给事辇毂之下"。《史记集解》引《汉仪法》："赀五百万得为常侍郎。"《正义》："以赀财多得拜为郎。"

《食货志》："高祖乃令贾人不得衣丝乘车，重租税以困辱之。孝惠、高后时……市井之子孙亦不得仕宦为吏。"东郭咸阳，齐之大煮盐子；孔仅，南阳大冶之子；弘羊，洛阳贾人子，皆郑当时进言之。在武帝时均任事。

王利器考证：桑弘羊，洛阳人，出生于景帝前元二年（前155年）。景帝后元二年（前142年），以赀入侍中，"获禄受赐"，为郎士。建元四年，郑当时入侍中，荐之为郎官。"弘羊擢于贾竖，卫青奋于奴仆"（《史记·主父偃列传》）。"大汉取士于奴仆"（《金楼子·杂记》）。盖武帝用人，"宰相必起于州部，猛将必发于卒伍"（《韩非子·显学》）。弘羊于天汉元年为大司农，时年55岁。后元二年，以搜粟都尉为御史大夫，时年68岁。始元六年以御史大夫论议盐铁事。元凤元年被霍光以逆谋见害，终年75岁。

建元五年（前136年，乙巳），刘彻21岁。
置五经博士（五经：易、诗、书、礼、春秋）。

何按：武帝所立五经，皆为今文经书。经文释义本于子夏、荀子一派学说。不久，有古文经书及传授出，形成古文学派。儒家经典内容复杂，不是成于一人之手，不是成于一个时代，很容易引起争论，有所谓经今文派和经古文派。今文派和古文派中又各自有派，尤其是古文派中的小派特别多。

置五经博士，表明武帝再度推行重儒政策也。武帝决策独尊儒家，罢黜诸子百家。从表面上看，好像是由于董仲舒上疏要独尊儒家，实际上是由于当时政治上的要求。

经学在当时都是口耳相传的，没有写本（因为除了《易经》之外，其余的经书都被烧光了），只有记忆力强的人才能记得住。在传述过程中，由于记忆不准确或口音听不清等等，错误很多。

秦焚书，书藏民间。至汉初，经书在民间的传述者：田何传《易》，伏生传《书》。其中古代语言，与汉代语言已相差不少。关于《尚书》的记述有两种：一本是口传的，是景帝叫晁错去跟伏生学的，伏生是济南人，而晁错是河南人，口音不同，记错不少；另一本是鲁恭王在孔子故居中发现的古文传本。

申公传《诗》，高堂生传《礼》，《春秋》分公羊、穀梁。这些书是口传后用隶书写的（隶书等于当时的简笔字），故叫今文经。汉时，各经都立博士，博士类似乎顾问。博士是有学问、能通一经的人。伏生传的《尚书》立了三家博士：欧阳氏、大夏侯氏、小夏侯氏。《诗经》博士也有三家：鲁诗、齐诗（辕固生）、韩诗（燕人韩婴）。传《礼》的有三家：大戴、小戴、庆氏。《周礼》，从王莽到太平天国都有很大影响。《周礼》从河间献王出，他收集到了古文书《周礼》，但缺了《冬官篇》，他用《考工记》中的补进去，是为《周礼》。《春秋》汉初时由邹氏、夹氏所传，《公羊》《穀梁》都写成书，邹氏、夹氏所传的后来都亡失了。《春秋》只有《公羊》《穀梁》立博士。《左传》由张苍传给贾谊。

《易》博士三：施氏（施雠）、孟氏（孟喜）、梁丘氏（梁丘贺）。

《书》博士三：欧阳（欧阳生）、大夏侯（夏侯胜）、小夏侯（夏侯建）。

《诗》博士三：鲁（申培）、齐（辕固生）、韩（韩婴）。

《礼》博士三：大戴（戴德）、小戴（戴圣）、庆氏（庆普）。

《春秋》博士二：颜氏（颜安乐）、严氏（严彭祖）。

这许多经书都立了博士，但当时最重要的是《春秋公羊传》。汉武帝特别重视《春秋公羊传》是有原因的。一方面，武帝在政治上需要利用孔子的名义来进行自己的统一工作，《春秋公羊传》第一句即讲"大一统"。"元年，春，王正月"，"何言乎王正月？大一统也。""王正月"本来并没有别的意义，春秋时各国历法不同，有建子（以十一月为岁之始），有建丑（以十二月为岁之始），有建寅（以正月为岁之始），各不统一。《春秋公羊传》又说"复五世之仇"，这也很合汉武帝替高祖复仇而要打匈奴的口味。《公羊传》传人出了一位大师——董仲舒。董仲舒用功读书，"三年不窥园"。董仲舒的同学胡母生把《春秋》经义系统化。由于他们两人的关系，《公羊传》成了五经中地位最高的一位。汉武帝独尊儒家，归根到底是尊《公羊传》。行三铢钱，行新铸半两钱，以此统一币制。[12]

何按：汉初诸侯国有铜者皆可自铸钱，富民亦可私铸，币制混乱，轻重不一。至此国家收回金融权，统一币制。

五月，大蝗。

秋八月，广川王、清河王薨，无后，国除。

建元六年（前135年，丙午），刘彻22岁。

彗星见。太皇太后病危。

淮南王刘安见彗星以为"兵当大起"，乃私"治军械，积金粟"，欲乘天下有乱而起兵。

春二月乙未，辽东高庙灾。夏四月壬子，高园便殿灾。上畏惧，为之斋戒素服五日。

五月丁亥，太皇太后窦氏崩，合葬霸陵。

六月癸巳，免许昌丞相职，以田蚡为丞相。

窦太后崩，丞相昌、御史大夫青翟坐丧事不办，免。"武安君田蚡为丞相，黜黄老、刑名百家之言，延文学儒者以百数。"（《汉书·儒林传》）

田蚡聚财揽权，多任私属为重臣。上乃曰："君除吏已尽未？吾亦欲除吏。"尝请考工地益宅，帝怒曰："君何不遂取武库！"乃稍退。

八月，闽越击南越。南越使求汉援助，武帝命大行王恢等将兵出豫章，大司农韩安国出会稽，击之。闽越王弟杀其王骆郢，汉兵还。

淮南王上书反对武帝用兵闽越。

遣司马相如入蜀告谕宣民。

司马相如，蜀人。妻卓文君。卓氏，蜀中之巨富，以盐铁致富。蜀卓氏之先，赵人也，用铁冶富。秦破赵，迁卓氏，乃求远迁。致之临邛，大喜，即铁山鼓铸，富至僮千人。

是岁，以汲黯为主爵都尉。

黯为人耿直，武帝为太子时曾任太子洗马。曾当面责武帝"内多欲而外施仁义"。

任韩安国为御史大夫。

封东越王。命唐蒙入夜郎。

汉武帝建元六年，唐蒙奉命出使夜郎。夜郎原处于闭塞的地理环境中，对中原不甚了解，问特使"汉孰与我大"。其实夜郎仅有汉一州之地那么大，后人遂以"夜郎自大"比喻人妄自大。唐蒙对晓喻大汉"威德"，并赠送丰厚礼品，约定在此地依汉制置吏。唐蒙回长安后，汉朝在此设置犍为郡，汉对西南夷的管理也从此开始。

元光元年（前134年，丁未），刘彻23岁。

夏四月，赦天下，赐民丧子者（无子者）爵一级。复七国宗室前绝属者。诏天下献书。命郡国举孝廉者为吏。每岁由诸州举秀才成为常制。

刘歆《七略》："武帝广开献书之路，百年之间，书积如丘山。故外则有太常、太史、博士之藏，内则延阁、广内、秘室之府。"

五月，诏贤良曰："受策察问，咸以书对，著之于篇，朕亲览焉。"于是董仲舒、公孙弘等出焉。⑬

董仲舒，高帝九年生，广川（即今河北省景县）人。"少治《春秋》，孝景时为博士。下帷讲诵，弟子传以久次相授业，或莫见其面"，"进退容止，非礼不行，学士皆师尊之"。

上亲策问以古今治道及天人关系，上书应对者百余人。董仲舒上对策三篇，史称"天人三策"，要点有：

(1) 建立明堂礼制，严格约束诸侯贵族行为；

(2) 立学校，从民间选贤良，为平民知识分子开辟通仕之途；

(3) 提出天人感应学说，用以约束警策皇帝；⑭

(4) 限民名田，抑制土地兼并；

(5) 以儒学思想统一政治思想。

何按：儒言所言之"名分"，以今语之即"所有权（产权）"之明晰也。所谓"名田"，即田土之私有化。井田为公田，名田为私田。《汉书·食货志》：董仲舒言于上曰："古井田法虽难卒行，宜少近古，限民名田，以澹不足。"又云："（战国以下）故贫民常衣牛马之衣，而食犬彘之食。重以贪暴之吏，刑戮妄加，民愁亡聊，亡逃山林，转为盗贼，赭衣半道，断狱岁以千万数。汉兴，循而未改。"

《史记·平准书》："贾人有市籍者，及其家属，皆无得籍名田，以便农。敢犯令，没入田僮。"《索隐》："谓贾人有市籍，不许以名占田也。若贾人更占田，则没其田及僮仆，皆入之于官也。"

汉代的土地制度，除国家直接控制与直接占有的"公田"（或称"官田"），以及"假与"民的公田外，法典化的也就是在全国具有普遍性、持久性和稳定性的土地制度是名田制。颜师古说："名田，占田也。"所以，名田制就是占田制，或者说是合法的占田制。名田制的实质是土地的国家所有权及私人的使用权（土地产品的占有权）。

汉代的名田制是从秦名田制直接继承而来。"名田"之称最早就是见于《史记·商君列传》，它是商鞅变法在秦国确立，然后向关东六国地区推行的土地制度。《商君列传》说，商鞅变法，令"明尊卑爵秩等级，各以差次名田宅，臣妾衣服以家次"。司马贞《索隐》注："谓各随其家爵秩之班次，亦不使僭侈逾等也。"

而董氏之天人感应论，其流弊成为言说谶纬的儒学神秘主义，其本义则是建立一个以天象示警约束帝王行为的舆论制约系统，以限制帝王的肆意和无上威权。这个系统在两千年中国政治中是有效的。又，武帝重用迷信方士也与天人理论有关。天人理论用灾异吓唬皇帝，方士则称可用方术消灾解难，助皇帝长生不老，天下太平。故武帝一度多引方士之流为国师，直到死前方彻悟受骗而尽驱逐之。

武帝与董仲舒所讨论的第一问题是天人关系，即天命与人意（帝王）之关系。若必尊天命，则事事无为，一切顺应天意。若人意可选择，则当求大有为。"正其谊，不谋其利。明其道，不计其功。"

董氏以天人感应提出"天命人为，天择人为"的一套新理论。

董仲舒曰："《春秋》大（大，读为动词）一统者，天地之常经（径），古今之通谊（义）也。今师异道，人异论，百家殊方，指意不同，是以上亡（无）以持一统；法制数变，下不知所守。臣愚以为诸不在六艺之科孔子之术者，皆绝其道，勿使并进。邪僻之说灭息，然后统纪可一而法度可明，民知所从矣。"

所谓除儒学外"皆绝其道，勿使并进"，即不使其成为国家主流意识形态，并非主张禁绝百家言论也。武帝采纳其义，独尊儒术，但并不废百家杂言。

董氏对策毕，天子以仲舒为江都相，事江都易王。易王，刘彻异母兄，素骄，好勇。仲舒以礼义匡正之，王敬重焉。

何按：董仲舒学术实本于齐学。齐鲁皆宗儒学，然学派有所不同。齐学中杂管子务实世用之术及墨子天志明鬼经世思想，又有邹衍五德终始之论。鲁学则宗纯儒以礼乐典章之学为重也。齐学者，今文之始也；鲁学者，古文之始也。

《汉书·儒林传》："武帝时，江公与董仲舒并。仲舒通《五经》，能持论，善属文。江公呐于口，上使与仲舒议，不如仲舒。而丞相公孙弘本为公羊学，比辑其议，卒用董生。于是上因尊公羊家，诏太子受《公羊春秋》，由是公羊大兴。太子既通，复私问穀梁而善之……宣帝即位，闻卫太子好《穀梁春秋》，以问丞相韦贤……言穀梁子本鲁学，公羊氏乃齐学也。宜兴穀梁。"穀梁之学重训诂，是古文学派之方法也。

秋，匈奴来请和亲，天子下其议。

大行王恢，燕人，习胡事。提出拒和亲，倡议以兵击之。韩安国以为，"行数千里与之争，人马疲乏，不如和亲"。上乃许之，以宗室女子嫁入匈奴。

命卫尉李广为骁骑将军，屯云中（面对单于王庭）。以中尉程不识为车骑将军，屯雁门（护卫长安），备边练兵。

盖匈奴略分为三部：中央为单于庭，东为左贤王庭，西为右贤王庭。单于庭与左右贤王各有份地。匈奴乃游牧军事奴隶制帝国。汉初以来，掳汉地人民为奴婢者几近百万。其军事力量匈奴左王居东方，直上谷（今北京怀柔）以东，接秽貊、朝鲜。右王居西方，直上郡（陕西肤施）以西，接氐、羌。而单于王庭直代（今山西大同）、云中。控弦猛士30万，汉人为奴隶者相当于其总人口之泰半。[15]

以司马谈任太史令。

何按：本年乃汉武帝于建元改革失败之后重掌权力而对内政外交作出一系列重大决策之年，可称"元光决策"。

汉武帝之政略设计，一来之于汉初之贾谊，二来之于董仲舒。贾谊乃荀子隔代弟子（荀子传《左氏春秋》于张苍，张苍传贾谊[16]）。

贾谊上文帝之《陈政事疏》，曾提议"更化""改制"。更化即悉更秦法，变法也。改制即"改正朔、易服色、法制度、定官名、兴礼乐"（《史记·屈原贾生列传》）。贾谊还向文帝建议：（1）裁抑诸侯王国；（2）抗御匈奴；（3）教育太子及王子（针对于当时贵族列侯家政之腐败）；（4）尊礼大臣；（5）阐扬文教；（6）转移风俗（钱穆谓：朝廷只讲法令，社会只重钱财，风俗无自而美）。故武帝时代复古更化之变制，贾谊开其先声。

董仲舒建议武帝：（1）立五经博士，罢退百家杂学；（2）为博士立弟子员，启以学入仕之途；（3）设郡县察举官吏之制；（4）禁官吏兼营商业；（5）限民名田，强化土地之国有民营之制，杜塞土地兼并之途；（6）废除奴隶制，"请去奴婢，除专杀之威"。

后来，董仲舒闲居在家，凡朝廷有大议，武帝常使使者及廷尉就其家问之。武帝命张汤受令更改制度律令也。

鲁恭王刘馀得古文经。

恭王坏孔子旧宅以广其宫，闻钟磬琴瑟之声，遂不敢复坏。于其壁中得古文经传，包括古文《尚书》《礼记》《论语》《孝经》凡数十篇。

何按：据《史记》，恭王以景帝前元三年徙鲁王，历 26 年，死于武帝元光五年。《汉书·楚元王传》刘歆移太常博士曰："及鲁恭王坏孔子宅……得古文于坏壁之中……天汉之后，孔安国献之，遭巫蛊仓卒之难，未及施行。"则其作宫坏壁发书似应在元光年间，故系于此。

冬十一月，初令郡国岁举孝、廉各一人。"从董仲舒之言也"。

何按：是为察举征辟制度建为常制之始。此制以才学引民间人士入于仕途。后来不断演变，成为九品中正制及科举制。其基本命意在于举贤用贤，世官世禄的贵族制度遂被破除。

建元五年（前 136 年），武帝设置五经博士，给了天下读书人一个信号：重用儒士的时代来了。

元光元年（前 134 年）五月，汉武帝向全国发布了第二个征召贤良的通令。这是一个有为时代来临的预兆。全国各地的读书人聚居京城的馆驿，等待汉武帝的考试。

所谓贤良，是指在某一方面治学有造诣的饱学之士。他们中有一些人虽享受国家提供的微薄俸禄，但没有现职。贤良是汉代进仕的一种资格条件。

董仲舒也在被征召之列。对他来讲，这是一次机遇。他早就是《春秋》博士，但一直未被重用，满腹的抱负至今未被明主发现，无法实施。对国家来说，这是西汉有为时代的开始，它将一改以往无为而治，变成一个激进、拓展的大帝国。

这次策试对汉武帝也相当重要。策试虽然已被几代人所使用，却是他即位以来真正能按自己的意志来做的第一件大事——接待、考问天下贤才良能之士，以便找到适合的人物帮自己出谋划策。

董仲舒知道，汉武帝想破除先辈"清静无为"治国宗旨的想法由来已久，只是即位以来一直受到祖母窦太后的牵制，无法实施自己的计划。窦太后好黄帝、老子言，用人偏重道家思想家和学道家思想的知识分子。汉武帝想重用儒家的第一个念头在建元元年，但即刻就被窦太后掐灭了。建元六年，窦太后去世，汉武帝再也不受窦氏约束了。

汉武帝是个积极有为、雄才大略的皇帝。然而一个人的力量有限，所以，他要求郡国举孝廉，以德高者为官吏，又急切地向全国征召治国安邦的专家。他在征召贤良的通令中诚恳地说："历史上的帝王们将国家治理得井井有条，那时年年风调雨顺，没有怪异诡谲、山崩地震之类的事发生。他们是如何治理的呢？我自从即位以来，白天从一睁眼就开始谋求治理国家的良方，晚上躺在床上也无法入眠，思索着如何去治理我们这个国家。我就像面临深渊的人，也像摸着石头过河的人，在寻找和期求哪怕是很微小的挽救自己的力量。我们这个伟大、美丽的国家，应该怎么做才能完成先辈们努力实现的大业，才能光大、彰显先辈们创立基业的美德呢？怎么才能使我们的国家治理得可以与尧舜时代相仿、与三王的统治相媲美呢？我深感个人的能力是不足以成就大业使祖宗的美德流芳百世的。这次请诸位来，是倾听诸位所了解的古今治国安邦的经验教训，用来解决当今社会中的问题。具体要求是，每人根据我出的题目写一篇政论文。诸位交卷后，我将亲自审阅。"

汉武帝发现董仲舒的文章很对自己的思路，其中有勃勃向上的进取精神。同时，武帝也发现这篇文章闪烁其辞，蜻蜓点水，似言犹未尽。于是汉武帝有了再次策试董仲舒的意向。

汉武帝又连续两次向董仲舒提出问题，希望董仲舒具体一点，就一些社会问题做出详细的分析，提供解决的办法。

这是一份殊荣！从全国各地赶来策试的贤良之中唯独董仲舒一人

获得。董仲舒畅其心中所思，就社会中的许多现实问题都直言不讳地作了分析，提出了自己的一些想法。最后，董仲舒提出了思想大一统的政治方略：推崇儒家生生不息的进取思想，贬抑罢黜其他各家的思想。汉武帝采纳了董仲舒的建议，发布了历史上著名的"罢黜百家，独尊儒术"的政策。

董仲舒接受汉武帝三次策试的三篇文章，史称《天人三策》，与贾谊的《治安策》同称为西汉的"大文"。《天人三策》和《治安策》对西汉之初的作用各有千秋，而《天人三策》中的"大一统"思想对中华民族大一统观念的形成起过非常重大的作用。

汉武帝一改前代"无为而治"的治国方针，积极有为，想成就伟业。儒家思想中"知其不可而为之"等生生不息的进取精神，正是他所求的思想依据和精神支柱。董仲舒提出思想大一统正可以作为政治大一统和社会大一统的理论基础和哲学根据。

刘向称赞董仲舒"有王佐之材，虽伊吕亡以加，管晏之属，伯者之佐，殆不及也"。（《汉书·董仲舒传》）

刘向的儿子刘歆则认为，董仲舒"下帷发愤，潜心大业，令后学者有所统壹，为群儒首"。也有人称董仲舒为"儒者宗"，说董仲舒是儒家思想发展的关键人物。

元光二年（前133年，戊申），刘彻24岁。

冬十月，行幸雍，亲祭社神，祠五畤。

方士李少君献炼丹长寿之术。遣方士入海求神仙。

何按：方士之兴，是对天命论之反制也。方士可祈禳灾异，延长人寿，故人主信之。

任公孙弘为左内史。擢拔主父偃为大夫，"岁中四迁"。

主父偃欲因卫将军（青）入荐。卫将军数言上，上不省。乃自行上书阙下，朝奏，暮召入见，言九事，八事关律令，一事谏慎伐匈奴。引《司马法》："国虽大，好战必亡。天下虽平，忘战必危。"其议备受重视，遂举为郎中。一岁中四迁。是时，徐乐、严安亦上书言世务，上召见三人，曰："公皆安在？何相见之晚也！"

何按：时武帝疏远亲贵，急于用人，求贤若渴。

夏六月，以御史大夫韩安国为护军将军，卫尉李广为骁骑将军，太仆公孙贺为轻车将军，大行王恢为将屯将军，太中大夫李息为材官将军，伏击大单于于马邑。⑰

春，诏问公卿曰："朕饰子女以配单于，金币文绣赂之甚厚。单于待命加嫚，侵盗亡已。边境被害，朕甚闵之。今欲举兵攻之，何如？"大行王恢建议宜击。汉匈数十年之战遂以此为序幕展开矣。

吕思勉云："匈奴在古代，盖与汉族杂居大河流域，其名称：或曰猃狁（亦作俨狁），或曰獯鬻（獯亦作熏作荤，鬻亦作粥），或曰匈奴，皆一音之异译。（《史记索隐》：'应劭《风俗通》曰：殷时曰獯粥，改曰匈奴。又曰匈奴，荤粥其别名。'《诗·采薇》毛传：'俨狁，北狄也。'《笺》云：'北狄，匈奴也。'《吕览·审为篇》高注：'狄人，猃允，今之匈奴。'案伊尹《四方令》径作'匈奴'。又案《史记》：'唐虞以上，有山戎、猃狁、荤粥。'荤粥两字，盖系自注，史公非不知其为一音之转也。）又称昆夷、畎夷、串夷，则胡字之音转耳（昆，又作混，作绲。畎，亦作犬。又作昆戎、犬戎。《诗·皇矣》：'串夷载路。'郑《笺》：'串夷，即混夷。'《正义》：'书传作畎夷，盖犬混声相近，后世而作字异耳。或作犬夷，犬即畎字之省也。'案《诗·采薇》序疏引《尚书大传》注：'犬夷，昆夷也。'《史记·匈奴列传》：'周西伯昌伐畎夷氏。'又'自陇以西，有绵诸、绲戎。'《索隐》《正义》皆引'韦昭曰：《春秋》以为犬戎'，足征此诸字皆一音异译。"（《吕思勉遗文集·匈奴古名》）

何按：匈奴乃汉时对匈奴人之蔑称。⑱日本学者内田吟风云："匈奴两字古音被认为作 flong – nah，被认为与希腊语作 phrounoi 之匈人有联系。4 世纪时粟特人记前赵之匈奴人作 xwn。汉字'匈奴'与 phrounoi、xwn 音相近，殆无疑也。"（《匈奴史研究》，日本创元社，1953 年）

汉时匈奴称"荤允"或"荤鬻/粥（读近玉）"。⑲见《汉书·霍去病传》："骠骑将军去病率师躬将所获荤允之士。"《史记·三王世家》："荤粥氏无有孝行而禽兽心，以窃盗侵犯边民。朕诏将军往征其罪，万夫长，千夫长，三十有二君皆来，降旗奔师。荤粥徙域远处，北州以安矣。"

《汉纪》："匈奴者，其先夏后氏之苗裔，其在古曰淳维（混夷）。匈奴始祖名薰粥氏、山戎（鲜虞）、猃狁是也。始祖居于北边，随草畜牧而转徙，居无城郭耕田之业，然亦各有分地。无文法，以言语为约束。其俗宽则射猎，急则习战。长兵则弓矢，短兵则矛铤。见利则进，不利则退。食肉衣皮，壮者食肥美，老者饮食其余。父死则妻其后母，弟兄死皆娶其妻。其俗有名不讳，无文字。自商周以来，世为中国患。至匈奴（王），姓挛鞮氏，国人称之曰'撑犁孤涂若单于'。匈奴谓天为'撑犁'，谓（男）子为'孤涂'，若言天子也。'单于'者，广大之貌，言其单于然也。置左右贤王、左右谷蠡王、左右大将、左右大当户，凡二十四长。其大臣皆世官职。左贤王将居东方，直上谷之东北，接秽貊、朝鲜。右贤王将居西方，直上郡西，接氐、羌。而单于庭直代郡、云中。岁正月，诸王长少正会单于庭。五月，大会龙庭，而祭其先祖、天地、鬼神。秋，大会蹛林，校阅人畜。其法，拔刃尺者死，盗者没入其家财。单于朝拜日，夕拜月。其座，长左而北面。日尚戊己。其送死者有棺椁衣衾，而无封树丧服。近幸臣妾从死者，多至数十人。举事常随月，月盛壮则进兵，月亏则退兵。其攻战，斩首则赐一卮酒，而所得卤获因以与之。得人因为奴婢。故其战，人人自趣利。秦始皇时，使蒙恬将数十万众北击胡，悉收河南地，因河为塞，筑四十四县临河，徙谪人民以充之。因山险谿峻堑治之，起临洮至辽东万余里。是时匈奴单于曰头曼，头曼不胜秦，北徙十有余年。头曼太子名冒顿，杀父而立……破灭东胡，西击月氏，南并楼烦、白羊、河南，悉收秦所夺地，遂入侵燕、代……高帝有平城之围。高后时冒顿为书戏慢，甚不敬……自是数侵边。"

何按：考诸汉史，"匈奴"实非单一种族或民族之称，而是秦汉时代中国北部一个庞大的成分复杂之多种族之游牧民族之政治集合体。其众推之首领即大单于。其中有黄种民族如诸羌及东胡（鲜卑、秽貊、高句丽、扶余），亦包括非黄种之塞人（斯基泰）、苏末（突厥前身）、黠戛斯、柔戎等。[20]

　　加文·汉布里《中亚史纲要》："在中国的蒙古草原边界，有一支以'匈奴'知名的强大的游牧民族。将匈奴比定为若干世纪后欧洲历史上著名的'匈人'，对这种观点一般还存在争论，但我们认为'匈奴即匈人'这一论点还是可以接受的。确切地说，匈奴人在语言和种族上究竟与哪个民族相近，目前我们对此还一无所知。但是一般认为，匈奴与突厥在某些方面有关系。在东西方史料中，对于匈奴的记载有一个显著的共同之处，即强调匈奴在战争中的极端的暴行。应该承认，史书作者们总是倾向于将匈奴给他们的同胞带来的灾难戏剧化，其中有些记载不免有夸大之嫌。然而，对匈奴暴行的描写如此普遍，读来又那样自然入理，所以这类记载中肯定包含着基本的事实成分……

　　"公元前3世纪，匈奴在蒙古草原的力量达到了鼎盛时期，他们很快就对中国北部的统治者构成了强大的威胁。中国古代遗址中最著名的长城，就是为了抵御匈奴的进攻而建造的。但是随着秦王朝（公元前221年—前206年）的崩溃，削弱了中国的防卫力量。而与此同时，在匈奴的头曼单于（最高首领）统治下，匈奴的力量则得到了增强。到了头曼的儿子冒顿单于统治时期（约公元前209年—前174年），匈奴的势力达到了顶峰。冒顿征服了鲜卑、契丹以及东胡等与匈奴相邻的部落，成为蒙古草原的主宰。

　　"在甘肃西部，也就是后来以敦煌闻名的地方，有另外一支被称作'月氏'的、成分相当混杂的游牧部落联盟。匈奴冒顿单于打败了月氏，又复击溃北部的乌孙，并将乌孙赶到了西方。冒顿死后，他的儿子老上单于再次向月氏发起进攻，击败月氏，并杀死了月氏王。最后一次失败，使可怕的月氏部落（他们是与匈奴相似的游牧民族）开始举族向西方迁徙。月氏人可能是越过伊犁河谷而下，沿着伊塞克湖南岸向西进发。在伊塞克湖地区，月氏击败了一支塞种部落，并将后者赶到了西南方。《前汉书》将这支塞种称为'塞王'。但是，月氏在进军途中又与乌孙部落遭遇，乌孙这时转而在后方袭击了月氏。在乌孙的打击下，月氏落荒而逃，继塞种之后，被赶到了费尔干纳地区。这样，在公元前160年之后不久，希腊–巴克特里亚王朝的锡尔河边境地区，受到了来自塞种和月氏这两个强大的游牧部落的威胁。

"……尽管缺乏有力的证据，但现代学者一般都认为，汉文史料中的'月氏'，显然就是西方文献中叫做'吐火罗'的部落。

"……到公元4世纪，蒙古草原的匈奴游牧帝国已经分裂成了两个各不相属的部分，它们就是南匈奴与北匈奴。南北匈奴这时都动乱不已。公元311年，南匈奴部攻陷和烧毁了中国北部都城洛阳。洛阳城当时是横贯欧亚大陆的丝绸之路的终点，在罗马人中间，洛阳城以'Sera Metropolis（丝都）'而著称。

"……与此同时，鲜卑部落日益强大，成为北匈奴的主要对手，并将北匈奴从贝加尔湖地区附近赶向西方。在一个多世纪的时间内，北匈奴很明显地是向天山山脉北部迁徙，但是古代东、西方史学家对于北匈奴这时的迁徙情况都没有加以记载。最终，北匈奴出现于索格底亚那北部的锡尔河草原。从公元350年以后，到达锡尔河的匈奴中有许多分支入侵了萨珊帝国东方诸省，在这里他们以'匈尼特'的名字为人所知；后来，其余的匈奴部落则出现于阿兰人和伏尔加河西部南俄草原的哥特人中，这些匈奴部落以欧洲'匈人'著称。

"……在公元360年，他（伊朗的沙布尔二世）又返回了西方，重新与罗马帝国开战，而匈尼特人的军队则作为沙布尔的同盟者，跟随伊朗军队出征。

"……这时在伊朗东部，兴起了股新的势力，这就是匈尼特人及其继承者寄多罗人和嚈哒（Hephthalites 或 Ephthalites）。

"通过以上论述可知，最初在呼罗珊地区出现的匈人，可能就是阿弥厄奴斯·马塞里奴斯提到的匈尼特人，他们的出现比到过欧洲的匈人大约早25年左右。匈尼特这一名称可能是由中部伊朗的 xiyōn (Hun)，加上希腊文部族的词尾 ιται 构成的。但是亨宁认为，Eph-thalites（嚈哒）这一名字的词尾是粟特文的复数形式。当匈尼特人最终与沙布尔二世结成联盟之后，他们参加了沙布尔二世在美索不达米亚反对罗马帝国的战役。在那里，匈尼特王伽楼巴提的儿子在围攻阿美达（Diyarbakr）的战斗中阵亡。

"……虽然从嚈哒的名称与种族来看，嚈哒人是匈人，但他们过的并不是游牧生活。哌哒人肤色白皙，五官端正；对死者实行土葬，而且哌哒人在埋葬他们的首领时要埋葬20名生前好友来陪葬，与匈尼特人实行火葬的习俗有明显的区别。

"……公元5世纪与6世纪早期，即哌哒人在巴克特里亚占据统治地位的后期，根据印度史料记载，旁遮普地区频频遭到入侵，而且某个以'匈奴人（Hunas）'知名的民族也在这时侵入了西印度。很明显，这些入侵者就是匈人，但他们究竟是匈人中的哪一支，目前尚不清楚。在这些入侵者中，最重要的一支是疾布里提。早在公元458年，笈多王子塞建陀笈多就被召来抵抗入侵者的猛烈进攻。这些入侵者很可能就是匈奴人。

"……到了公元5世纪末，笈多帝国就衰落了。到公元510年，匈奴人首领头罗曼已经在印度的大片土地上建立了他的统治。

"……我们对于亚洲匈人的语言，像对他们欧洲同胞的语言一样，完全一无所知。究竟哪个民族在语言和种族上与匈人相近，对这个问题的解释现在有两种主要的假设。第一种假说是由科什曼和榎一雄主张的伊朗语说。这一假说的主要根据是草体希腊字钱币题铭。这种观点现在已经被新的发现所排斥，人们发现这些题铭实际上是东部伊朗当地的巴克特里亚方言。苏科克塔尔巴克特里亚铭文的发现，使这一结论成为定论。毫无疑问，这种伊朗语言偶尔确曾被匈人为了管理的目的而使用过，但是匈人实际使用的语言是什么呢？现在能够自圆其说的假设，是米诺尔斯基提出的突厥语说。然而，突厥语说也并非尽如人意。使人难以理解的是，《周书》说，哌哒人实行一妻多夫制，这一记载对于主张哌哒源于印欧语系的理论，无疑是一个有力的反证。与其说他们接近突厥人，倒不如说他们接近藏族人。从大英博物馆一个银盘上所画的东部匈人（很明显是寄多罗人）的军事装备上，也可以看出一些与他们的种族起源有关的问题。从银盘上所见，匈人的装备有一柄笔直的双手握宝剑和一张复弓，但是没有马镫。匈人装备中的第一个和最后一个特点，很明显地将他们与后来的阿哇尔人区别开了。阿哇尔人具有特色的装备是弯曲的剑和马镫，而一般则认为阿哇尔人属于蒙古人种。

"……当众多东部匈人部落统治着巴克特里亚以及现代阿富汗的其他地区时，在蒙古地区的草原民族中也发生了重大的王朝更替。实际上，正是蒙古草原的这些变动，最终导致了哎哒帝国的垮台。鲜卑将北匈奴从鄂尔浑河和米努辛斯克地区赶到巴克特里亚以后，他们在一段时间里统治了蒙古草原。但是到公元 6 世纪，有一支称作'柔然'的部落在蒙古草原崛起。这些柔然人，可能就是后来以'阿哇尔'的名字在欧洲出现的部落。公元 560 年之后不久，阿哇尔人就已经君临匈牙利草原。虽然无论是对阿哇尔人在蒙古草原的情况来讲，还是就其到达匈牙利居住地后的情况来讲，我们对阿哇尔王朝的历史都所知甚少，但是阿哇尔民族对于历史学者来说具有某种强烈的兴趣，因为可能正是阿哇尔人向欧洲传递了骑兵战争的两种重要器械——马镫和马刀。公元 5 世纪时，大概在介于中国和草原之间的地区，发明了马镫和弯曲的骑兵剑。当这两种发明被阿哇尔人传到欧洲之后，很快就被拜占庭采用了。像马镫这样一种普通的器具，不但对于全部罗马古代民族来说，一直是闻所未闻，甚至像萨珊波斯那样习于骑射的养马人，竟然也不知马镫为何物。这一事实确实令人惊诧不已，然而看来实情确是如此。

"突厥兴起的结果，将柔然王朝驱逐出了蒙古草原，在此过程中，突厥人开始登上了历史舞台。到公元 552 年，柔然已经完全败亡。突厥帝国的开国君主是汉文史料中称为'土门'（突厥文铭文中称作'布民 Bumin'）的首领。突厥可汗的驻地位于库车北部的白山（Aq Dagh），但突厥帝国的领土则往西一直达到了阿姆河和里海。正如我们所见的那样，突厥汗国的西部实际上是在土门可汗的兄弟室点密的独立统治之下。"

夏六月，从大行王恢之议，令五将军伏兵 30 万于马邑，谋诱击匈奴，计泄未果。

《史记·匈奴列传》："今帝即位，明和亲约束，厚遇，通关市，饶给之。匈奴自单于以下皆亲汉，往来长城下。汉使马邑人聂翁壹奸兰出物（走私）与匈奴交，伴为卖马邑城以诱单于。单于信之，而贪马邑财物，乃以十万骑入武州塞。汉伏兵三十余万马邑旁，御史大夫韩安国为护军，护四将军以伏单于。单于既入汉塞，未至马邑百余里，见畜布野而无人牧者，怪之，乃攻亭。是时雁门尉史行徼，见寇，葆此亭，知汉兵谋，单于得，欲杀之。尉史乃告单于汉兵所居。单于大惊曰：'吾固疑之。'乃引兵还。出曰：'吾得尉史，天也，天使若言。'以尉史为'天王'。汉兵约单于入马邑而纵，单于不至，以故汉兵无所得。"

王恢以失机沮兵，下狱死。

《史记·匈奴列传》："汉将军王恢部出代击胡辎重，闻单于还，兵多，不敢出。汉以恢本建造兵谋而不进，斩恢。"

自此与匈奴绝和亲，但边贸则未绝。

《史记·匈奴列传》："自是之后，匈奴绝和亲，攻当路塞，往往入盗于汉边，不可胜数。然匈奴贪，嗜汉财物，汉亦通关市不绝以中之。"

秋，诏全民大哺五日（过年）。

元光三年（前132年，己酉），刘彻25岁。

窦、田为田产相争。

窦婴在景帝时为大将军，田蚡当时位列诸郎，未贵，往来侍酒于窦婴，跪起如子侄辈。及元光后，田蚡借王太后之势，专权骄姿跋扈，遂蔑视诸窦。田蚡遣籍福请窦婴城南田。窦婴怒曰："老仆虽弃，将军虽贵，宁可以势夺乎？"不许。灌夫闻，怒，骂籍福。田蚡闻之，曰："窦婴子杀人，吾活之。何爱数顷田？"

何按：此案表明王（田）氏新外戚势力的兴起，旧外戚窦氏势力已大削弱，而武帝处于矛盾之中。武帝以"无为"（不介入）之道处之。此乃武帝"以外戚制外戚"之策也，甚高明。《汉书·卫青传》记卫青曰："自魏其、武安之厚宾客，天子常切齿。彼亲待士大夫，招贤黜不肖者，人主之柄也。人臣奉法遵职而已，何与招士？"

五月丙子，黄河于瓠子决口改道，注巨野，通淮泗，泛郡十六，改道从顿丘东南入海。

武帝命汲黯、郑当时发卒十万塞之，辄复坏，决口濮阳，淹十六郡。丞相田蚡反对治河，云："江河之决皆天事，未易以人力为强塞，塞之未必应天。"

何按：因田蚡封地俞县（今山东平原）在河北，河夷南流对其有利。

元光四年（前131年，庚戌），刘彻26岁。

春，丞相言灌夫家在颍川，横甚，民苦之，请案。上曰："此丞相事，何请？"灌夫乃持丞相阴事，为奸利，受淮南王金与阴谋语。宾客居间调节，暂和解。

夏，田蚡娶燕王刘泽子康王刘嘉之女为夫人。王太后诏，命列侯、宗室皆往贺，窦婴邀灌夫俱往。灌夫骂座，田、窦家族矛盾激化。

《史记·魏其武安侯列传》：灌将军夫者，颍阴人也。父张孟，尝为灌婴舍人，得幸，因进之至二千石，故蒙灌氏姓。吴楚反时，从军平叛，有功，为中郎将。后家居长安，坐法去官。其为人刚直使酒，不好面谀，不喜文学，好任侠。所与交通，无非豪杰大猾。家资数千万，食客日数十百人。宗族宾客为权利，横行颍川。民间歌之曰："颍水清，灌氏宁。颍水浊，灌氏族。"窦婴失势，乃与灌夫交，以其排弹先慕其势后弃之者。灌夫亦倚窦婴，以结交列侯、宗室、亲王。两人相互利用，其游如父子然，恨相知晚也。

何按：灌夫本为颍川恶霸，窦婴则为失势之贵族，其与田蚡之争实乃贵戚与暴发户之争也。

主父偃盗书陷害董仲舒。

仲舒治国，以《春秋》灾异之变推阴阳所以错行……先是辽东高庙、长陵高园殿灾，仲舒居家推说其意，草稿未上，主父偃候仲舒，私见，嫉之，窃其书而奏焉。上召视诸儒，仲舒弟子吕步舒不知其师书，以为大愚。于是下仲舒吏，当死，诏赦之。仲舒遂不敢复言灾异。[21]

何按：最早建议武帝除掉刘安和田蚡的是董仲舒。事起于本年辽东高庙和长陵高园先后两起火灾[22]，董仲舒著文论之，见《汉书·五行志》："天灾若语陛下，'当今之世，虽敝而重难，非以太平至公，不能治也。视亲戚贵属在诸侯远正最甚者，忍而诛之，如吾燔辽东高庙乃可；视近臣在国中处旁仄及贵而不正者，忍而诛之，如吾燔高园殿乃可'云尔。在外而不正者，虽贵如高庙，犹灾燔之，况诸侯乎！在内不正者，虽贵如高园殿，犹燔灾之，况大臣乎！此天意也。"所言"在外而不正者"指刘安，"在内不正者"指田蚡。元朔六年，淮南、衡山王谋反事觉，武帝乃"思仲舒前言，使仲舒弟子吕步舒持斧钺治淮南狱，以《春秋》谊颛断于外，不请。既还奏事，上皆是之"。㉓时田蚡已死，不及诛，武帝忿忿说："使武安侯在者，族矣！"㉔

五月，御史大夫韩安国行丞相事，堕车，蹇，因病免职。平棘侯薛泽为丞相。

九月，中尉张欧为御史大夫，韩安国病愈复起为中尉。

窦婴、田蚡廷辩。王太后命族灌夫，并案治窦婴。武帝听之。

何按：田窦之争，实乃建元以来刘窦两大家族权争之继续。而建元初之争关系重大政策方针，王、田、窦之争则重在家族财产利益之攘夺。武帝乃表面超然中立，而阴施"以外戚制外戚"之策，使其两败俱伤。灌夫为一时豪强游侠之首。此事件后，窦氏、王氏、田氏三外戚及豪家俱败。

十月，灌夫弃市。

十二月末，窦婴弃市。㉕

《史记·魏其武安侯列传》记田、窦、灌三家相斗事甚详，此乃元光年间一大公案也。

元光四年夏，田蚡娶燕王刘泽子康王刘嘉之女为夫人。王太后诏令列侯宗室皆往庆贺。窦婴携灌夫俱往。至酒席上，田蚡不为敬。灌夫乃借酒骂座于临汝侯灌贤，并辱与其耳语者卫将军程不识。灌贤乃灌婴孙辈，灌婴则为灌夫父之旧主人也。田蚡曰："你辱骂程将军，程、李俱为御林军卫尉，亦不为李广将军留面子乎？"灌夫曰："今日愿斩头陷胸，何知程、李平？"田蚡乃令家中骑卫扣留灌夫。籍福欲救解之，按其项令向田蚡谢罪。灌夫愈怒，绝不肯低头。

窦婴起去，欲庀灌夫同出。田蚡乃令骑卫押灌夫置传舍（警署），召长史（掌事）曰："今日召亲室饮宴乃奉王太后诏，灌夫骂座是大不敬。"遂以大不敬论罪,当斩首弃市。灌夫被系于狱中,乃不得首告言田蚡阴事。

窦婴乃以金使宾客请托于廷尉,惟诸吏皆为田蚡耳目,莫可得解。

窦婴决志救灌夫。其夫人劝曰:"灌将军得罪丞相,与太后家忤,岂可救邪?"窦婴曰:"侯位自我挣得,即自我丢之,无足恨悔!我绝不令灌夫独死,而我独生。"遂转移家人,变散家产,然后潜身出家上书皇帝。

武帝见书召人,窦婴哭诉灌夫之善,言其醉饱失言,而丞相因他事诬罪之。上然之,赐窦婴食,曰:"双方都是亲戚,其是非可至太后朝官申辩之。"

至王太后官前,武帝主持,双方陈词。窦婴先为灌夫辩护。田蚡则大毁灌夫平素横行不法事,目无君后大逆无道。窦婴辩不过,自度已不可挽回,因揭露田蚡与淮南王交往受金谋变之阴事。

田蚡跪拜武帝前,曰:"当今天下太平,作为肺腑之臣,所好非权力,只好音乐、狗马、田宅、倡优、巧匠之属。而窦婴、灌夫则招聚天下勇士、豪强,日夜讲论政局,腹诽而心谤。不仰视天即俯画于地,睥睨东西两官之间,希图天下有变,而欲以废立大功。臣乃不知窦婴究欲何为!"

于是武帝问在座大臣两人孰是孰非。御史大夫韩安国曰:"灌夫旧有军功,若非有大罪,仅争杯酒,不足诛也。但丞相言灌夫通奸猾,侵小民,家资亿万,横行颖川,凌犯宗室,侵欺皇家骨肉,此乃枝大于本,不折必披。唯明主裁断之!"内史郑当时欲暗护窦婴,见势不敢坚持。其余大臣皆不敢发言。武帝乃怒斥郑当时曰:"公平日数言窦、田长短,今日到朝廷公论其是非,局促竟如新驾辕之小马驹!我要一并斩灭汝属!"遂罢朝。

帝入东官请食并汇报于太后。太后盛怒,不食,曰:"今我在也,而人已敢如此欺吾弟;我死后,皆鱼肉之矣!难道皇帝是无态度之石人木偶乎?今日皇帝主持,辩论竟无结果!若在你身后,大臣还有可信者乎?"

武帝谢罪曰："因双方都是宗室外家，故廷辩之。不然，此一狱吏之事耳。"于是召郎中令石建，分别议双方廷辩事。郎中令，主禁军也。

田蚡退朝出，候韩安国于官门，召其同车，怒责曰："窦婴已是老秃翁，何为惧之，首鼠两端？"韩安国曰："今人毁君，君亦毁人，如贾竖妇女争骂，何其无大体也？"田蚡谢曰："争时慌急，不计所言。"韩安国任御史大夫，乃田蚡之力也。又安国曾为梁王相，为梁王事联络长公主，以有能力曾为窦太后及窦氏长公主所倚重。故其临事，两面讨好。

于是武帝命御史，以窦婴当廷所言不实、欺谩君上罪下狱。窦婴再求见皇帝，皇帝不见。景帝临终时曾有遗诏赐窦婴，曰："事有不便，以便宜论上。"窦婴乃使子侄通过陈皇后上书言之，皇帝再召见。武帝乃命调阅尚书大行（秘书处档案），不见此遗诏原件。惟有诏书藏于窦家，家丞封存，报上。乃弹劾窦婴伪造先帝诏书，罪当杀头弃市。遂以十二月晦日弃市于渭城（咸阳）。

元光五年（前130年，辛亥），刘彻27岁。

春正月，河间献王刘德薨。

《汉纪》曰："德好学，修礼乐，造次必于儒者。道术之士自四方至者，皆得古文之书。先是来朝，上策问三十余事，具推道术而对，文约旨明，上甚重之。"

春，田蚡病狂，号呼服罪、谢罪。上使巫能视鬼者往视之，见魏其、灌夫鬼守之。三月乙卯，田蚡死。子田恬嗣侯。

使唐蒙通夜郎。使司马相如通西南夷。

夏，发巴蜀卒治南夷道，又发卒万人治雁门阻险。

"发巴蜀卒筑路，从僰道（今四川宜宾西南安边场）指牂牁江。士卒筑路者多死，逃亡者受军法惩治，蜀人惊恐。武帝遣司马相如责唐蒙等，慰喻蜀人。相如于武帝初年因善辞赋被召拜为郎。"

秋七月，废陈皇后阿娇。斥疏长公主。

收其皇后玺绶，罢退，居长门宫。捕为巫蛊者，皆斩。

八月，"征吏民有明当时之务，通先圣之术者，具次续食，令与计偕"。诏征文学之士，菑川国复推举公孙弘。对策，天子擢为第一。召入见，拜博士。

武帝初年，公孙弘曾以贤良文学士被征为博士，并使匈奴，还报不合意，上怒，以为不能，弘乃移病免归；至是年，复被征为贤良文学，并在对者百余人中，"天子擢弘对为第一"，拜为博士，待诏金马门。

《西京杂记》："公孙弘以元光五年为国士所推，上为贤良，国人邹长倩以其家贫，少有资致，乃解衣裳以衣之，释所着冠履以与之。"

《汉书·公孙弘传》："（弘）每朝会议，开陈其端，使人主自择，不肯面折庭争。于是上察其行慎厚，辩论有余，习文法吏事，缘饰以儒术，上说之。"元朔中封弘为平津侯。以布衣治经术为丞相，封侯，天下学士靡然向风矣。

是年，江都易王刘非上书请伐匈奴，武帝不许，以诸侯干政责之。

以张汤为太中大夫，与赵禹共议更定诸律令，务在深文。拘守职之吏，作见知法，吏传相监司。用法益刻自此始。

元光六年（前129年，壬子），刘彻28岁。
始征商贾车船（对商品征收运输税、财产税）及缗税。

"初算商车，租及六畜"，以税赋补国用。一岁之中，太仓、甘泉仓满。民不益赋而天子用饶。算，即税也。汉初施行财产税，收訾算。服虔说："訾万钱，算百二十七也。"

何按：汉初实行抑商政策。《史记·平准书》："高祖乃令贾人不得衣丝乘车，重租税以困辱之。孝惠、高后时，为天下初定，复弛商贾之律，然市井之子孙亦不得仕宦为吏。"景帝欲变之，后元二年诏曰："有市籍不得宦，无赀又不得宦，朕甚悯之。"至武帝盐铁令下，民得以金买官，遂废旧制。《汉书·食货志》："除故盐铁家富者为吏，吏益多贾人矣。"

春，开渭渠、龙首渠。

邛（今四川西昌一带）、筰（今盐泽一带）君长请内属。以司马相如为中郎将，建节为使，置县十余。用大司农郑当时的建议，发卒数万人，由水工徐伯主持，开凿漕渠，由长安沿终南山到黄河，全长300余里，3年完工。从此，关东到长安漕运时间省去一半，并溉田万余顷。

六月，行幸雍。

匈奴入掠上谷。

秋，遣卫青、公孙敖、公孙贺、李广四将军出兵入草原分击匈奴。

太中大夫卫青为车骑将军，出上谷。卫尉李广为骁骑将军，出雁门。太中大夫公孙敖为骑将军，出代。太仆公孙贺为轻车将军，出云中。

卫青兵至龙城，斩首700余级。余军皆失利。

自马邑军后五年之秋，汉使四将军各万骑击胡关市下。将军卫青出上谷，至茏城，得胡首虏七百人。公孙贺出云中，无所得。公孙敖出代郡，为胡所败七千余人。李广出雁门，为胡所败，而匈奴生得广，广后得亡归。汉囚敖、广，敖、广赎为庶人。[20]

秋，匈奴数盗边报复，渔阳尤急。以卫尉韩安国为材官将军，屯渔阳。

何按：是年改革对匈奴战略：（1）主动出击而非被动防御；（2）长程运动，而非屯兵待战；（3）以骑兵取代步、车成为主力军队。

钱穆谓汉武击匈奴采用三种步骤：（1）远出东西两翼自侧面迂回造成大包围形势，以绝其经济上之供给与援助；（2）正面打击其主力；（3）进一步则为绝漠远征。

元朔元年（前128年，癸丑），刘彻29岁。

冬十一月，诏议二千石不举孝廉者皆有罪。有司奏议："不举孝，不奉诏，当以不敬论；不察廉，不胜任也，当免。"奏可。

春，三月，立皇后卫氏。

皇子刘据生，乃卫皇后子。

卫氏遂以子贵。卫氏出身卑贱，事帝甚谨。尊立卫皇后事，主父偃有功也。

《汉书·枚乘传》："武帝春秋二十九乃得皇子，群臣喜，故皋与东方朔作《皇太子生赋》《立皇子禖祝》。"颜师古注："高禖，求子之神也。武帝晚得太子，喜而立此禖祠。"

秋，匈奴二万骑攻入汉，杀辽西太守，略三千余人。

以卫尉韩安国为将屯将军，军代。匈奴重兵围韩安国壁；又入渔阳、雁门，各杀略千余人。安国时仅千余骑，且尽，会燕救至，匈奴乃去。

复召李广，拜为右北平太守。匈奴号曰"汉之飞将军"，避之，数岁不敢入右北平。

以车骑将军卫青将三万骑出雁门，将军李息出代，远击匈奴。青斩首虏数千人。

何按：此汉军与匈奴作战以来，第一次杀敌数千人。

鲁恭王刘馀、长沙定王刘发死。

东夷薉君南闾纳质归诚。从主父偃议，初置辽东苍海郡，以备御匈奴之东翼。

元朔元年秋，东夷薉（又称秽貊）君南闾等二十八万人降附汉朝，武帝置为苍海郡（今朝鲜临津江、北江原道间）[20]；元朔三年春罢（完成）。

元朔二年（前127年，甲寅），刘彻30岁。

募民能入奴婢得以终身复，为郎增秩。及入羊为郎，始于此。

冬，赐淮南王几杖，毋朝。

"时武帝方好艺文，以安属为诸父，辩博善为文辞，甚尊重之。每为报书及赐，常诏司马相如等视草乃遣。初，安入朝，献所作《内篇》，新出，上爱秘之。使为《离骚传》，旦受诏，日食时上。又献《颂德》及《长安都国颂》。每宴见，谈说得失及方技赋颂，昏期然后罢。"（《汉书·淮南王传》）

正月，纳中大夫主父偃议，颁布推恩令：诸侯王除以嫡长子继承王位外，或欲推私恩分子弟邑者，令各条上，由皇帝定其封号。自是，藩国裁分，诸王子弟毕为侯。

仲长统《昌言·损益》："汉之初兴，分王子弟，委之以士民之命，假之以杀生之权。于是骄逸自恣，志意无厌。鱼肉百姓，以盈其欲。报蒸骨肉，以快其情。上有篡叛不轨之奸，下有暴乱残贼之害。虽藉亲属之恩，盖源流形势使之然也。降爵削土，稍稍割夺，卒至坐食俸禄而已。"

匈奴攻入上谷，渔阳，杀略吏民千余人。韩安国卒。

春，遣卫青、李息出云中，至高阙，取河南地，尽逐白羊、楼烦诸部，获首虏数千级。

经此役，卫青全部收复秦河南地，置朔方㉘、五原郡。遂据之以为出击匈奴单于王庭之正面根据地。

何按：钱穆谓："是时汉都长安，匈奴据河套，实为最大压迫。（卫青之取河南地置朔方郡，）自是（长安）始无烽火通甘泉之警。又按：汉、匈奴东西横亘，匈奴单于庭偏在东，汉都长安偏在西，故匈奴利于东侵，汉军便于西出。汉既城朔方，而同时弃上谷之造阳地予胡，此为汉廷决计改取攻势后之策略，此后匈奴西部遂大受威胁。"

元朔二年卫青夺取河南地后，汉武帝曾颁诏嘉奖，道："今车骑将军青度西河至高阙……已封为列侯，遂西定河南地。案榆谿旧塞，绝梓岭，梁北河。"

《史记·匈奴列传·正义》引《地理志》云："朔方临戎县北有连山，险于长城。其山中断，两峰俱峻，土俗名为高阙也。"汉临戎县在今日内蒙古磴口市北，其北的连山非狼山莫属。汉代土俗称狼山中断处的要塞为高阙，说明高阙地名在河套一带行用已久，不是史家新造。《水经注·河水》说今狼山口"两岸双阙峨然云举，望若阙焉，即状表目，故有高阙之名也"。汉代至北魏，河套一带的居民一向称狼山中断处的要塞为高阙。《史记》所述与高阙有关的战事，反映出它的战略地位十分重要。

高阙与河南地关系密切。赵武灵王占领高阙前后，大约河南地已归入赵国版图；战国末年赵国失去高阙，河南地也同时丧失。秦末河南地为匈奴占据，直到汉武帝元朔二年才收复，而收复河南地的关键仍是夺取高阙。司马迁把占据高阙当作赵武灵王、秦始皇、汉武帝武功极盛的标志大书特书，字里行间实寓有"高阙得则河南地安"的含义。战国秦汉时河南地的中心区域在河套一带。

夏，募民十万口徙朔方，又徙郡国豪杰及訾三百万以上于茂陵。

从主父偃议："茂陵初立，天下豪杰、兼并之家、乱众之民，皆可徙茂陵。内实京师，外销奸猾，此所谓不诛而害除。""武帝时徙强豪大姓，不得族居。"（《后汉书·郑弘列传》注引《谢承书》）

关东大侠郭解亦在徙中。郭解拒命，乃族郭解。王太后为郭解请托，武帝从公孙弘议峻拒之。

元朔二年（前127年），大侠郭解被捕获。侦讯表明，其亲手杀人案皆发生于朝廷颁布大赦令前，而在大赦令颁布后他的党羽犯下的杀人案他则一概不知。按律，郭解应无罪释放。在朝廷议决这一案件时，公孙弘却主张族灭郭解一家，理由是："解，布衣，为任侠行权，以睚眦杀人；解虽弗知，此罪甚于解杀之。当大逆无道。"汉武帝采纳了公孙弘的建议，族灭了郭解一家。司马谈以故交，安置郭解遗族于夏阳（韩）。

何按：游侠是春秋战国以来社会上引人注目的群体，他们以武犯禁，无视国家法规。司马光在《资治通鉴》中借班固、荀悦之口肯定公孙弘建议族诛大侠郭解。王夫之则说："公孙弘请诛郭解，而游侠之害不滋于天下，伟矣哉！"

秋，燕王定国有罪，自杀，国除。

出主父偃为齐相。主父偃跋扈贪略，收诸侯金。诛主父偃，族其家。

孝武皇帝时，中大夫主父偃为策曰："古者诸侯地不过百里，强弱之形易制也。今诸侯或连城数十，地方千里，缓则骄，易为淫乱；急则阻其强而合从，谋以逆京师……今诸侯子弟或十数，而嫡嗣代立。余虽骨肉，无尺地之封，则仁孝之道不宣。愿陛下令诸侯得推恩，分子弟以地侯之。彼人人喜所愿，上以德施，实封其国，而稍自消弱矣。"于是上从其计。因关马及弩不得出，绝游说之路，重附益诸侯之法，急诖误其君之罪。诸侯王遂以弱，而合从之事绝矣，主父偃之谋也。（《新序·善谋下》）

"主父方贵幸时，宾客以千数，及其族死，无一人收者，唯独洨孔车收葬之。天子后闻之，以为孔车长者也。"（《史记·主父偃列传》）

元朔三年（前126年，乙卯），刘彻31岁。

冬，匈奴军臣单于死，其弟左谷蠡王（谷蠡即骨嘟）伊稚斜自立为单于，攻破军臣单于太子於单。於单降汉，封为涉安侯。

三月，诏大赦天下。

六月，王太后薨。

以公孙弘为御史大夫。初设内外朝，遂以卫青主内朝，公孙弘主外朝。

> "汉至武帝以后，柄归中朝，政去两府。所谓中朝者，大司马、大将军、侍中、常侍、散骑诸吏也。所谓外朝者，丞相、御史、二千石、九卿等也。盖武帝决事禁中，希见卿相。"（于慎行《读史漫录》）

始通西南夷。

张骞自大月氏归，拜为太中大夫。

> 张骞去国计十三岁。张骞带回匈奴周边及西域形势地图。帝喜庆，令民大酺五日。

夏，匈奴数万骑攻入塞，杀伐郡太守，略千余人。

秋，入雁门，杀掠千余人。匈奴右贤王怨汉夺河南地而筑朔方，入河南，侵扰朔方，杀略甚众。

使卫青部将苏建筑朔方城。

以中大夫张汤为廷尉。

> 何按：廷尉，主司法狱政，相当于今之公检法总长也。

元朔四年（前125年，丙辰），刘彻32岁。

冬，行幸甘泉宫。

夏，匈奴攻入代郡、定襄、上郡，每路各三万骑，杀略数千人。

以董仲舒为胶西王相。

元朔五年（前124年，丁巳），刘彻33岁。

冬十一月，免薛泽丞相，以公孙弘为丞相，封平津侯。以布衣为丞相封侯自公孙弘始。

为博士官置弟子五十人，复其身。时孔安国为博士，传授孔氏所藏

《古文尚书》，开拓古文尚书学派。

夏六月，诏"太常其议予博士弟子，崇乡党之化，以厉贤材"。丞相公孙弘奏："请为博士官置弟子五十人，复其身；第其高下，以补郎中、文学、掌故；即有秀才异等，辄以名闻；其不事学若下材，辄罢之。又，吏通一艺以上者，请皆选择以补右职。"自此公卿、大夫、士、吏彬彬多文学之士矣。

公孙弘与太常、博士一起上书汉武帝，提出兴学、置博士弟子、任儒生为官的建议："今陛下昭至德，开大明，配天地，本人伦，劝学兴礼，崇化厉贤，以风四方，太平之原也。古者政教未洽，不备其礼，请因旧官而兴焉。为博士官置弟子五十人，复其身。太常择民年十八以上仪状端正者，补博士弟子。郡国县官有好文学，敬长上，肃政教，顺乡里，出入不悖，所闻，令相长丞上属所二千石。二千石谨察可者，常与计偕，诣太常，得受业如弟子。一岁皆辄课，能通一艺以上，补文学掌故缺；其高第可以为郎中，太常籍奏。即有秀才异等，辄以名闻。"此外，还有任儒生为左右内史、太行卒史、郡太守卒史、中二千石属、郡属等职的建议。

何按：元朔五年（前124年），公孙弘向汉武帝提出了为太学博士置弟子、复其身和以学业状况任官的一整套建议，得到了武帝的首肯。这样，儒生入仕就有了规范化的门径，汉朝的官吏成分发生了质的变化。随着同刘邦一起创业的武将功臣从政坛上消失，一批又一批的儒生跻入汉帝国的庙堂，官吏文化素质大大提高。

通过卫绾、公孙弘、董仲舒等人的努力，西汉的统治思想基本上完成了由黄老之学到儒学的转变，实现了儒学与政治的结合。此一转变对此后2000多年的中国历史产生了极其深远的影响。

叔孙通制朝仪，张苍定章程，使汉高帝刘邦从实用的层面上认识了儒学的价值，因而才出现他曲阜朝圣以太牢之礼的场面。此后惠、文、景时期由于黄老之学的兴盛，儒学与政治的结合暂时中断。由于汉初一批儒学大师的努力，使儒学的勃兴形成了不可阻挡之势，而由董仲舒之手推出的新儒学使汉武帝认识到它巨大的思想价值，由此导致了"罢黜百家，独尊儒术"思想文化政策的出台。

在推动此一政策出台和此后儒学与政治结合的实践过程中，公孙弘以丞相之尊发挥了别人不可替代的作用。他"习文法吏事，缘饰以儒术"，推动了儒学与刑法的结合。此后在两汉司法实践中盛行的"《春秋》决狱"，他应该是重要的启诱推动者之一。汉武帝时期执掌司法的张汤就以公孙弘为老师，时时请教之。

孟祥才云："公孙弘是专以儒术谋求禄利的儒士，不是专治经学的儒学家；他不是学者型，是官僚型人物。他同学术领袖董仲舒不是同一类型，不是以儒家经义为最高原则，用经义指导政治、规范政治，而是以圣旨为唯一的最高原则，以经义服从政治。"

董仲舒以"从谀"斥公孙弘。司马迁、班固评公孙弘"希世用事"，"习文法吏事，缘饰以儒术"。公孙弘荐董仲舒出任胶西王相。胶西王乃刘彻异母弟，素霸悍。弘以为非仲舒莫可为之。胶西王闻仲舒大儒，善遇之。

匈奴右贤王数侵扰朔方。

以卫青为大将军，将六将军，共十余万人，出朔方、高阙击胡。[29]骑都尉韩说擒获右贤王。

卫尉苏建为游击将军，左内史李沮为强弩将军，太仆公孙贺为骑将军，代相李蔡为轻车将军，大行李息、岸头侯张次公为将军，皆统属大将军。

《汉书·卫青传》："匈奴右贤王当卫青等兵，以为汉兵不能至此，饮醉，汉兵夜至，围右贤王，右贤王惊，夜逃，独与其爱妾一人骑数百驰，溃围北去。汉轻骑校尉郭成等追数百里，弗得，得右贤裨王十余人，众男女万五千余人，畜数十百万。""都尉韩说从大将军出窴浑，至匈奴右贤王庭，为戏下搏战获王。"

何按：卫青"麾下"军与四领属将军的出塞点显然不在一处：前者是从窴浑出发，经高阙出塞；后者是从朔方出发，在朔方以北某山口出塞。两路大军一东一西，对右贤王庭形成钳击态势。

秋，匈奴万骑入代，杀都尉朱英，掠千余人去。

司马迁仕为郎中。

元朔六年（前123年，戊午），刘彻34岁。

春二月、四月，卫青率六将军骑兵十万，再出定襄数百里击匈奴，得首虏前后万九千骑。而汉亦亡两将军、二千余骑。

以合骑侯公孙敖为中将军，太仆公孙贺为左将军，郎中令李广为后将军，翕侯赵信为前将军，卫尉苏建为右将军。前将军赵信兵败，降匈奴。苏建仅以身脱，赎为庶人。

赵信，故胡小王，降汉，封翕侯。以前将军与右将军分行，独遇单于兵，故尽没。单于得赵信，以为"自次王"，用其姊妻之，与谋汉。信教单于迁北绝漠，以诱疲汉兵，乘弊而击之，无近塞。单于从其计。

此役后，大单于将龙庭北迁至瀚海（戈壁）漠北，以避汉军。

霍去病率轻骑八百随卫青出征，立功封冠军侯。

霍去病，卫青甥，年十八，为天子侍中。善骑射，再从大将军。大将军受诏，与壮士，为票姚校尉，与轻勇骑八百，直弃大军数百里袭敌立功。

何按：《汉书》注："闻汉军当来，匈奴使巫埋羊牛所出诸道及水上，以诅军。"牛羊尸腐为病，以播疫病也。此即现代所谓细菌战、生物战也。

张骞任随军校尉，以知水草地理，使军免饥渴，有功，封博望侯。

六月，有司奏请置武功爵，以荣战士。诏民可买爵赎罪。犒赏功臣将士。置武功爵，凡十一级。命汲黯与爵事。

六月，诏令民得买爵及赎禁锢，免臧罪。置赏官，名曰武功爵，级十七万，凡直三十余万金。诸买武功爵至千夫者，得先除为吏。

元狩元年（前122年，己未），刘彻35岁。

冬十月，上行幸雍，祠五畤。获白麟，作《白麟之歌》。

十一月，淮南王刘安、衡山王刘赐谋反，事泄，自杀，国除，受牵连而死者数万人。

下诏曰："朕闻咎繇对禹，曰在知人，知人则哲，惟帝难之。盖君者心也，民犹支体，支体伤则心憯怛。日者淮南、衡山修文学，流货赂，两国接壤，怵于邪说（指《淮南子》），而造篡狱（指谋废立、政变事），此朕之不德。"

十二月，大雨雪，民冻死。

济北王上书献泰山及其旁邑，武帝以他邑偿之。

夏四月，赦天下。颁《左官律》《附益法》。

立刘据为皇太子，以石庆为太子太傅，庄青翟为太子少傅。

五月，匈奴万人入上谷，杀略数百人。

派张骞从四川四道并出，欲打通身毒（印度），终不能通。至滇、夜郎而还。复事西南夷。

以乐安侯李蔡为御史大夫。

十一月，严助坐事诛。公孙弘自求免归。武帝作《报公孙弘书》答之。

董仲舒以老病辞免归乡。

何按："仲舒恐久获罪，病免。""及去位归居，终不问家产业，以修学著书为事。仲舒在家，朝廷如有大议，使使者及廷尉张汤就其家而问之，其对皆有明法。"据此，《郊事对》及《春秋决狱》应系此时所作。

元狩二年（前121年，庚申），刘彻36岁。

三月，公孙弘卒。

弘奏事，有所不可，不肯庭辩。常与主爵都尉汲黯请间，黯先发之，弘推其后，上常说，所言皆听，以此日益亲贵。尝与公卿约议，至上前，皆背其约以顺上指。汲黯庭诘弘曰："齐人多诈而无情，始为与臣等建此议，今皆背之，不忠。"上问弘，弘谢曰："夫知臣者以臣为忠，不知臣者以臣为不忠。"上然弘言。左右幸臣每毁弘，上益厚遇之。㉚

何按：班固写《汉书》，盛赞武帝时人才之盛，共举出14类27个代表人物，而列在儒雅第一位的就是公孙弘。

以儒生出身而登相位，公孙弘在西汉是一个开其端的人物。然而，即使在其生前，对他的评价已颇有争议。《诗》博士辕固骂他

"曲学阿世"[31]，主爵都尉汲黯斥责他"多诈而无情"[32]。不过，公孙弘却一直得到汉武帝的赏识、信任，并得以寿终于丞相任上。明代于慎行曰："汉武表章儒术，公孙弘之力也。弘奏请博士弟子，第其高下，以补郎中文学掌故。又吏通一艺以上者，皆得选择，以补右职。由是劝学右文之典，遂为历代所祖。其实自弘发之，可谓有功于经术者矣。世徒以其曲学矫情，薄其相业，而不录其功，亦非通论哉！"

以李蔡为丞相，廷尉张汤为御史大夫。

何按：武帝用人不拘常格，然稍失意则以律严诛，杀责甚苛，用法无情，不徇旧恩。如张骞有开凿之功，一旦失期，则废为庶民。汲黯曰："陛下求贤甚劳，未尽其用，辄已杀之。以有限之士恣无已之诛，臣恐天下贤才将尽。"殊不知此乃武帝御下之权术也。举贤招贤，防止英才沦落民间，成为反对力量；用才杀才，防止有才者恃才在朝中结党成为政治力量。一箭多雕之策也。

春，以冠军侯霍去病为骠骑将军，将万骑出陇西，击匈奴，至祁连。历五王国，转战六月，过焉支山千余里。得胡首虏万八千级，收休屠王祭天金人。

夏，霍去病与公孙敖将数万骑俱出北地二千里，过居延泽（罗布泊），攻祁连山，得胡首虏三万余人，裨小王以下七十余人。

匈奴左贤王反攻代郡、雁门，杀略数百人。武帝命张骞、李广出右北平击左贤王。李广将四千骑先行，张骞将万骑在后。匈奴左贤王将四万骑围李广，李广军失利，死者过半，杀虏亦过当。会张骞军救至，李广及脱。张骞留迟后期，当死，以金赎为庶人（后重诏起用）。

霍去病出河西，深入匈奴地二千里，至祁连山、焉支山。匈奴降者二千五百人，斩首虏三万二千级，俘小王七十余。匈奴歌曰："失我祁连山，使我六畜不蕃息。失我焉支山，使我妇女无颜色。"

何按：汉从此遂占有河西地，断绝匈奴西路，打通河西走廊。

诏益封霍去病二千户。

霍去病加封五千户，日以亲贵，比大将军矣。

夏，南越献驯象、能言鸟（鹦鹉）。

江都王刘建谋反，事发，刘建自杀。国除。

秋，匈奴浑邪王杀休屠王，率众来降。以其故地设为武威、酒泉郡。

单于怒浑邪王、休屠王居西方数为汉所破，亡数万人。欲召诛之。浑邪王与休屠王等谋欲降汉，使人先要道边。是时大行李息将城河上，得浑邪王使，即驰传以闻。天子闻之，恐其以诈降而袭边，乃令骠骑将兵迎之。休屠王后悔，浑邪王杀之，并其众。骠骑既渡河，与浑邪王众相望。浑邪王裨将见汉军而多欲不降者颇遁去。骠骑乃驰入，得与浑邪王相见，斩其欲亡者八千人，遂独遣浑邪王乘传先诣行在所，尽将其众渡河，降者数万，号称十万。既至长安，封浑邪王万户，为漯阴侯。

《汉书·汲黯传》："浑邪王至，贾人与市者，坐当死者百余人……（黯）曰：'……愚民安知市买长安中而文吏竟绳以阑出财物如边关乎？'"（无符出入为阑。"绳"即商人与浑邪降部私相交易者，皆定为走私罪而杀头。）

"昆（浑）邪王杀休屠王，将其众五万来降。获其金人，帝以为大神，列于甘泉宫，金人率长丈余，不祭祀，但烧香礼拜而已。此则佛道（浮屠）流通之渐也。"③

《野客丛书》："仆谓佛法之入中国，其来久矣。观《魏略·西戎传》曰：'昔汉哀帝元寿元年，博士景虑受大月氏王使伊存口传浮屠经。'又观刘向《列仙传序》曰：'得仙者百四十六人，其七十四人已在佛经。'则知汉成、哀间已有佛经矣。观《汉武故事》：'昆邪王杀休屠王，以其众降。得金人之神，上置之甘泉宫。金人皆长丈余。其祭不用牛羊，惟烧香礼拜。上使依其国俗。'又：'元狩三年，穿昆明池底，得黑灰。帝问东方朔，朔曰：可问西域道人。'又知佛法自武帝时已入中国矣。今人惟知佛法入中国自明帝始，不知自武帝始也。薛正己记仲尼师老聃，师竺乾。审是，则佛入中国又不止于武帝。"

大犒赏功臣将士。

浑邪王率数万众来降，于是汉发车三万两（辆）迎之。既至，受赏，赐及有功之士。是岁费凡百余巨万。

天子为伐胡，盛养马，马之往来食（饲）长安者数万匹，卒掌者关中不足，乃调旁近郡。而胡降者数万人皆得厚赏，衣食仰给县官；

县官不给，天子乃损膳，解乘舆驷，出御府禁臧（藏）以澹（赡）之。

从匈奴俘虏中发现并起用金日磾。金日磾，休屠王王子。

田余庆言："经过几次对匈奴的大战役，汉得匈奴浑邪王、休屠王故地，陆续列置郡县；又逼迫匈奴北徙，使漠南不再有匈奴王庭。元狩二年（前121年）或稍后，汉'筑令居以西'，即从令居（今甘肃永登境）向西修筑亭障。据《汉书·张骞传》注引臣瓒曰，令居亭障西迄酒泉为止。得河西，列亭障至酒泉，才使汉朝在军事上开通西域成为可能。接着，张骞向汉武帝陈述经营西域方略，进一步提出招乌孙东归敦煌、祁连故地，并主张与乌孙结和亲以'断匈奴右臂'。《汉书·张骞传》：'既连乌孙，自其西大夏之属，皆可招来而为外臣。'天子以为然……于是而有元狩四年（前119年）张骞第二次西域之行。"㉞

元狩三年（前120年，辛酉），刘彻37岁。

夏五月，赦天下。立胶东康王刘寄长子贤为胶东王，少子庆为六安王。

山东大水，民多饥乏。遣谒者劝有水灾郡种宿麦。举吏民能假贷贫民者以名闻。

初算（税）缗钱。

拜卜式郎，赐爵田，布告天下。

物价上涨，发生通货膨胀，造白金及白鹿皮币，面值40万。

造锡、银合金三种，面值三千、五百、三百。销半两钱（四铢），改铸三铢钱，盗铸者斩。三月，复罢三铢钱，铸五铢钱。而姓以私铸触法者于众多。

令东郭咸阳、孔仅为大农丞，领盐铁事。

《汉书·食货志》："山东被水灾，民多饥乏，于是天子遣使虚郡国仓廪以振（赈）贫。犹不足，又募豪富人相假贷，尚不能相救，乃徙贫民于关以西，及充朔方以南新秦中，七十余万口，衣食皆仰给于县官。数岁，贷与产业，使者分部护，冠盖相望，费以亿计，县官大空。而富商贾或蹛财役贫，转毂百数，废居居邑，封君皆氏首仰给焉。冶铸煮盐，财或累万金，而不佐公家之急，黎民重困。

"于是天子与公卿议，更造钱币以澹（赡）用，而摧浮淫并兼之徒。是时禁苑有白鹿而少府多银锡。自孝文更造四铢钱，至是岁四十余年，从建元以来，用少，县官往往即多铜山而铸钱，民亦盗铸，不可胜数。钱益多而轻，物益少而贵。有司言曰：'古者皮币，诸侯以聘享。金有三等，黄金为上，白金为中，赤金为下。今半两钱法重四铢，而奸或盗摩（磨）钱质而取铅，钱益轻薄而物贵，则远方用币烦费不省。'乃以白鹿皮方尺，缘以缋，为皮币，直（值）四十万。王侯宗室朝觐聘享，必以皮币荐璧，然后得行。

"……于是以东郭咸阳、孔仅为大农丞，领盐铁事，而桑弘羊贵幸。咸阳，齐之大鬻盐，孔仅，南阳大冶，皆致产累千金，故郑当时进言之。弘羊，洛阳贾人之子，以心计，年十三侍中。故三人言利事析秋豪（毫）矣。"

何按：盐铁官营的具体政策和措施是：（1）禁止一切私营盐铁业，没收私营的浮食奇民的生产资料。（2）改为国营，规定盐民不得有自置的煮盐锅，必须使用统一的官器盆。至于铁业，从矿山采掘、钢铁冶炼到铁器铸作，全部生产过程都由国家直接经营管理。（3）国家在产盐铁的山海川泽设置盐官、铁官统管其事，没有矿山的地区设小铁官统管炼回炉的旧铁、铁器铸作和销售。（4）产品专卖。盐由国家按官价收购、销售，销售价须由皇帝批准。铁器由官府直接经营，不存在收购环节。

桑弘羊为侍中，主计算。行算缗令（商人按资产征税）、告缗令（富人不具实申报资产，经告发，罚戍边一年，资产没收，以其半，赏告发者）。

卜式建议迁有财者助边。

河南人卜式数请输财县官以助边。天子使使问式："欲官乎？"式曰："……不愿也。"使者问曰："家岂有冤，欲言事乎？"式曰："……无所欲言也。"使者曰："苟如此，何欲而然？"式曰："天子诛匈奴，愚以为贤者宜死节于边，有财者宜输委，如此而匈奴可灭也。"

上由是贤之，欲尊显以风百姓。乃召拜式为中郎，爵左庶长，赐田十顷，布告天下。

发谪吏于长安郊穿昆明池，作水军演习水战。

立乐府，使司马相如等造为诗赋，李延年为协律都尉。

"延年善歌，为新变声。是时上方兴天地诸祠，欲造乐。令司马相如等作诗颂，延年辄承意弦歌所造诗，为之新声曲。"（《汉书·佞幸传》）

何按：乐府者，本源于先秦宗庙閟宫中职业歌舞者，男歌吟者往往用瞽人，女乐舞者则为倡。乐府之制，其来已久，殷有瞽宗，周有大司乐，秦有太乐令、太乐丞，皆掌乐之官也。然乐府之名，则始见于汉。乐府之官本于乐正。正者，政也。乐政，乐官也。乐官即儒师之本源，《周礼》称"乐胥"，胥者，儒也。

《礼记·王制篇》云："乐正崇四术，立四教，顺先王诗书礼乐以造士。春秋教以礼乐，冬夏教以诗书。"又《经解篇》："孔子曰：入其国，其教可知也。其为人也温柔敦厚，《诗》教也；疏通知远，《书》教也；广博易良，《乐》教也；絜静精微，《易》教也；恭俭庄敬，《礼》教也；属辞比事，《春秋》教也。"是皆其例也。而《周礼》六艺之教，乐且居其第二焉。《周礼·地官司徒》云："以乡三物教万民而宾兴之……三曰六艺，礼、乐、射、御、书、数……以五礼防万民之伪，而教之中，以六乐防民之情，而教之和。"

《礼记·内则》亦云"十有三年，学乐诵诗，舞勺"。

《孝经》云："移风易俗，莫善于乐。"《礼记·乐记》亦云："乐也者，圣人之所乐也。而可以善民心，其感人深，其移风易俗，故先王著其教焉。夫民有血气心知之性，而无哀乐喜怒之常，应感起物而动，然后心术形焉。是故志微、噍杀之音作，而民思忧；啴谐、慢易、繁文、简节之音作，而民康乐；粗厉、猛起、奋末、广贲之音作，而民刚毅；廉直、劲正、庄诚之音作，而民肃敬；宽裕、肉好、顺成、和动之音作，而民慈爱；流辟、邪散、狄成、涤滥之音作，而民淫乱。"

《论语》中孔子说："放郑声。"又曰："恶郑声之乱雅乐也。"

《周礼·春官·大司乐》亦云:"凡建国,禁其淫声、过声、凶声、慢声。"

乐在先秦,乃所以为治,而非以为娱;乃将以启发人之善心,使百姓同归于和,而非以满足个人耳目之欲望。

自秦燔《乐经》,雅音废绝。汉兴,承秦之弊,虽乐家有制氏,能纪其铿锵,而不能言其义。故多以郑声施于朝廷,所谓乐教,武帝之立乐府而采歌谣,以为施政之方针,虽不足以移风易俗,固犹得其遗意。

《礼记·乐记》曰:"先王之制礼乐也,非以极口腹耳目之欲也,将以教民平好恶,而反人道之正也。"太史公曰:"夫上古明王之举乐者,非以娱心自乐,快意恣欲,将欲以为治也。"

是岁,得神马于渥洼水中。

武帝与儿宽论经,帝曰:"吾始以《尚书》为朴学,弗好。及闻宽说,可观。"擢宽为中大夫。

匈奴入右北平、定襄各数万骑,杀掠千余人而去。

元狩四年(前119年,壬戌),刘彻38岁。

春,武帝命卫青、霍去病各率五万骑击匈奴。卫青军出定襄至漠北,围单于大破之。

大将军出定襄,骠骑将军出代,咸约绝漠击匈奴。匈奴单于闻之,远其辎重,以精兵待于漠北,与汉大将军接战。战一日,会暮,大风起。汉兵纵左右翼围单于,单于自度战不胜汉兵,遂独与壮骑数百溃汉围西北遁走。汉兵夜追不得,捕斩匈奴首虏凡万九千级,北至窴颜山赵信城而还。

单于之遁走,其兵乱。单于久不与其大众相得,其右谷蠡王以为单于死,乃自立为单于。及大单于归,乃去其号,复为右谷蠡王。

骠骑将军出代,与左贤王接战,得胡首虏凡七万级,左贤王将皆遁走。骠骑封于狼居胥山、禅于姑衍,临翰海而还。

是后匈奴远遁,而漠南无王庭。汉渡河自朔方以西至令居(金城),往往通渠置田官,吏卒五六万人。

何按：《史记·平准书》载汉武帝元朔五年"遣大将军（卫青）将六将军，军十余万，击右贤王，获首虏万五千级。明年，大将军将六将军仍再出击胡，得首虏万九千级。捕斩首虏之士受赐黄金二十余万斤"。又元狩四年"大将军（卫青）骠骑（霍去病）大出击胡，得首虏八九万级，赏赐五十万金"。自元朔元年至元朔六年，汉使卫青、霍去病每年出兵伐匈奴，以至匈奴远遁，漠南无王庭，其间仅此两次捕斩首虏的将士所得赏赐已达 70 余万斤。"是时财匮，战士颇不得禄矣"（《食货志》）。

李广出东道，失路误兵期，受谴自杀。⑤

广请行。天子以为老，不许，良久乃许之，以为前将军。出塞，青令广出东道，东道少回远。广自请为前锋，青阴受上诫，以为李广老，数奇，毋令当单于。而是时公孙敖新失侯，敖旧有恩于青，青欲使其立功，故徙前将军广。广军无导，失道。青责广校尉，而以长史持酒米遗广。广曰："诸校尉无罪，乃我自失道。"广年六十矣，自结发与匈奴战大小七十余次，败多胜少。终不能复对刀笔之吏，乃引刀自刭。

冬，徙关东贫民凡七十二万五千口于陇西、北地、西河、上郡、会稽诸郡。

匈奴遣使求和亲。廷辩之，以为非计。

张汤与博士狄山廷辩与匈奴和亲事。张汤、桑弘羊力主再战。狄山诋汤，主和亲。武帝于是作色曰："吾使生居一郡，能无使虏入盗乎？"山曰："不能。"曰："居一县？"曰："不能。"复曰："居一鄣间？"山自度辩穷且下吏，曰："能。"乃遣山乘鄣。至月余，匈奴斩山首而去。颜师古曰："鄣谓塞上要险之处。"

为方士李少翁所惑，上知其诈，乃杀之。

汲黯坐法免官。

以王温舒为中尉，掌京师治安。

改币制，令官营盐铁。算贾人缗钱，又税民舟车。

大农上盐铁丞孔仅、咸阳言："山海，天地之臧（藏），宜属少府，陛下弗私，以属大农佐赋。愿募民自给费，因官器作鬻（煮）

盐，官与牢盆。浮食奇民欲擅斡（管）山海之货，以致富羡，役利细民。其沮事之议，不可胜听。敢私铸铁器煮盐者，钛左趾，没入其器物。郡不出铁者，置小铁官，使属在所县。"使仅、咸阳乘传举行天下盐铁，作官府，除故盐铁家富者为吏。吏益多贾人矣。

商贾以币之变，多积货逐利。于是公卿言："郡国颇被灾害，贫民无产业者，募徙广饶之地。陛下损膳省用，出禁钱以振（赈）元元，宽贷，而民不齐出南亩，商贾滋众。贫者畜（蓄）积无有，皆仰县官。异时算轺车贾人缗钱皆有差，请算如故。诸贾人末作贳贷卖买，居邑贮积诸物，及商以取利者，虽无市籍，各以其物自占，率缗钱二千而算一。诸作有租及铸，率缗钱四千算一。非吏比者、三老、北边骑士，轺车一算；商贾人轺车二算；船五丈以上一算。匿不自占，占不悉，戍边一岁，没入缗钱。有能告者，以其半畀之。贾人有市籍，及家属，皆无得名田，以便农。敢犯令，没入田货。"

郡国铸钱，民多奸铸，钱多轻，而公卿请令京师铸官赤仄（侧），一当五，赋官用非赤仄（侧）不得行。白金稍贱，民弗宝用，县官以令禁之，无益，岁余终废不行。是岁，汤死而民不思。其后二岁，赤仄（侧）钱贱，民巧法用之，不便，又废。于是悉禁郡国毋铸钱，专令上林三官铸。钱既多，而令天下非三官钱不得行，诸郡国前所铸钱皆废销之，输入其铜三官。而民之铸钱益少，计其费不能相当，唯真工大奸乃盗为之。

杨可告缗遍天下，中家以上大氐（抵）皆遇告。杜周治之，狱少反者。乃分遣御史廷尉正监分曹往，即治群国缗钱，得民财物以亿计，奴婢以千万数，田大县数百顷，小县百余顷，宅亦如之。于是商贾中家以上大氐（抵）破，民偷甘食好衣，不事畜臧（蓄藏）之业，而县官以盐钱缗钱之故，用少饶矣。益广（开）［关］，置左右辅。

初，大农斡（管）盐钱官布多，置水衡，欲以主监钱；及杨可告缗，上林财物众，乃令水衡主上林。上林既充满，益广。是时粤欲与汉用船战逐，乃大修昆明池，列馆环之。治楼船，高十余丈，旗织加其上，甚壮。于是天子感之，乃作柏梁台，高数十丈。宫室之修，繇（由）此日丽。

所忠言："世家子弟富人或斗鸡走狗马，弋猎博戏，乱齐民。"乃征诸犯令，相引数千人，名曰"株送徒"。入财者得补郎，郎选衰矣。

是时山东被河灾，及岁不登数年，人或相食，方二三千里。天子怜之，令饥民得流就食江淮间，欲留，留处。使者冠盖相属于道护之，下巴蜀粟以振（赈）焉。

何按：元狩四年前，凡是以售物得钱的，按其多少出算赋，一算纳百二十钱，是为所得税。其算以业为分，有车船税、关税、盐铁税等七类之多。元狩四年令："诸贾人末作贳贷卖买，居邑贮积诸物，及商以取利者，虽无市籍，各以其物自占，率缗钱二千而算一。"此缗钱令实际是根据商人之财产多少征收财产税。

是岁，张骞奉命第二次出使西域，使命是联合西域诸国，断匈奴西翼之盟，从外交上孤立匈奴，配合军事上对匈奴之作战。

拜骞为中郎将，将三百人，牛羊以万数，赍金币帛值数千巨万。多持节副使，使遣之旁国，至大宛、康居、大月氏、大夏、安息、身毒、于阗等。

何按：丁谦言安息即巴提亚国（Parthia），其王世世以 Arsaces/Arsak 为号，汉人以王号为国名，译称安息、龟兹。自战国末以来以安息（龟兹）为极西之地、日之所入处。大夏，即伊朗塞流息王朝（孙毓棠说）。

元狩五年（前118年，癸亥），刘彻39岁。
春三月，丞相李蔡有罪，犯侵陵园神道堧地而赐令自杀。
罢半两钱，更铸五铢钱。于是民多盗铸钱，楚地尤甚。
拜汲黯为淮阳太守。以故，遂不能与中朝之议。
夏四月，以太子少傅武强侯庄青翟为丞相。
连年征战，天下马少。诏令鼓励百姓养马，上调马价，匹20万钱。
初置谏议大夫。
司马相如死。

司马相如《上林赋》："（帝）乃解酒罢猎，而命有司曰：'地可以垦辟，悉为农郊，以瞻萌隶……出德号，省刑罚，改制度，易服色，更正朔，与天下为更始。'"
令徙天下奸猾吏民充边。

元狩六年（前117年，甲子），刘彻40岁。
冬十月，赐百官、蛮夷金、锦。
令民告缗。以杨可主持告缗。

  何按：告缗，即清查商人之资产及得利而征税也。西汉初年，汉高祖采取抑商政策，对大商人征收重额的算缗，即财产税。汉惠帝和吕后当政时一度废弃。汉武帝即位后，由于展开大规模的军事行动，国家财政出现困难，于是在张汤、桑弘羊等人的推动下恢复算缗制度。

  元光六年（前129年），汉武帝下令"初算商车"，对商人所拥有的交通工具征税。元狩四年（前119年）又下诏"初算缗钱"，对商人财产进行征税。对于这一重税，商人大都采取不合作态度，设法瞒报财产。于是汉武帝下令告缗，发动天下平民告发偷税者，奖励额甚至达到偷税额的一半。杨可主管告缗，其行动遍及天下，史载"得民财物以亿计，奴婢以千万数"。告缗行动没收了大量的私有土地，大县数百顷，小县百余顷。中等以上的商人大都因此破产。元封元年（前110年）之后，汉武帝逐渐停止了告缗行动。

  告缗行动为汉政府增加了收入，严重地打击了商人势力，从而加固了中央政府的经济集权地位。
立皇子刘闳为齐王，刘旦为燕王，刘胥为广陵王，初作诰策。
自造白金、五铢钱后，盗铸钱死者数十万人，其不发觉者不可胜计。
六月诏："谕三老孝弟以为民师，举独行之君子，征诣行所在。"
遣使者分巡天下，存问孤寡鳏独，无业者贷与之。
九月，霍去病病逝，葬茂陵侧，造坟墓像祁连山。

  （去病）年十七岁从卫青征，为票姚校尉，与轻骑八百直弃大军数百里赴利，斩捕首虏过当。（元朔六年）十八岁封侯。（元狩二年）浑邪王欲降汉，武帝命去病将兵往迎。去病渡河，与浑邪众相望。浑邪见汉军多不敢降，怕被诱歼，稍遁。去病乃率轻骑入敌阵，与浑邪王见，斩其欲亡者千人，独遣浑邪王乘传先诣行在所，尽将其众渡河，降者四万。

其为人少言不泄，有气敢往。武帝尝欲教之孙吴兵法，对曰："顾方略何如耳，不至学古兵法。"帝为治第，令视之，对曰："匈奴未灭，无以家为也。"㊱

以其弟霍光为奉车都尉、光禄大夫。

是岁，大农令颜异以廉直，因对时政不满，坐腹诽论死。自是有"腹诽"之法。

元鼎元年（前116年，乙丑），刘彻41岁。

夏五月，赦天下。

大酺三日。

得鼎汾水上，改元。

废济东王彭离，徙上庸。

染重病于鼎湖。

　　何按：鼎湖，宫名，在陕西蓝田西。《汉书·郊祀志》："天子病鼎湖甚，巫医无所不至。游水发根（人名）言上郡有巫，病而鬼下之。"

置寿宫、北宫，以礼女巫神君。其事秘，世莫知也（或言神君即"西王母"）。

元鼎二年（前115年，丙寅），刘彻42岁。

始令吏得入谷补官，郎至六百石。

三月，大雨雪，夏大水，关东饥，死者以千计。

冬十一月，御史大夫张汤获罪，自杀。

十二月，丞相庄青翟下狱，自杀。

春，起柏梁台："作承露盘，高二十丈，大七围，以铜为之；上有仙人掌，以承露，和玉屑饮之，云可以长生。"宫室之修，自此日盛。

　　何按：此台建成乃在元封三年。台成日，帝召文士大会柏梁台上，赋诗，每句七言，后世称为"柏梁体"㊲。

二月，以太子太傅赵周为丞相。

三月，以太子太傅石庆为御史大夫。

以孔仅为大农令，桑弘羊为大农中丞，置平准均输法，以通货物。

又征人头税名"口钱"。

> 桑弘羊为大农丞，笼诸会计事，稍置均输以通货矣。"（口钱）起武帝征伐四夷，重赋于民，民产子三岁则出口钱。故民重困，重于生子则杀，甚可悲痛。"（《汉书·贡禹传》）

废白金币，悉禁郡国不得私铸钱。

夏，大水，关东饿死者千数。

始令吏入谷补官，入财为郎。六百石为郎官。

秋九月，诏遣博士分循行天下，吁民相救灾民。谕告："吏民有振救饥民免其厄者，具举以闻，纪功。"

张骞使乌孙归。

> 又以张骞为中郎将，将300人，人配马各二匹，牛羊万数，赍金币帛直数千巨万，组成商队，使之远赴西域，与通商为市，求购其骏马。商队到达乌孙、大宛、康居、大月氏、大夏、安息、身毒、于阗诸国。由此，西域36国与汉始通商路。

> 何按：此即丝绸商路开通之始也。

封张骞为大行令（外交部长），列于九卿，岁余卒。"其后岁余，骞所遣使皆颇与其人俱来，于是西域始通于汉矣。"

得大宛汗血马，名曰"天马"。复命使者入西域求之。

> 赵翼《廿二史劄记》云："自汉武击匈奴，通西域，徼外诸国无不慑汉威。是时汉之兵力实强，晁错谓匈奴之长技三，中国之长技五，陈汤亦谓外夷兵刃朴钝，胡兵五当汉兵一，今颇得汉巧，犹三当一，此可见兵威之足以詟服诸外夷也。而其时奉使者亦皆有胆决策略，往往以单车使者，斩名王、定属国于万里之外。"

是年三月雪，平地厚五尺。

大兴水利，开龙首、灵轵、成国等渠。

元鼎三年（前 114 年，丁卯），刘彻 43 岁。

冬，关东大饥，人相食。

冬，徙函谷关于新安，以故关为弘农县。

十一月，令民告缗，举者得其半。

> "杨可告缗遍天下，中家以上大氐皆遇告。杜周治之，狱少反者。乃分遣御史、廷尉、正监往往……即治郡国缗钱。得民财物以亿计，奴婢以千万数，田大县数百顷，小县百余顷……商贾中家以上大氐破。"（《汉书·食货志》）

常山王舜薨。子有罪，后废徙房陵。

匈奴伊稚斜单于死，在位计 13 年，子乌维单于立。

张骞于本年去世。

元鼎四年（前 113 年，戊辰），刘彻 44 岁。

冬十月，行幸雍，祠五畤。赐民爵一级，女子百户牛酒。始除告缗法。

天子郊雍，曰："今上帝，朕亲郊，而后土无祀，则礼不达也。"有司与太史令司马谈、祠官宽舒议。

二月，中山靖王刘胜死。

设立乐府官署㊳

> 乐府之制，其来已久，殷有瞽宗，周有大司乐，秦有太乐令、太乐丞，皆掌乐之官也。然乐府之名，则始见于汉。乐府之立为专署，则实始于武帝。《两都赋·序》："大汉初定，日不暇给。至于武、宣之世，乃崇礼官，考文章。内设金马石渠之署，外兴乐府协律之事。"
>
> 《汉书·礼乐志》："至武帝定郊祀之礼，乃立乐府，采诗夜诵。有赵代秦楚之讴。以李延年为协律都尉。多举司马相如等数十人造为诗赋，略论律吕，以合八音之调，作十九章之歌。"
>
> 《汉书·艺文志》："自孝武立乐府而采歌谣，于是有代赵之讴，秦楚之风，皆感于哀乐，缘事而发，亦可以观风俗，知薄厚云。"
>
> 《汉书·外戚列传》："孝武李夫人，本以倡进，初，夫人兄延年性知音，善歌舞，武帝爱之。每为新声变曲，闻者莫不感动。延年侍上起舞，歌曰……"㊴

春，命终军使南越。南越王及太后上表请降附。

汉武帝元鼎四年，南越王赵兴和太后请求举国"内属"，进一步密切和中央政权的关系，使南越的地位"比内诸侯"，相当于中原地区的诸侯王。但握有实权的丞相吕嘉（越族土著）却不同意，竟杀掉了赵兴、太后和汉朝使者。元鼎五年，汉武帝派兵攻伐，并于次年灭南越，在原地设置南海、苍梧、郁林、合浦、交阯、九真、日南七郡。

元封元年汉师渡过琼州海峡，进入海南岛，并在这里新设置了儋耳、珠崖二郡。《汉书·地理志》说："自合浦、徐闻南入海，得大州，东西南北方千里，武帝元封元年略以为儋耳、珠崖郡。"

珠崖又名朱崖，以位于大海中的崖岸之边、出产珍珠而得名。它的辖境包括今海南岛的东北部，治所在瞫都，即今海口市。儋耳，据说因为当地民俗雕刻脸颊之皮，"上连耳匡，分为数支，状似鸡肠，累耳下垂"而得名。它的辖境相当于今海南岛的西部地区，治所在今儋县。

六月，得宝鼎后土祠旁。秋，马生渥洼水中。作《宝鼎》《天马》之歌。是岁，禁郡国铸钱，专令上林三官造铸。

方士栾大进言，谓"黄金可成，不死药可得，仙人可致"，获封五利将军、乐通侯等。后武帝发觉其诈而杀之。

元鼎五年（前112年，己巳），刘彻45岁。

冬十月，行幸雍，祠五畤。

十一月，立泰畤于甘泉。天子亲郊见，朝日夕月。

何按：元鼎五年，立太一祠坛于甘泉，五帝坛环居其下，此谓款天神也。元封元年，自登单于台，祭黄帝冢还，幸缑氏，礼祭中岳太室，以山下户三百为之奉邑，此勒功中岳也。遂东巡海上，还至奉高，礼祠地主于梁甫；封泰山，禅肃然，此封禅泰山、梁甫也。太初元年，诏兒宽等议历，司马迁等造历，乃改历，以正月为岁首，此改正朔也。色尚黄，数用五，此易服色也。董仲舒、司马相如等鼓吹于建元至元狩之际（前140年—前117年），而武帝于元鼎四年至太初元年十载之间（前113年—前104年）一一行之，其足以鼓舞民心，革新百姓之行止者为何如哉？

四月，南越王相吕嘉反，杀汉使者及王、王太后。

遣伏波将军路博德等出桂阳，主爵杨仆为楼船将军出豫章，发兵征讨。

元鼎五年，南越叛汉，汉武帝想从犍为郡征发南夷兵。但当地夷人不从，遂反叛汉朝，杀汉朝使者和犍为太守。

次年，汉武帝征服南越后，派出由巴蜀罪人组成的八校尉军队进击西南夷，平定后设置郡县，由中央政府直接管辖。

夜郎侯向汉朝投降，汉在其地设置牂牁（治所在今贵州关岭），暂存夜郎国号，以王爵授夜郎侯，诸部族豪酋也受册封。

九月，诸侯贡金（助祭宗庙称酎金）因成色不足夺爵者106人。丞相赵周因知不报下狱，自杀。

以御史大夫石庆为丞相，封牧丘侯。桑弘羊为大农丞。

时国家多事，桑弘羊等致利，王温舒之属峻法，儿宽等推文学，皆为九卿，更进用事。

西羌联合匈奴以10万人攻故安，围枹罕（地属陇西郡）。

匈奴攻入五原，杀太守。

元鼎六年（前111年，庚午），刘彻46岁。

春，伏波将军路博德、楼船将军杨仆等八校尉出兵（自昆明），击破南越。

兵改制，建常备军：期门军、羽林军、屯骑、步兵、越骑、长水（水军）、射声（生）、虎贲、胡骑七校尉。又设"执金吾"（即执金钺也）。

冬十月，发陇西、天水、安定骑士及中尉，河南、河内卒10万人，遣将军李息、郎中令徐自为征西羌，平之，置护羌都尉。

纳左内史儿宽议，开六辅渠。

以司马迁为郎中，奉使巴蜀、滇中。

秋，东越王余善反。遣横海将军韩说、中尉王温舒出会稽，破东越。

遣故太仆公孙贺将万五千骑，出九原二千余里，至浮苴井而还，不见匈奴一人。又遣故从骠侯赵破奴万余骑，出令居数千里，至匈河水而还，亦不见匈奴一人。

分武威、酒泉地置张掖、敦煌郡。自令居以西向居延泽（罗布泊）建立军事障塞，以卫护通向西域的河西走廊。

元狩二年，匈奴浑邪王杀休屠王降汉，汉以其地为武威、酒泉郡。本年分武威为张掖，酒泉为敦煌。均乃月氏故地也。此为河西郡，乃开通西域之道（丝绸之路）。而匈奴与西羌之交通遂绝。迫使匈奴再向西迁。上郡、朔方、西河、河西开田官，斥塞卒六十万人屯田之。而敦煌西至盐水，往往有亭。而仑头有田卒数百人，因置使者护田积粟，以给使外国者。

令诸儒采《尚书》《礼记·王制篇》草封禅仪，数年不成。武帝乃亲自制仪，以采群儒，或曰“不与古同”。于是尽罢诸儒。

李夫人死。

《汉书·外戚传》：“孝武李夫人，本以倡进。初，夫人兄延年性知音，善歌舞，武帝爱之。延年侍上起舞，歌曰：‘北方有佳人，绝世而独立，一顾倾人城，再顾倾人国。宁不知倾城与倾国，佳人难再得！’上叹息曰：‘善！世岂有此人乎？’平阳主因言延年有女弟，上乃召见之，实妙丽善舞。由是乃幸，生一男，是为昌邑哀王。李夫人少而蚤卒，上怜闵焉，图画其形于甘泉宫。初，李夫人病笃，上自临候之。夫人蒙被谢曰：‘妾久寝病，形貌毁坏，不可以见帝。愿以王及兄弟为托。’上曰：‘夫人病甚，殆将不起，一见我属托王及兄弟，岂不快哉？’夫人曰：‘妇人貌不修饰，不见君父。妾不敢以燕媠见帝’。上曰：‘夫人弟（但）一见我，将加赐千金，而予兄弟尊官。’夫人曰：‘尊官在帝，不在一见。’上复言欲必见之，夫人遂转向歔欷而不复言。于是上不悦而起。夫人姊妹让之曰：‘贵人独不可一见上属托兄弟邪？何为恨上如此？’夫人曰：‘……夫以色事人者，色衰而爱弛，爱弛则恩绝。上所以挛挛顾念我者，乃以平生容貌也。今见我毁坏，颜色非故，必畏恶吐弃我，意尚肯追思闵录其兄弟哉？’及夫人卒，上以后礼葬焉。其后，上以夫人兄李广利为贰师将军。

元封元年（前110年，辛未），刘彻47岁。

十月，武帝巡边陲，自云阳北历上郡、西河、五原，出长城，北登单于台，率18万骑，北巡至朔方，临北河，以威匈奴。匈奴王庭迫于汉军攻势，远迁大漠以北。

遣使告谕匈奴单于："南越王头已悬于汉北阙矣。单于能战，天子自将待边；不能，即南面而臣于汉。何徒远走匿于幕北，寒苦无水草之地，毋为也！"

何按：匈奴之患至元封王庭北迁已告解除。武帝对匈奴之战争此后乃由防御转为开拓，即"开边"，占领土地，运行商业，以搜求远方异品奇货。卫太子（包括卫青）不赞成之，要求转变路线。

春正月，东巡海上，令数千人入海求蓬莱仙人。

上以卜式不习文章，贬为太子太傅，以兒宽为御史大夫。

汉兵入东越境。东越人杀东越王余善降汉。迁其民入居于江淮间。

夏四月，封禅泰山，大赦天下。以十月为元封元年。

何按：元封是一个具有特定意义的年号，它是以举行封禅典礼而得名的。封禅典礼盛大隆重，时人非常重视。

复东巡海上，至碣石。自辽西历北边至九原，归于甘泉。

《后汉书·祭祀志》："初，孝武帝欲求神仙，以扶方者言黄帝由封禅而后仙，于是欲封禅。封禅不常，时人莫知。元封元年，上以方士言作封禅器，以示群儒，多言不合古，于是罢诸儒不用。三月，上东上泰山，乃上石立之泰山颠。遂东巡海上，求仙人，无所见而还。四月，封泰山。"

何按：武帝尊儒而斥黄老。黄老之学退出政治，而其中言天道者乃与方术修仙炼丹之学（邹衍之学）相融合。武帝中年后多病，为长寿求仙而进用方术之士，遂亦大受其惑。武帝之后，方术修仙道术之学传习于民间，至汉末而兴起为天道教及天师道教。此即道教之起源。

司马谈死于本年。

元封元年，武帝始建汉家之封，而司马谈留滞周南，不得与从事，遂发愤死。将死，执其子迁之手而泣曰："今天子接千岁之统，封泰山，而予不得从行，是命也夫！"

五月，以桑弘羊为治粟都尉，领大农丞，尽管天下盐铁。于郡国设均输机构，设均输盐铁官，主盐铁专司，置平准于京师，督天下运输，货物统购统销，由官府经营运输和贸易，稳定物价。罢告缗法。

桑弘羊为治粟都尉，领大农，尽代（孔）仅斡天下盐铁。弘羊以诸官各自市相争，物以故腾跃，而天下赋输或不偿其僦费，乃请置大农部丞数十人，分部主郡国，各往往置均输盐铁官，令远方各以其物如异时商贾所转贩者为赋，而相灌输。置平准于京师，都受天下委输。召工官治车诸器，皆仰给大农。大农诸官尽笼天下之货物，贵则卖之，贱则买之。如此，富商大贾亡无所牟大利，则反本，而万物不得腾跃。故仰天下之物，名曰"平准"。天子以为然而许之。于是天子北至朔方，东封泰山，巡海上，旁（傍）北边以归。所过赏赐，用帛百余万匹，钱金以巨万计，皆取足大农。

弘羊又请令民得入粟补吏，及罪以赎。令民入粟甘泉各有差，以复终身，不复告缗。它郡各输急处，而诸农各致粟，山东漕溢岁六百万石。一岁之中，太仓、甘泉仓满。边余谷，诸均输帛五百匹。民不益赋而天下用饶。于是弘羊赐爵左庶长，黄金者再百焉。

是岁小旱，上令百官求雨。卜式言曰："县官当食租衣税而已，今弘羊令吏坐市列，贩物求利。亨（烹）弘羊，天乃雨。"久之，武帝疾病，拜弘羊为御史大夫。

（武帝后）昭帝即位六年，诏郡国举贤良文学之士，问以民所疾苦，教化之要。皆对愿罢盐铁酒榷均输官，毋与天下争利，视（示）以俭节，然后教化可兴。弘羊难，以为此国家大业，所以制四夷，安边足用之本，不可废也。乃与丞相千秋共奏罢酒酤。弘羊自以为国兴大利，伐其功，欲为子弟得官，怨望大将军霍光，遂与上官桀等谋反，诛灭。盐铁政遂废。

齐王闳死，无子，国除。

元封二年（前109年，壬申），刘彻48岁。
至瓠子，视察黄河决口处。沉白马、玉璧于河，命从臣将军以下皆负薪塞河堤，卒填决河。作《瓠子之歌》。

以司马迁为太史令。

　　《廿二史劄记》："父谈临卒，属迁论著列代之史。父卒三年，迁为太史令，即绌石室金匮之书……于是论次其文。会草创未就，而遭李陵之祸……为太史令时乃元封二年也。元封二年至天汉二年遭李陵之祸，已十年……自天汉二年至征和二年（任安得罪将死之时），又阅八年。统计迁作《史记》前后共十八年。"

筑甘泉宫通天台、长安宫飞廉馆。

朝鲜王攻杀辽东都尉。募天下死罪囚徒攻朝鲜。

楼船将军杨仆，左将军荀彘出已东，击朝鲜。

　　"是时汉东拔濊貊、朝鲜以为郡，西置酒泉郡以隔绝胡与羌通之路。又西通月氏、大夏，又以翁（公）主妻乌孙王，以分匈奴西方之援国。又北益广至眩雷为塞。而匈奴终不敢以为言。"（《汉书·匈奴传》）

作《芝房之歌》。

派郭昌、卫广为将，入巴蜀平定西南夷未服者，以为益州郡。

　　"滇王者，庄跷之后也。元封二年，武帝平之，以其地为益州，割牂牁、越巂各数县配之。后数年，复并昆明地，皆以属之此郡。"（《后汉书·西南夷列传》）

以杜周为廷尉。

　　周外宽，内深刻，其治大体仿张汤。时诏狱益多，食二千石俸禄涉案人员不减百余人。廷尉及中都官诏狱逮捕至六七万人，官吏因之益加十万余人。

　　周为廷尉，客有谓周曰："君为天下决平，不循三尺法，专以人主意指为狱，狱者固如是乎？"周曰："三尺安出哉？前主所是著为律，后主所是疏为令。当时为是，何古之法乎？"

元封三年（前108年，癸酉），刘彻49岁。

十二月，赵破奴攻破车师国，虏楼兰王。复封浞野侯。

柏梁台建成。"元封三年，作（成）柏梁台，召群臣有能为七言诗者，乃得上座。"⑩

"汉武帝在柏梁台上，使群臣作七言诗。"七言诗自此始也。[41]

初作角抵戏、巴俞戏。三百里内民皆入京来观。

> 角读为决，较也。名此乐为角抵者，两两相当角力。角技艺射御，故名角抵，盖杂技乐也。巴俞戏，鱼龙蔓延之属也。汉后更名为平乐观。

夏，朝鲜国相斩其王右渠归降汉朝。诏以朝鲜地分置乐浪、临屯、玄菟、真番四郡。

倭国遣使通译于汉[42]。

楼船将军杨仆坐失亡多免为庶民。左将军荀彘坐争功弃市。

七月，嫁江都王刘建女细君公主与乌孙，遂与乌孙王结盟。

> 乌孙使使献马，愿得尚汉公主，为昆弟。乌孙以马千匹聘。汉以江都王建女细君为公主，妻乌孙王昆莫为右夫人。匈奴亦遣女妻昆莫，以为左夫人。细君悲歌曰："吾家嫁我兮天一方，远托异国兮乌孙王。穹庐为室兮旃为墙，以肉为食兮酪为浆。居常土思兮心内伤，愿为黄鹄兮归故乡。"

> 何按：据近人考证，乌孙族原活动在河西，汉初西迁至伊犁河流域，地域辽阔，人口众多，为当时西域之最大方国。日人羽田亨认为，乌孙语属突厥语。其种属为高加索人种。颜师古曰："乌孙于西域诸戎其形最异，今之胡人青眼赤须，状类弥猴者，本其种也。"乌孙产马，马质优良，今传伊犁马。文帝前元四年为匈奴征服合并，至此乃与匈奴相分离也。

元封四年（前107年，甲戌），刘彻50岁。

冬十月，上行幸雍，祠五畤。

北出萧关，历独鹿、鸣泽，自代而还，幸河东。

诏赦汾阳、夏阳、中都死罪以下，赐无出今年租赋。

匈奴好辞甘言求请和亲。

匈奴使者病死长安。匈奴单于以为汉拘禁之，遂扣留汉使路充国，数以奇兵犯边。

武帝遣拔胡将军郭昌、浞野侯赵破奴屯朔方以东，备胡。

何按：作为元狩以来开边、兴利、改制、用法和专擅的结果，元封四年（前 107 年）在关东出现了 200 万流民，引起了政局的动荡。"公卿议欲请徙流民于边以谪之"。

由于连年兴兵和重赋，不少农民弃业流亡。"唯吏多私，征求无已，去者便，居者扰"，使流民问题更加严重。汉武帝制定了流民法"以禁重赋"，结果仍然是"官旷民愁，盗贼公行"。出现流民 200 万口，是农民对汉武帝政策的严重抗议。如果官府处置不慎，势必进一步"摇荡百姓"，其后果武帝是知道的。所以他下令案问御史以下议请谪徙者，并重责丞相石庆，以图平息事端。[43]

元封五年（前 106 年，乙亥），刘彻 51 岁。

冬，武帝南巡，望祀虞舜于九嶷山，登天柱山，泛长江，近枞阳，北到琅邪，观东海。亲射蛟江中，获之。舳舻千里，薄枞阳而出。作《盛唐枞阳之歌》。

"（武帝）顾谓群臣曰：'汉有六七之厄，法应再受命。宗室子孙谁当应此者，六七四十二代汉者，当涂高也。'群臣进曰：'汉应天受命，祚逾周殷，子子孙孙，万世不绝，陛下安得此亡国之言，过听于臣妾乎？'上曰：'吾醉言耳！然自古以来，不闻一姓遂长王天下者，但使失之，非吾父子可矣。'"（《太平御览》卷八十八）

三月，至泰山，加封禅。四月，赦天下，所幸县免岁租赋。赐鳏寡孤独帛、贫者粟。还京住甘泉宫。

大将军卫青卒，命起冢置茂陵，象庐山。

初，上年二十九生戾太子，甚爱之。及长，性仁恕温谨，上嫌其材能少，不类己……太子每谏征伐四夷，上笑曰："吾当其劳，以逸遗汝，不亦可乎？"皇后、太子常有不自安之意。上觉之，谓大将军青曰："汉家庶事草创，加四夷侵陵中国，朕不变更制度，后世无法；不出师征伐，天下不安；为此者不得不劳民。若后世又如朕所为，是袭亡秦之迹也。太子敦重好静，必能安天下，不使朕忧。欲求守文之主，安有贤于太子者乎？闻皇后与太子有不安之意，岂有之邪？可以意晓之。"大将军顿首谢。

尤侗《艮斋杂说》："自武帝好《公羊》，卫太子好《穀梁》，有诏太子受《公羊》，不得受《穀梁》，父子立异，安得无巫蛊之祸乎？""《周礼》一书，诸儒皆以为周公作，然武帝谓其渎乱不经，作《十论》《七难》以排弃之。"

四月，全国分为十三州，每州置刺史，直接向皇帝奏事。刺史每年八月巡视所属郡国，诏以六条问事。

六条问事：（1）强宗豪右田宅逾制，以强凌弱，以众暴寡。（2）二千石背公徇私，侵渔百姓。（3）二千石不恤疑狱，肆意杀人。（4）二千石选置不平，苟阿所爱，蔽阻贤路。（5）二千石子弟依仗权势，请托所监。（6）二千石阿附豪强，害损政令。凡六条，触之皆案灭三族。

董仲舒死，年93岁。

苏建死。

太史公曰：苏建语余曰："吾尝责大将军至尊重，而天下之贤大夫毋称焉，愿将军观古名将所招选择贤者，勉之哉。大将军谢曰：'自昔魏其、武安之厚宾客，天子常切齿。彼亲待士大夫，招贤绌不肖者，人主之柄也。人臣奉法遵职而已，何与招士？'"骠骑亦仿此意。苏建，苏武父也。

是岁，下求贤诏书，令州郡举茂才异等，可为将相及使绝国者。

武帝本年求贤诏："盖有非常之功，必待非常之人。故马或奔踶而致千里，士或有负俗之累而立功名。夫泛驾之马，跅弛之士，亦在御之而已。其令州郡察民吏有茂才异等，可为将相及使绝国者。"

何按：时汉廷已乏人材矣。

元封六年（前105年，丙子），刘彻52岁。

冬，外巡归。

春，作首山宫。

三月，巡视河东，祠后土，作《秋风辞》。

《汉武故事》："上幸河东，祠后土，顾视帝京，欣然中流，与群臣饮宴，上欢甚，乃作《秋风辞》。辞曰：'秋风起兮白云飞，草木黄落兮雁南归。兰有秀兮菊有芳，怀佳人兮不能忘。泛楼船兮济汾河，横中流兮扬素波。箫鼓吹兮发櫂歌，欢乐极兮哀情多。少壮几时兮奈老何。'"

益州、昆明反，遣军击之。

秋，乌孙使者见汉广大，归报其国，其国乃益重汉。

匈奴闻乌孙与汉通，怒，欲击之。又其旁大宛、月氏之属皆事汉。

　　昆莫年老，欲使其孙岑陬尚公主，公主不听，上书武帝。武帝答书曰："从其国俗，欲与乌孙共灭胡。"岑陬遂妻公主。昆莫死，其孙岑陬代立，为昆弥。

汉使西逾葱岭，抵安息。安息使以大鸵鸟卵及黎轩善眩人献于汉。

乌维单于死，子詹师庐立，号为儿单于。匈奴迁西北，左方兵直云中，右方兵直酒泉、敦煌。匈奴左大都尉欲杀单于降汉，汉令因杅将军公孙敖筑受降城以待之。

太初元年（前104年，丁丑），刘彻53岁。

冬十月，巡登泰山。十二月，东临渤海，望祠蓬莱。考入海及方士求神者莫验，然益遣，冀遇之。

二月，起建章宫。

　　《汉官仪》："武帝太初元年初置建章营骑，后更名羽林。以天有羽林之星，故取名焉。又取从军死事之子孙养羽林官，教以五兵，号曰羽林孤儿。"（《后汉书·顺帝纪》李贤注引）

五月，中大夫公孙卿、壶遂、太史令司马迁等所建议改订新历法完成。此即《太初历》，用夏正，以正月为岁首。采用五行，色尚黄，数用五，重定宗庙百官之仪，协音律，以为典常，垂之后世。

改尚右为尚左㊹。

　　何按：汉初沿用秦的《颛顼历》，以十月为岁首。到汉武帝时，由于年代久远，日月差数无法校正，甚至出现"朔晦月见，弦望满亏"的情况。于是由司马迁、落下闳、唐都、邓平等人创制新历，并于太初元年（前104年）由皇帝颁行，称为《太初历》。《太初历》以正月为岁首，第一次把二十四节气订入历法，并规定无中气（每月两个节气，月初为节气，后半月的为中气）的月份为闰月，还记有日食、月食周期。《太初历》是中国历法史上一次重大改革，共实行了190年。

七月，东巡至泰山。

八月，命贰师将军李广利伐大宛。

先，汉使入大宛求马。大宛不予，杀汉使，取其财物。天子怒。诸尝使宛姚定汉等言："宛兵弱，诚以汉兵不过三千人，强弩射之，即破宛矣。"帝欲侯宠姬李氏，乃拜李夫人兄广利为贰师将军，发属国六千骑及郡国恶少年数万人，以往伐宛。司马光曰："其意以为非有功不侯，不欲负高帝之约也。"

关东蝗灾，西飞至敦煌。

始设大司农。

《汉书·百官公卿表》："治粟内史，秦官，掌谷货，有两丞。景帝后元年更名大农令，武帝太初元年更名大司农。"

司马迁于是年迁太史公，纂《史记》，年42岁。

太初元年，十一月甲子朔旦冬至，天历始改，建于明堂，诸神受纪。太史公曰："先人有言：'自周公卒五百岁而有孔子，孔子卒后至于今五百岁，有能绍明世，正《易传》，继《春秋》，本《诗》《书》《礼》《乐》之际？'意在斯乎！意在斯乎！小子何敢让焉！……汉兴以来，至明天子，获符瑞，封禅，改正朔，易服色，受命于穆清，泽流罔极……"于是论次其文。

田余庆先生言："《汉书·五行志》记：'自是（指元光二年）始征伐四夷，师出三十余年，天下户口减半。'《汉书·萧望之传》张敞曰：'昔先帝征四夷，兵行三十余年，百姓犹不加赋，而军用给。'所谓三十余年，具体说是32年。《汉书·西域传·渠犁》：'是时军旅连出，师行三十二年，海内虚耗。'徐松《汉书·西域传·补注》曰：'自元光二年谋马邑，诱单于，绝和亲，为用兵之始。其后连年用兵，至太初三年西域贡献，凡三十二年。'

"元光二年至太初三年（前133年—前102年），汉武帝的全部事业几乎都是在这32年中完成的，其中除四出征伐外，还有罢黜百家、独尊儒术这样的意识形态的改革，还有如收相权、行察举、削王国、改兵制、设刺史等项政治、军事制度的改革，统一货币、管盐铁、立平准均输制等项经济制度的改革，等等。河决瓠子夺淮入海，为害武帝一朝达二十余年之久，也是在这个时间之内治理的。

"武帝一生绝大多数事业都是元狩（前122年—前117年）、元鼎（前116年—前111年）年间做成的；有少数完成于元封年间（前110年—前105年）。只有伐大宛一件事在元封以后。可以说汉武帝在元封年间已经基本上完成了历史赋予他的使命。"

太初二年（前103年，戊寅），刘彻54岁。

正月，丞相石庆薨。

三月丁卯，以公孙贺为丞相。

"时朝廷多事，督责大臣苛严。自公孙弘后，丞相比坐事死。贺引拜为丞相，不受印绶，顿首涕泣不肯起。上乃起去。贺不得已拜，出曰：'我从是殆矣！'"

武帝巡视河东，祠后土。

贰师将军李广利征大宛无功而返，兵还至敦煌。武帝怒，使使至玉门传诏："军有敢入者辄斩之！"

李广利不知兵。"贰师将军之西也，既过盐水，当道小国各城守，不肯给食，攻之不能下……比至郁成，士至者不过数千，皆饥罢。攻郁成，郁成大破之，所杀伤甚众。引兵还，至敦煌，士不过什一二。"

秋，遣浞野侯赵破奴将二万余骑出朔方西北二千里，击匈奴。军去不还。

匈奴八万骑围击之，绝汉军水源。赵破奴率小队亲自夜出觅水，匈奴闻知掩捕，生得之。因急击其军，军吏畏亡将而诛，莫相劝归者，军遂没于匈奴。

冬十二月，御史大夫兒宽卒。

太初三年（前102年，己卯），刘彻55岁。

春正月，东巡海上求神仙。

四月，封泰山。

是岁，遣光禄勋徐自为出于五原塞外，筑城、障、列亭千余里。

使强弩都尉路博德筑城居延泽上。

以胶东太守延广为御史大夫。

匈奴儿单于死，子年少，立其季父右贤王句黎湖为单于。

秋，匈奴大入定襄、云中等，杀掠数千人，破坏徐自为所筑列亭城障。军正任文击救之，匈奴失所掠而去。

> 公卿议请罢征宛军，专力攻胡。天子业出兵诛宛，以宛小国不能下，则大夏之属轻汉，而宛善马绝不来，遗外国笑。乃案治言罢征宛军者邓光。赦囚徒，发恶少年及边骑，复出敦煌六万人。贰师将军复围宛。宛城中无井，遣水工断其所开水路。天子增发戍甲卒十八万酒泉、张掖北，置居延、休屠屯兵以卫酒泉。发天下吏有罪者、亡命者及赘壻，故有市籍者凡七科，谪为兵，及载糒给贰师。

太初四年（前101年，庚辰），刘彻56岁。

复下征匈奴诏。

> 本年武帝伐匈奴诏："高皇帝遗朕平城之忧，高后时单于书绝悖逆，昔齐襄公复九世之仇，《春秋》大之！"

李广利破大宛，得汗血马数十匹，中马以下牝牡三千余匹，斩大宛王首。然汉军马损失数量远过所获者。

> 贰师后复行，兵多，所至小国莫不迎，出食给军。至轮台，攻数日，破而屠之。至宛，兵到者三万。攻之四十余日，宛内乱，求降，献马。汉军得善马数十匹、中马三千余匹。罢兵。

春，汉军捕得楼兰王。是岁，大宛破后，汉自敦煌至盐泽（今罗布泊）起亭障，于轮台、渠犁置屯田。每屯田率数百人，军垦。置使者，校尉领护，远至赤谷（今中亚伊塞克湖南岸）。

李广利回京师，途中所过西域小国听说大宛被攻克，皆使其子弟从入贡献，入京师为人质。

四月，诏封李广利为海西侯。

> 《汉书·外戚传》："武帝日夜思念李夫人不已，为作诗曰：'是邪，非邪？立而望之，偏何姗姗其来迟？'又为作《秋风赋》悼之。"

《史记·外戚世家》："李夫人蚤卒，其兄李延年以音幸，号协律。协律者，故倡也。兄弟皆坐奸，族。是时其长兄广利为贰师将军，伐大宛，不及诛，还，而上既夷李氏，后怜其家，乃封为海西侯。"《汉书·佞幸传》："李夫人产昌邑王，延年緜是贵为协律都尉……久之，延年弟季与中人乱，出入骄恣。及李夫人卒后，其爱弛，上遂杀延年兄弟宗族。"广利封海西侯在太初四年四月，则延年兄弟坐奸族当在太初二、三年，李夫人之卒亦当在其时也。

匈奴欲发兵阻李广利征大宛，闻大汉兵盛，未敢动。

大宛破后，西域震惧，汉使入西域者皆得职。

余嘉锡论武帝求马此役曰："汉武帝使李广利将兵伐大宛，取善马，太史公极非之，故以微文讥刺……传中盛陈出兵时甲卒之众，牛马杂畜兵弩粮草之多，以见其劳民伤财，疲弊中国以事四夷，死士卒数十万，而所得善马不过数十匹，所以讥汉武者深矣。王允谓司马迁作谤书，不虚也。

"桓宽《盐铁论·西域篇》文学曰：'有司言外国之事，议者皆徼一时之权，不虑其后。张骞言大宛之天马汗血，安息之真玉大鸟，县官既闻如甘心焉，乃大兴师伐宛，历数期而后克之。夫万里而攻人之国，兵未战而物故过半，虽破宛得宝马，非计也。当此之时，将卒方赤面而事四夷，师旅相望，郡国并发，黎人困苦，奸伪萌生，盗贼并起，守尉不能禁，城邑不能止。然后遣上大夫，衣绣衣以兴击之……当此时，百姓元元，莫必其命，故山东豪杰，颇有异心。赖先帝圣灵斐然，其咎皆在于欲毕匈奴而远几也。为主计若此，可谓忠乎？'此其归咎武帝，与司马迁之意同，后之论史者莫不从之。

"余以为迁责汉武骚动天下，及广利不爱士卒，皆是也。独谓伐宛之役为闻天马而甘心，一似武帝有爱马之癖者。夫武帝虽内多欲而外施仁义（用汲黯语），亦一世英明之主也，岂其因欲实天闲，备法驾，遂以数十万人之命，易数十匹之马，贵畜贱人，一至于是哉？且贰师出兵用马至三万余匹，而所得宛马不过三千余匹，是时方患马少，以十易一，智者必不为也。

"盖匈奴行国，人人便骑射，汉兵常出塞数千里，与之鏖战于沙漢之间以争胜负，其势不能不多用骑兵，欲练骑兵，不能不养马。中国之马本不如匈奴所产之良，故晁错曰：'匈奴地形技艺，与中国异，上下山阪，出入溪涧，中国之马弗与也。险道倾仄，且驰且射，中国之骑弗与也。'（《汉书·晁错传》）

"是则汉与匈奴，不必交战，固已情见势绌矣。况又屡经战阵，马之死亡且尽，故武帝大修马政，广求善种以求其蕃息孳生，其闻天马而甘心者，欲得汗血之种也。司马迁非不知之，而言之不明，遂使后人莫知汉武之用意耳。

"今以《汉书》考之，武帝之初，众庶街巷有马，阡陌之间成群，乘牸牝者摈而不得会聚（见《食货志》）。卫青、霍去病之伐匈奴，所将少者万骑，多者十余万骑（见《卫霍传》及《匈奴传》）。

"元朔六年，卫青比岁击胡，汉军士马死者十余万（见《食货志》，《志》承《史记·平准书》之旧，叙事不明载年岁，第云其明年或后几年，今据颜师古注及《平准书》注补载年号，注所无者，以前后事推定之）。元狩二年，马生余吾水中（见《武帝纪》）。天子为伐胡，盛养马，马之往来食长安者数万匹。三年，除千夫五大夫为吏，不欲者出马（见《食货志》）。四年，大将军青、骠骑将军去病大出击胡，出塞之马凡十四万匹，而后入塞者不满二万匹（见《食货志》及《卫霍传》，又《匈奴传》云，'汉马死者十余万匹'）。匈奴虽病远去而汉马亦少，无以复往。自此至青之卒，凡十四年，竟不复击匈奴者，以汉马少故也（见《卫霍传》；青以元封五年卒，自元狩四年至此凡十四年，其后又三年，是为太初二年，始遣赵破奴将二万骑伐匈奴）。五年，天下马少，平牡马匹二十万（见《武帝纪》）。元鼎二年，乌孙发使送张骞还，因献马数十匹报谢（见《张骞传》及《西域传》）。

"四年，马生渥洼水中，作《天马之歌》（《礼乐志》作元狩三年，此据《武帝纪》。《史记·乐书》云：'又尝得神马渥洼水中，复次以为《太一之歌》。'其歌辞与《礼乐志》不同）。五年，令民得畜边县（注：孟康曰：'令得畜牧于边县。'）。官假牡马，三岁而归，及息什一。六年，车骑马乏，县官钱少，买马难得，乃著令，令封君官下至三百石吏以上，差出牡马，天下亭亭有畜字马，岁课息（见《食货志》）。

"元封元年，帝巡边至朔方，临北河，勒兵十八万骑，威震匈奴（见《武帝纪》）。盖自元狩四年后，未尝与匈奴战，至是经十年之畜牧，始稍蓄息矣。然去年尚言车骑马乏，今年何遽多如此？盖汉时养马常至三十余万匹，十八万骑未为多也，故亟亟焉求马于西域。会匈奴闻乌孙与汉通，怒欲击之。乌孙恐，使使献马，愿得尚汉公主为昆弟。天子问群臣，议许，曰：'必先内聘，然后遣女。'乌孙以马千匹聘（见《西域传》）。徐松补注以为事在元封初，今从之，故次于此）。大宛多善马，马汗血，言其先天马子也，张骞始为武帝言之（见《西域传》）。

"天子好宛马，使壮士持千金及金马请宛善马，宛王爱其宝马，不肯予（见《张骞传》及《西域传》）。太初三年秋，遣李广利伐大宛。四年春，广利斩大宛王首，获汗血马来，作《西极天马之歌》（见《武帝纪》）。言西极天马者，以别于元狩四年所作之天马歌也。《礼乐志》无西极字，《史记·乐书》所载歌辞与《礼乐志》不同）。

"初，天子发书易曰：'神马当从西北来。'得乌孙马好，名曰天马，及得宛汗血马，益壮，更名乌孙马曰西极马，宛马曰天马云（见《张骞传》）。

"……计武帝凡四得善马，其生渥洼水中及得自乌孙大宛者皆号天马。元狩四年《天马歌》曰：'沾赤汗，沫流赭。'是渥洼神马亦汗血。又当时欲神异此马，云从水中出，故与大宛汗血马同得天马之名。初得乌孙马，亦以天马名之，独生余吾水中者无闻。盖自武帝以后，汉所养马固多名马种矣。向非武帝求马于四方，则死亡羸瘠之余，汉之战马，岂复可用乎？"

何按：元光六年卫青长程出击，兵至龙城。

元朔二年卫青出云中，收复河南地，置朔方五原郡（河南之战）。两年后复出高阙，破右贤王部。

元朔六年，出定襄，渡大漠，回击破大单于本部，迫使其北迁（漠南之战）。

元狩二年，霍去病渡漠，直取河西，过焉支山千里，击破匈奴左部。打通河西走廊（河西之战）。

太初四年，复下征匈奴诏。李广利破大宛，开拓西域（大宛之战）。

天汉元年（前100年，辛巳），刘彻57岁。

因连年苦旱，改元"天汉"，以祈甘雨。

春正月，巡幸甘泉宫。

三月巡行河东，祠后土。

匈奴句黎湖单于死，其弟左大都尉且鞮侯立为单于。

三月，匈奴使使来献大羽、白鹙。

派中郎将苏武遣送匈奴在汉使臣。

苏武被拘于匈奴，流放于北海（贝加尔湖）。

单于初立，恐汉袭之，乃尽归所拘汉使之不降者路充国等，曰："汉天子我丈人也。"上嘉单于之义，遣中郎将苏武送汉所拘匈奴使者，厚聘单于，答其善意。既至，单于益骄，非汉所望也。

匈奴中被虏汉故将及浑邪王姊子，及卫律部下，阴与武副使张胜谋，欲劫单于母阏氏（南宫公主）归汉。卫律者，父故长水胡骑将，律与协律都尉李延年善，延年荐律使匈奴。闻延年家收，遂降匈奴。单于厚爱之，与谋图事，立为丁灵王。后月余，单于出猎，张胜等劫阏氏欲发，单于子弟发兵与战，俘虞常、张胜。单于使卫律治之。

武恐辱国，引刀欲自杀，不死。卫律抱救之。单于壮其气节，欲降之。武不屈。囚武大地窖中，绝其饮食。天大雪，武卧寒地，啮雪与毡毛咽之，十数日不死。匈奴以为神，乃徙武北海无人之地，使牧羊，曰"公羊产奶乃放汝归"。武持节牧。

王楙《野客丛书》："《前汉书》载：苏武在匈奴，卫律白单于，幽武大窖中，绝不与饮食。天雨雪，武卧齿雪，与旃毛并咽之，数日不死。刘向《新序》又载：武在匈奴，卫律绝不与饮食，武数日不降。当盛暑，以旃衣并束，三日暴，武心意愈坚，终不屈挠。今人徒知武在匈奴剧寒中被如是之虐，不知剧暑中亦受如是之苦。今人饱食安眠于广厦之间，隆寒盛暑，优游自得，而犹萌不足之念，其可不知愧乎！”

刘向《新序》：“苏武者，故左将军平陵侯苏建子也。孝武皇帝时，以武为栘中监，使匈奴。是时匈奴使者数降汉，故匈奴亦欲降武以取当。单于使贵人故汉人卫律说武，武不从。乃设以贵爵重禄尊位，终不听。于是律绝，不与饮食。武数日不降。又当盛暑，以旃厚衣并束，三日暴。武心意愈坚，终不屈挠，称曰：‘臣事君，犹子事父也，子为父死，无所恨。守节不移，虽有铁钺汤镬之诛而不惧也，尊官显位而不荣也。’匈奴亦由此重之。武留十余岁，竟不降下，可谓守节臣矣。《诗》云：‘我心匪石，不可转也。我心匪席，不可卷也。’苏武之谓也。匈奴绐言武死，其后，汉闻武在，使使者求武。匈奴欲慕义，归武。汉尊武以为典属国，显异于他臣也。”

赵破奴自匈奴逃归。

发谪戍屯五原。

以济南太守王卿为御史大夫。

河间献王刘德及孔安国献古文经传，未得列入学官。

何按：今古文之争，是汉初激烈政治斗争和意识形态斗争的继续。古文派在政治上的最大支持者之一是河间献王刘德，武帝之异母弟。刘德大量收集古文经典，并多次来献古文经，希望武帝据《周礼》及周公古义而改制度。武帝冷遇之，将其所献经典束之高阁，又讥讽他说：“商汤与周文王都起家于百里之地，你努力吧！”刘德闻言惶恐忧惧，不久病死。

今文学上承孔子、子夏、荀子，传自先秦儒家，其学术各有师授。古文学上承周公，鄙薄孔子；创自西京末叶，其讲论是笃守旧典。故今文学所讲是理想制度，古文学所讲是历史陈迹，两者迥然不同。然而却又都在六经的旗帜下讲论学术，当然就要形成誓不并存、互相攻击的局面了。古文学家抓住旧史来批驳今文学，说今文学家“信口说而背传记”“怪旧艺而善野言”。但是，正是这些“口说”和“野言”中包含着不敢公开宣讲而抨击时政的微言大义。

廖平《今古学考》说：“孔子初年之言，古学所祖也。孔子晚年之言，今学所祖也。”刘师培《国学发微》说：“西汉之时，天子喜经文之利己，遂并其籍而崇之。"

天汉二年（前99年，壬午），刘彻58岁。

春，巡行东海。

夏五月，命李广利以三万骑出酒泉，因杅将军公孙敖出西河，击胡。贰师将军击右贤王于天山，斩首虏万余级。匈奴大军围李广利，汉军乏食数日，死伤者多。军陷重围，假司马赵充国与壮士百余人溃围陷阵，李广利随之而脱。汉武帝在行辕视赵充国创伤，嗟叹之，拜为中郎。

是战也，李广孙骑都尉李陵主动请缨，愿率步兵五千人出居延，策应李广利。其北行三十日击匈奴，至浚稽山被匈奴大单于自率三万骑兵包围。李陵奋战，矢尽道穷，不获救兵，投降。

司马迁为李陵进言，获罪下狱。

《汉纪》：陵者，李广孙，敢兄当户之子。上使陵为贰师将军督辎重。陵稽首曰："愿得自当一队。"上曰："吾无骑与汝。"陵曰："不用骑，愿以少击众，步兵五千人涉单于庭。"上壮而许之。陵至峻稽山，与单于相遇，以骑三万攻陵。陵千余弩俱发，应弦皆倒。虏还走上山，陵追击之，杀数千人。单于大惊，召左右贤王，驰兵八万骑攻陵。陵且战且却，南行数日，抵山谷中。复大战，斩首三千余级。

引兵东南，五日，抵大泽葭苇中，虏从上风纵火，烧陵，陵亦令军纵火以自救。南行至山下，单于在山上，使其子将骑击陵。陵自步斗树木间，复杀虏数千，因发连弩射，单于下走。是日捕得生口，言："单于曰：'此汉精兵也，日夜引吾南行近塞，得无有伏兵乎？'诸军长皆曰：'单于自将数万骑击汉数千人不能胜，后无以复使边臣，令汉益轻匈奴。复力战山谷间，尚四五十里得平地，不能破，乃还。'"是日，战数十合，复力战，杀伤虏二千余人。虏不利，欲去。会陵军中候管敢为校尉所辱，亡降匈奴，具言"军无后救，射矢且尽"。单于大喜，进兵使骑并击汉军，疾呼曰："李陵、韩延年趋降！"遂遮道攻陵，四面射，矢下如雨。陵矢且尽，即弃车去。士卒尚三千余人，徒斩车辐持之，军吏持尺刀，抵入山谷。单于入遮，从山上坠石下，士卒多死，不得行。陵曰："兵败，吾死矣！"军吏或劝陵降，陵曰："吾不死，非壮士也。"陵叹曰："使人有数十矢，足以免矣，今无兵复战。"令军士人持三升糒，一片冰，令各散去遮虏郫相待。陵与延年俱上马，壮士从者数十人。虏千骑追之，延年死。陵曰："无面目以报陛下！"遂降。士卒分散，脱至塞者四百余人。陵败处去塞百余里。

单于以大女妻陵，立为右校王。上闻陵降，大怒，大臣忧惧。太史公司马迁上言陵功，以陵之不死，宜欲得当以报汉也。初，上遣贰师将军出时，令陵为助兵，及陵与单于相持，而贰师无功。上以迁欲沮贰师，为陵游说。后捕得匈奴生口，言陵教单于为兵法。上怒，乃族陵家，而下迁腐刑。陵闻之曰："教单于为兵者，乃绪也，非陵也。"李绪者，故塞外都尉，先是降匈奴。陵痛其家以绪诛，乃使人刺杀绪。

武帝以法制御下，好尊用酷吏。郡国二千石为治者大抵多酷暴。以酷法严治贵戚、权贵及豪强，法诛并用，饮食连坐。

赵翼《廿二史劄记》："《杜周传》：'武帝时诏狱益多，二千石系廷尉者不下百余人，其他谳案一岁至千余章，大者连逮证案数百人，小者数十人，远者数千里，近者数百里。既到，狱吏责如章告，不服，则笞掠定之。于是皆亡匿。狱久者至更数赦，十余赠犹相告言，大抵诋以不道以上。廷尉及中都诏狱，逮至六七万人，吏所增加又十有余万。'是可见当日刑狱之滥也。民之生于是时，何不幸哉！"

"东方群盗起"。泰山、琅邪农民暴动起义，阻山攻城，道路不通。出兵弹压。拜直不疑为青州刺史。

时关东农民起义军纷起，大者数千人，攻城邑，取库兵；小者以百数掳掠乡里者不可胜数。泰山、琅邪有徐勃等，南阳有梅免等，楚有段中、杜少等，燕赵之间有坚卢、范主等。起义历经数年。遣直指使者暴胜之等赴各地镇压。暴胜之奏杀（经奏报批准而杀）二千石、诛（不经奏报而杀）千石以下，及与起义军通行、饮食坐连及者，大郡至万余人。

颁《沉命法》，凡二千石以下察捕盗贼不力者，皆处死。

赵翼论曰："汉武时，酷吏盛行，民轻犯法，盗贼滋起，大者至数千人，攻城邑，掠库兵。帝使光禄大夫范昆、［故］九卿张德等，衣绣衣，持节发兵，斩首或至万数，并诛通行饮食者。数年稍得其渠率，而散亡者又聚党阻山川。无可奈何，乃作《沉命法》，盗起不发觉，觉而勿捕满品者，二千石以下至小吏皆死。其后小吏惧诛，虽有盗不敢发，恐累府，府亦使不言，故盗贼益多。"

《史记·酷吏列传》记载天汉暴动较详，认为主要原因是酷吏专断，"吏民益轻犯法，盗贼滋起"。《汉书·王莽传》则认为连年征伐是天汉暴动的直接原因。天汉暴动是元封流民骤现形势的重演，不过规模更大，来势更猛。

秋，止禁胡巫祠道中者，大搜。

派直旨绣衣使者，持节、虎符，以监郡守。

以匈奴降将成娩为开陵侯，率楼兰国兵击车师。匈奴遣右贤王将数万骑驰援，汉兵不利，引去。

天汉三年（前98年，癸未），刘彻59岁。

二月，初榷酒酤。

御史大夫王卿有罪自杀。

以执金吾杜周为御史大夫。

杜周逐捕桑弘羊、卫皇后昆弟子刻深，天子以为尽力无私，迁为御史大夫。

三月，东巡求神仙，封泰山。

（上）怠厌方士怪迂语，然犹希冀能见仙人，得长生不老术。

秋，匈奴入雁门，太守坐畏愞弃市。

天汉四年（前97年，甲申），刘彻60岁。

春正月，朝诸侯于甘泉宫。

春三月，巡行泰山。

夏四月，立皇子刘髆为昌邑王。

五月还京，居建章宫。

九月，令罪人入钱赎死。

太史令司马迁为李陵进言，罹罪当死。家贫，不能自赎，乃以身赎为宫刑（是年，迁约48岁）。

司马迁《报任安书》："夫仆与李陵俱居门下，素非相善也，趣舍异路，未尝衔杯酒接殷勤之欢。然仆观其为人自奇士，事亲孝，与士信，临财廉，取予义，分别有让，恭俭下人，常思奋不顾身以徇国家之急。其素所畜积也，仆以为有国士之风。夫人臣出万死不顾一生之计，赴公家之难，斯已奇矣。今举事壹不当，而全躯保妻子之臣随而媒孽其短，仆诚私心痛之。

"且李陵提步卒不满五千，深践戎马之地，足历王庭，垂饵虎口，横挑强胡，卬亿万之师，与单于连战十余日，所杀过当。虏救死扶伤不给，旃裘之君长咸震怖，乃悉征左右贤王，举引弓之民，一国共攻而围之。转斗千里，矢尽道穷，救兵不至，士卒死伤如积。然李陵一呼劳军，士无不起，躬流涕，沫血饮泣，张空眷，冒白刃，北首争死敌。

"陵未没时，使有来报，汉公卿王侯皆奉觞上寿。后数日，陵败书闻，圣上为之食不甘味，听朝不怡。大臣忧惧，不知所出。仆窃不自料其卑贱，见主上惨凄怛悼，诚欲效其款款之愚。以为李陵素与士大夫绝甘分少，能得人之死力，虽古名将不过也。身虽陷败，彼观其意，且欲得其当而报汉。事已无可奈何，其所摧败，功亦足以暴于天下。"⑤

派李广利、路博德、韩说将十万人击匈奴。不利，还。

匈奴大阏氏（汉南宫公主）欲杀李陵，单于匿之于北方⑥，及大阏氏死乃还。

太始元年（前96年，乙酉），刘彻61岁。

春正月，因枉将军公孙敖坐妻为巫蛊，腰斩。徙郡国吏民豪杰于茂陵、云陵。

夏六月，赦天下。

立钩弋夫人。

《汉书·外戚传》："孝武钩弋赵婕伃，昭帝母也，家在河间。武帝巡狩过河间，望气者言此有奇女，天子亟使使召之。既至，女两手皆拳，上自披之，手即时伸。由是得幸，号曰拳夫人……居钩弋宫，大有宠。"

婕伃位视上卿，比列侯（第二十级爵）。

《史记正义》引《括地志》："云阳陵，汉钩弋夫人陵也，在（雍州）云阳县西北五十八里。孝武帝钩弋赵婕妤，昭帝之母，齐人，姓赵。少好清静，六年卧病，右手卷，饮食少。望气者云'东北有贵人'，推而得之。召到，姿色甚佳。武帝持其手伸之，得玉钩。后生昭帝。武帝末年杀夫人，殡之而尸香一日。"

任命司马迁为中书令，尊宠任职事。

《百官公卿表》有中书谒者，即中书令。中书令之职，掌"领赞尚书，出入奏事"。《汉旧仪》："中书令须赞尚书，出入奏事，秩千石。"又称尚书令。

太始二年（前95年，丙戌），刘彻62岁。

春正月，行幸回中。

三月，诏更黄金为麟趾金币，以班赐诸侯王。

凿白渠贯渭，长200里，可灌田近5000顷。

秋九月，募死罪人赎钱50万减死一等。

御史大夫杜周卒。

以赵人江充为水衡都尉，旋拜为直指绣衣使者。使督察贵戚近臣逾侈者，充举劾无所避，上以为忠直，所言皆中意。

江充，赵邯郸人。曾为赵敬肃王客，得罪赵太子丹，乃诣阙举报太子阴事。太子坐废。上召充入见，由是有宠。

何按：江充，疑或匈奴敌谍也。《汉书·江充传》："江充字次倩，赵国邯郸人也。充本名齐。有女弟善鼓琴歌舞，嫁之赵太子丹。齐得幸于敬肃王，为上客。久之，太子疑齐以阴私告王，与齐忤，使吏逐捕齐，不得，收系其父兄，按验，皆弃市。齐遂绝迹亡，西入关，更名充，诣阙告太子丹与同产姊及王后宫奸乱，交通郡国豪猾，攻剽为奸，吏不能禁。书奏，天子怒，遣使者诏郡发吏卒围赵王宫，收捕太子丹……廷尉杂治，法至死。赵王彭祖，武帝异母兄也，上书讼……上不许，竟败赵太子。

"初……（充）自请愿以日常被服冠见上。上许之，充衣纱縠单衣，曲裾后垂交输（张晏曰：'曲裾者，如妇人衣也。'如淳曰：'交输，割正幅，使一头狭若燕尾，垂之两旁，见于后……'），冠禅纚步摇冠，飞翮之缨（疑实为胡冠，此冠乃燕代乡俗）。充为人魁岸，容貌甚壮。帝望见而异之，谓左右曰：'燕赵固多奇士。'……问以当世政事，上说之。

"充因自请，愿使匈奴。诏问其状，充对曰：'因变制宜，以敌为师，事不可豫图。'上以充为谒者，使匈奴还，拜为直指绣衣使者。督三辅盗贼，禁察逾侈。贵戚近臣多奢僭，充皆举劾。奏请没入车马，令身待北军击匈奴。奏可……贵戚子弟惶恐，皆见上叩头求哀，愿得入钱赎罪。上许之，令各以秩次输钱北军，凡数千万，上以充忠直，奉法不阿，所言中意。"

皇子弗陵生。母赵倢伃，居钩戈宫，妊娠十四月而生，上曰"似尧"，乃命其所居门曰"尧母门"。

何按：赵地近匈奴，而江充、赵倢伃皆来自赵地。此二人对武帝后期政治变动影响关系至大，导致了卫氏及卫太子的倾覆。其来历颇不寻常，岂偶然乎？

秋，大旱。

《汉纪》："赵中大夫白公穿渠引泾水，首起池阳谷口，尾入栎阳，注渭中，袤二百里，溉田四千五百余顷，因名曰白渠。民得其饶，歌之曰：'田于何所？池阳、谷口。郑国在前，白渠在后。举锸成云，决渠为雨。水流灶下，鱼跳入釜。泾水一石，其泥数斗。且溉且粪，长我禾黍。衣食京师，百万余口。'言此两渠之饶也。

"郑国，昔韩遣之小水工也。韩患秦东伐，欲罢劳之，乃遣郑国说秦，令凿渠引泾水自中山以西抵瓠口为渠，缘北山，东注洛水，三百余里，以溉田。中作而情觉，秦欲杀郑国。郑国曰：'始臣为间，然渠成亦秦之利。臣为韩延数年之命，而为秦建万世之功。'秦以为然，卒使就渠，溉田四万余顷，收皆一亩一钟。于是关中沃野，无凶年之忧，秦以富强，因以名为郑国渠。"

太始三年（前94年，丁亥），刘彻63岁。

春正月，行幸甘泉宫，飨外国客。

二月，令天下大酺五日。行幸东海，获赤雁，作《朱雁之歌》。

幸琅邪，礼日成山。登之罘，浮大海。

冬，赐行所过户五千钱，鳏寡孤独赐帛人一匹。

太始四年（前93年，戊子），刘彻64岁。

春三月，行幸泰山。壬午，祀高祖于明堂，以配上帝，因受计。癸未，祀孝景皇帝于明堂。

十二月，行幸雍，祠五畤，西至安定、北地。

征和元年（前92年，己丑），刘彻65岁。

何按：以"征和"为年号，取"政和"即政通人和、和平之义也。又，征和，息征和平也。表明武帝此时已有转变内外政策之意。

夏，巫蛊祸始起。

上居建章宫，见一男子带剑入龙华门，疑其异人，命收之。男子捐剑走，逐之弗获。上怒，斩门候。上疑以为奸鬼为祟，疑为巫蛊。

丞相公孙贺夫人卫君孺，卫皇后之姊。贺由是有宠。贺子敬声为太仆，骄奢无法，擅移北军钱千九百万，下狱。是时诏捕阳陵大侠朱安世甚急，贺自请逐捕安世以赎敬声罪，上许之。后果捕得安世。

安世入狱，笑曰："丞相灭族矣。"遂从狱中上书，告"敬声与阳石公主私通，使巫当驰道埋偶人，诅上，有恶言"。上令案验之。

冬十一月，发三辅骑士搜上林，闭长安城门大索。戒严十一日。

大搜上林苑刺客，又搜长安城。

征和二年（前91年，庚寅），刘彻66岁。

春正月，帝阴疑皇后、太子、宫人不忠，又避长安时疫，帝体亦不痊，乃迁居。行幸常驻于甘泉。

上每行幸，常以后事付太子，宫内付皇后，有所平决，还，白其最。上亦无异，有时不省也。上用法严，多任深刻吏；太子宽厚，多所平反。虽得百姓心，而用法大臣皆不悦。皇后恐久获罪，每戒太子，宜留取上意，不应擅有所纵舍。上闻之，是太子而非皇后。群臣宽厚长者皆附太子，而深酷用法者皆毁之。邪臣多党与，故太子誉少而毁多。皇后、太子宠渐衰，常有不自安之意。上与诸子疏，皇后希得见。近臣常于武帝前谗毁之。

江充奉诏治公孙贺牵连巫蛊事，公孙贺下狱。死狱中，族其家。

征和二年春制诏："故丞相贺倚旧故乘高势而为邪，兴美田，以利子弟宾客，不顾元元，无益边谷，货赂上流，朕忍之久矣。终不自革，乃以边为援，使内郡自省作车，又令耕者自转，以困农烦扰畜者，重马伤秏，武备衰减；下吏妄赋，百姓流亡；又诈为诏书，以奸传朱安世。狱已正于理……"

以涿郡太守刘屈氂为左丞相。

屈氂乃中山靖王刘胜子。刘胜好内，多子，诸子计一百二十余人。刘屈氂亦庶子也，曾任涿郡太守。其子娶李广利女儿，因得重用。

夏闰四月，卫皇后女诸邑公主、阳石公主皆坐巫蛊罪死。

武帝命刘屈氂及御史章赣督察巫蛊事。刘屈氂乃与江充合谋，欲废卫氏，而立昌邑王刘髆。

秋七月，江充掘皇后、太子宫。太子斩充，炙胡巫上林中。时武帝久居甘泉，太子假诏起兵。

何按：其时，长安流行瘟疫，死者多，人心不安，民间及贵族皆信巫术。《史记·龟策列传》："今上即位，博开艺能之路，悉延百端之学，通一伎之士咸得自效，绝伦超奇者为右，无所阿私，数年之间，太卜大集。会上欲击匈奴，西攘大宛，南收百越。卜筮至预见表象，先图其利。及猛将推锋执节，获胜于彼，而蓍龟时日亦有力于此。上尤加意，赏赐至或数千万。如丘子明之属，富溢贵宠，倾于朝廷。至以卜筮射蛊道，巫蛊时或颇中。素有睚眦不快，因公行诛，恣意所伤，以破族灭门者，不可胜数。百僚荡恐，皆曰龟策能言。"

"上春秋高，意多所恶，以为左右皆为蛊（鬼）道祝诅。"（《汉书·戾太子传》）

"汉武帝时，弱水西国有人乘毛车以渡弱水来献香者，帝谓是常香，非中国之所乏，不礼其使……后长安中大疫，宫中皆疫病。帝不举乐。西使乞见，请烧所贡香一枚，以辟疫气。帝不得已听之，宫中病者登日并差。长安中百里咸闻香气，芳积九月余日，香由（犹）不歇。帝乃厚礼发遣饯送。"（《博物志》卷二）

《通鉴》记："是时，方士及诸神巫多聚京师，率皆左道惑众（卢植曰：左道，谓邪道也），变幻无所不为。女巫往来宫中，教美人度厄，每屋则埋木人祭祀之，因妒忌恚詈，更相告讦……上怒，所杀后宫延及大臣，死者数百人……于是上以充为使者，治巫蛊狱。充将胡巫掘地求偶人，捕蛊及夜祠……辄收捕验治，烧铁钳灼，强服之。民转相诬以巫蛊，吏辄劾以大逆无道。自京师、三辅连及郡、国，坐而死者前后数万人……充既知上意，因胡巫檀何言：'宫中有蛊气，不除之，上终不差。'上乃使充入宫……掘地求蛊，又使按道侯韩说、御史章赣、黄门苏文等助充。充先治后宫希幸夫人，以次及皇后、太子宫，掘地纵横。太子、皇后无复施床处。"

《盐铁论·国疾》："建元之始，崇文修德，天下义安。其后邪臣各以伎艺，亏乱至治，外障山海，内兴诸利。杨可告缗，江充禁服，张大夫（汤）革令，杜周治狱，罚赎科适（谪），微细并行，不可胜载……圣主觉焉，乃刑戮充等。"

江充禁服，指的就是江充为使者禁察车服逾制之事。在贤良看来，这事远不是权宜督察的细小事故，而是与兴利用法诸大事相当；而江充其人是与兴利用法的张汤、杜周、杨可并列的重要政治人物。张汤系自杀死，杜周病死，杨可不知所终，而江充则是被卫太子杀死的。

武帝令左丞相刘屈氂与太子战于长安。太子兵败，亡去。皇后卫子夫自杀。

何按：《史记·外戚世家》谓："诸为武帝生子者，无男女，其母无不谴死。"可见卫皇后之死为必然，只是时间迟早而已。洪迈《容斋续笔》："是时帝春秋已高，忍而好杀，李陵所谓法令无常，大臣无罪夷灭者数十家……以妻则卫皇后，以子则戾园（即卫太子），以兄子则屈氂，以女则诸邑、阳石公主，以妇则史良娣，以孙则史皇孙。骨肉之酷如此，岂复顾他人哉！且两公主实卫后所生，太子未败数月前已下狱诛死，则其母与兄岂有全理？固不待于江充之谮也。"

八月辛亥，太子自杀于湖。

《汉武故事》云："治随太子反者，外连郡国数十万人。壶关三老郑茂上书，上感悟，赦反者。拜郑茂为宣慈校尉，持节徇三辅，赦太子。太子欲出，疑弗实。吏捕太子急，太子自杀。"（《通鉴考异》）

太子使舍人无且持节夜入未央宫殿长秋门。因长御倚华具白皇后，发中厩车载射士，出武库兵，发长乐宫卫卒。长安扰乱，言太子反。（黄门）苏文进走，得亡归甘泉，说太子无状……乃使使召太子。使者不敢进，归报云："太子反已成，欲斩臣，臣逃归。"上大怒。丞相屈氂闻变，挺身逃。上问："丞相何为？"……乃赐丞相玺书……

太子宣言告令百官云："帝在甘泉病困，疑有变，奸臣欲作乱。"上于是从甘泉来，幸城西建章宫，诏发三辅近县兵，部中二千石以下，丞相兼将之。

太子亦遣使者矫制赦长安中都官囚徒……使长安囚如侯持节发长水及宣曲胡骑，皆以装会……太子立车北军南门外，召护北军使者任安，与节，令发兵。安拜受节，入，闭营门不出。

太子引兵去……凡数万众，至长乐宫西阙下。逢丞相车，合战五日，死者数万人，血流入沟中……庚寅，太子兵败，南奔复盎城门……

诸太子宾客尝出入宫门，皆坐诛，其随太子发兵，以反法族，吏士劫略者皆徙敦煌郡……太子亡，东至湖，藏匿泉鸠里，主人家贫，常卖履以给太子。

八月辛亥，吏围捕太子，太子自度不得脱，即入室距户自经。

关于卫太子事变概述：

武帝晚年多病，总疑惑是被人用蛊道诅咒，令江充"穷治蛊道"。江充说宫里有蛊气。于是武帝就让按道侯韩说、御史章赣和黄门苏文共同协助江充，到太子宫里，在御座下面掘出几个桐木人。武帝原是卧病在长安西北甘泉宫的，皇后和家吏请问，都不得回报。太子"收捕江充"等，发中厩车士，出武库兵，发长乐宫卫，召集百官，告以帝卧病甘泉，江充等谋反，杀江充。章赣和苏文两人逃回甘泉，说太子反了。武帝一听太子谋反，命丞相刘屈氂发兵和太子交战。他又从甘泉立即回到长安城西建章宫，表明太子说他病卧甘泉并非实事。太子召监北军使者任安，给以符节，叫他发北军兵助战。任安接受了节，却闭上了门，并没有发兵帮助太子。太子和丞相在长安城里交战五六天，死了五六万人，太子终以不能取胜，从复盎门（长安城南门，又名杜门）逃走了。他逃到长安东方偏南的新安县附近的湖地（今河南阌乡县地），借住在一个卖草鞋人的家里，不久就被人发觉了。新安县吏亲自带了军队去逮捕太子。太子不得已，在八月辛亥日自经而死。武帝从甘泉宫回到建章宫以后，因城门司直田仁放走了太子，当即把他诛死。又愤恨御史大夫暴胜之当时阻止丞相直接斩田仁，说"司直是二千石的官，应当请示皇帝再加刑"，因此"切责胜之"，迫使暴胜之自杀。汉武帝回到长安，赏赐那些击捕太子的人；凡是随从太子的，或是替太子作战的，统统治以重罪。数年后，壶关三老上书给武帝，说太子当初是受困于"奸臣江充，不能自明，冤结在心，无处告诉，因此忿而发兵，诛杀江充；子盗父兵，并无他意"。高庙令田千秋（即车千秋）上书申讼太子冤枉，他马上就擢千秋为大鸿胪，后来又升为丞相。于是"以事族江充之家，焚苏文于横桥"。武帝心中悔恨悲痛达到极点，"深怜太子无罪而死，乃作思子宫，为归来望思之台于湖"。

武帝原先以任安是卫青大将军荐举的（卫青是卫太子的舅父），对他破格任用，不料他竟然"坐持两端，以观成败"。因此武帝对任安不加原谅，而处以极刑大辟。

发生在武帝晚年的巫蛊案，是非常重大的历史事件。巫蛊之祸起于武帝征和元年十一月，整个事件可分为三个重要阶段。第一阶段以丞相公孙贺父子下狱死为标志。事件的起因是当时诏捕阳陵大侠朱安世不能得，贺自请逐捕安世为其子敬声赎罪，安世从狱中上书告敬声与阳石公主（武帝女）私通，及使巫祭祠祝诅，并在甘泉当驰道埋偶人，公孙贺因而被族灭。第二阶段是整个事件的高潮，酿成了戾太子、卫皇后母子的悲剧。征和二年，江充等至太子宫掘蛊，得桐木人。少傅石德惧诛，劝太子收捕江充等。太子发兵斩充，与丞相刘屈氂大战长安城中五日，败逃自杀。第三阶段主要以丞相刘屈氂被腰斩而告终。征和三年，刘屈氂坐谋立昌邑王及使巫祝诅，腰斩东市。此后巫蛊案时有余波微澜，然均无关宏旨。

巫蛊之祸延绵数年，牵连死者有戾太子、卫皇后，公孙贺、刘屈氂二丞相，诸邑、阳石二公主及三皇孙，还牵涉到许多公卿大臣和其他重要人物，如石德、任安、暴胜之、田仁、朱安世、江充、韩说、章赣、苏文、商丘成、张富昌、李寿、莽通、景建等。

九月，以商丘成为御史大夫。

匈奴入上谷、五原，杀掠吏民。

北军护军任安牵连卫太子案，以不忠下狱。司马迁复书任安。

十一月，武帝将幸甘泉，命司马迁从驾西行。

赵翼谓司马迁于本年作《报任安书》，略曰："……仆之先人非有剖符丹书之功，文史星历近乎卜祝之间，固主上所戏弄，倡优畜之，流俗之所轻也。假令仆伏法受诛，若九牛亡一毛，与蝼蚁何异？而世又不与能死节者比，特以为智穷罪极，不能自免，卒就死耳。何也？素所自树立使然。人固有一死，死有重于泰山，或轻于鸿毛，用之所趋异也……仆虽怯耎欲苟活，亦颇识去就之分矣，何至自湛溺累绁之辱哉！且夫臧获婢妾犹能引决，况若仆之不得已乎！所以隐忍苟活，函粪土之中而不辞者，恨私心有所不尽，鄙没世而文采不表于后也……仆窃不逊，近自托于无能之辞，网罗天下放失旧闻，考之行事，稽其成败兴坏之理……亦欲以究天人之际，通古今之变，成一家之言。草创未就，适会此祸，惜其不成，是以就极刑而无愠色……"[47]

又先前，司马迁曾言："汉兴已来，至明天子，获符瑞，封禅，改正朔，易服色，受命于穆清，泽流罔极，海外殊俗，重译款塞，请来献见者，不可胜道。臣下百官力诵圣德，犹不能宣尽其意。且士贤能而不用，有国者之耻；主上明圣而德不布闻，有司之过也。且余掌其官，废明圣盛德不载，灭功臣世家贤大夫之业不述，堕先人所言，罪莫大焉。"

征和三年（前 90 年，辛卯），刘彻 67 岁。

正月，武帝行幸甘泉。

匈奴入五原、酒泉，杀两都尉。

汉遣贰师将军七万人出五原，御史大夫商丘成将二万余人出西河，重合侯马通将四万骑出酒泉，驰千余里。

六月，丞相刘屈氂因与李广利谋立昌邑王被腰斩，其妻枭首。李广利率军投降匈奴。

《通鉴》："贰师之出也，丞相为祖道，送至渭桥。广利曰：'愿君侯早请昌邑王为太子；如立为帝，君侯长何忧乎？'屈氂许诺。昌邑王者，广利女弟李夫人子也。广利女为屈氂子妻，故共欲立焉。会内者令郭穰告：'丞相夫人祝诅上及与贰师将军共祷祠，欲立昌邑王为帝。'按验，罪至大逆不道……腰斩东市，妻子枭首华阳街。贰师妻子亦收。"

广利与匈奴战，初胜，有斩获。后妻子被收，传至军前。广利不安，内生变。匈奴乘机集大兵围之。广利遂降。

九月，田千秋上急变书，讼太子冤，武帝感悟。征拜田千秋为大鸿胪。灭江充九族。焚苏文于渭桥上。

武帝怜太子无辜，于长安作"思子宫"，于湖县太子死处作"归来望思之台"。

司马迁著《太史公书》（《史记》）完成，"藏之名山，副在京师"。

《汉书·司马迁传》颜师古注："藏于名山者，备亡失也，其副贰本乃留京师也。"司马贞《史记索隐序》："《史记》者，汉太史司马迁父子之所述也。"《太史公自序》云"请悉论先人所次旧闻",先人,司马谈也。因书为两代人所纂,故不无舛误矛盾不合之处。《汉书·司马迁传》:"迁既死后,其书稍出。宣帝时,迁外孙平通侯杨恽祖述其书,遂宣布焉。"⑱

征和四年(前89年,壬辰),刘彻68岁。

三月,躬耕巨定。诏罢劳民伤财及神仙之事,驱逐方士。诏曰:"向时愚惑,为方士所欺。"

《汉武故事》:"上欲浮海求神仙,海水暴沸涌,大风晦冥,不得御楼船,乃还。上乃言曰:'朕即位已来,天下愁苦,所为狂勃,不可追悔;自今有妨害百姓费耗天下者,罢之。'田千秋奏请罢诸方士,斥遣之。上曰:'大鸿胪奏是也。其海上诸侯及西王母驿,悉罢之。'拜千秋为丞相。"

《通鉴》载:"(上召见群臣)曰:'朕即位以来,所为狂悖,使天下愁苦,不可追悔。自今事有伤害百姓,糜费天下者,悉罢之。'田千秋曰:'方士言神仙者甚众,而无显功,臣请皆罢斥遣之。'上曰:'大鸿胪言是也。'于是悉罢诸方士侯神人者。是后上每对群臣自叹:'向时愚惑,为方士所欺。天下岂有仙人,尽妖妄耳!节食服药,差可少病而已。'"

何按:由此可见,武帝之所以尊崇方士与当时瘟疫流行有关。

夏六月丁巳,以田千秋为丞相,封富民侯。

"御史大夫桑弘羊请佃轮台,诏却曰:'当今之务,务在禁苛暴,止擅赋。今乃远西佃,非所以慰民也。朕不忍闻。'封丞相号曰富民侯,遂不复言兵事。国家以宁,继嗣以定。"(《新序》)

《汉书·车千秋传》:"千秋无他材能术学,又无伐阅功劳,特以一言寤意,旬月取宰相封侯,世未尝有也。后汉使至匈奴……(单于)曰:'苟如是,汉置丞相,非用贤也。妄一男子上书即得之也。'使者还,道单于语,武帝以为辱命,欲下之吏。良久,乃贳之。然千秋为人敦厚有智,居位自称,逾于前后数公。"

"千秋始视事,见上连年治太子狱,诛罚尤多,群下恐惧,思欲宽广上心，慰安众庶，乃与御史二千石以上俱寿颂德美，劝上施恩惠，缓刑罚，玩听音乐，养志和神，为天下自虞乐。上报曰：'朕之不德，自左丞相与贰师阴谋逆乱，巫蛊之祸流及士大夫……至今余巫颇脱不止……朕甚愧之，何寿之有？敬不举君之觞！'"

何按：于此言似可知巫蛊之祸非仅江充事，背后犹有李广利及刘屈氂之阴谋也。盖李广利欲立李夫人之昌邑王为太子，乃与江充阴谋，以察巫蛊案延祸于卫皇后及太子刘据。后乃为宦者郭穰所揭露。

同月，颁《哀痛之诏》（轮台诏），向全国民众表示忏悔。诏曰："当今务在禁苛暴，止擅赋，力本农。"

《汉书·西域传》班固赞曰："（汉武帝制匈奴，通西域，）师旅之费，不可胜计。至于用度不足，乃榷酒酤，筦盐铁，铸白金，造皮币，算至车船，租及六畜。民力屈，财用竭，因之以凶年，寇盗并起，道路不通，直指之使始出，衣绣杖斧，断斩于郡国，然后胜之。是以末年遂弃轮台之地，而下哀痛之诏，岂非仁圣之所悔哉！"

田余庆指出："转变政策既然早已有必要又有可能，汉武帝对此也有所认识，为什么他要迟到征和末年自己临死前才在轮台诏中确认这种转变呢？……另一个原因是，汉武帝与卫太子的矛盾制约着转变政策这件事情的整个过程。可以说，汉武帝在完成积极事业的过程中该止步的时候没有止步。他师心自用，侥幸求逞，使自己走向相反方向。"[49]

征和四年武帝下轮台诏略曰："曩者，朕之不明，以军侯弘上书言'匈奴缚马前后足，置城下，驰言"秦人[50]，我丐若马"'，又汉使者久留不还（谓苏武等），故兴师遣贰师将军，欲以为使者威重也……乃者以缚马书遍视丞相御史二千石诸大夫郎为文学者，乃至郡属国都尉等……皆以为吉，匈奴必破，时不可再得也……故朕亲发贰师下鬴山，诏之必毋深入……乃者贰师败，军士死略离散，悲痛常在朕心。今请远戍轮台，欲起亭燧，是扰劳天下，非所以优民也，今朕不忍闻……当今务在禁苛暴，止擅赋（乱收费），力本农，修马复令，以补缺，毋乏备而已。"

田余庆说："太初元年（前104年）李广利伐大宛，是汉在西域用兵第二阶段之始。太初三年，李广利逼降大宛。由于汉军已西移至大宛，汉的军事亭障也因此得以自敦煌、玉门继续向西延伸。《汉书·西域传·序》说：'自敦煌西至盐泽，往往起亭，而轮台、渠犁皆有田卒数百人，置使者校尉领护，以给使外国者。'《史记·大宛列传》叙此于汉降大宛'岁余'之后，当是天汉元年（前100年）的事。汉得河西走廊以后，约二十年中，亭障自令居西行，经酒泉、敦煌、玉门，至是又到达盐泽，即今罗布泊地区。

"……唐人司马贞于《史记·大宛列传·索隐·述赞》中说：'旷哉绝域，往往亭障。'在西汉势力向西域推进的过程中，我们可以看到在绝域中列置亭障具有多么重要的意义。亭障相连，构成防御线，构成交通线，也构成供应线。亭障还为汉向更西的地方传播政治、经济、文化影响提供保障。可以说，没有亭障，也就没有汉在西域的经营。

"……汉朝向西域推进，大体的程序是，先是军队向西占领据点，然后是：一、在据点的后方修筑亭障；二、在据点的前方向更西的区域扩大声威。元封三年征服楼兰、姑师后，即遵循上述程序进行活动：一、元封四年自酒泉'列亭障至玉门'；二、'因暴兵威以动乌孙、大宛之属'。

"……汉朝势力向西发展经历了两个阶段，即元封和太初；两个步骤，即楼兰之役和大宛之役。这是战略形势使然。第一步骤指向楼兰、姑师，决定于地理条件。至于第二步骤，可以指向大宛，也可以指向大夏，还可以指向近旁它国。

"……征和四年轮台诏前，桑弘羊等人上奏，除了请求于渠犁、轮台设置屯田以外，还请求把盐水亭障再向西方的乌孙延伸。按照上述汉军西进程序，这意味着将要在更西的某个地方实现第三阶段、第三步骤的战争。"[51]

同月，以赵过为搜粟都尉。赵过改革犁耕，及耕制，教农为"代田法"。

汪篯曰："汉武帝时赵过改进的耦犁，可能就是大犁的一种。据《汉书·食货志》记：'率十二夫为田一井一屋，故亩五顷，用耦犁，二牛三人，一岁之收常过缦田亩一斛以上。'古制，九夫之田为一井，三夫之田为一屋；一夫为田百亩，即一顷；十二夫共耕田十二顷。古以百步为亩，汉以二百四十步为亩，古之十二顷，当汉制五顷，用耦犁，二牛三人，其效率相当于古之十二夫，而且使单位面积产量有较大幅度的提高。"

秋八月，李广利死于匈奴。

卫律害贰师之宠，会匈奴单于母阏氏病。卫律赂赏胡巫进言是为先单于怒，曰"胡故时祠兵，常言得贰师以社，今何故不用"，于是收贰师。贰师骂曰："我死必灭匈奴！"单于遂屠贰师以祠。是岁冬，匈奴遇大风雪，会连雨雪数月，畜死，人染疾疫。单于以为广利所诅，乃为广利立祠。

韩儒林在《汉代西域屯田与车师伊吾的争夺》中论武帝对西域之开拓："匈奴是行国，只要使其漠南无王庭，汉人便可以高枕无忧。西域可就不同，那里是城郭国家，是匈奴的附庸和近邻；倘若汉人不屯兵设防，则匈奴铁骑一至，城廓诸国仍要倒戈相向，听匈奴的指使了。汉代参谋部要想达到凭借西域东制匈奴的目的，必须切断匈奴的右臂，尤非在西域树立一个中心据点不可。

"根据以上的理由——解决给养的困难，减轻国库的负担，切断匈奴的右臂——汉家在西域载设屯田，乃是一件军事上必须贯彻的国策。

"大体地说，大青山、天山乃是我国古来游牧民族和农业民族的分界，这几个山系附近的地域，如归绥、后套、宁夏、武威、张掖、酒泉、敦煌、哈密、吐鲁番等地，都是沙漠中的绿洲。自古以来，西北比较适于农耕的地域也只有这几处。所以这几个地方在我国历史上也就成了汉家和匈奴军事上必争的要点了。这几个要点倘若落在匈奴手里，那末，不惟我国西北边陲的人民不能安枕，中原人民的安全也要受严重的威胁了。反之，倘若这几个要点汉家都能守住，匈奴便不敢南向牧马，大青山下也决不会看见夜宿的毡车了。

"汉代经营西域的目的即在凭西域以制匈奴，所以在河西开设四郡，肃清东西交通的大道后，便开始在西域的中央开设屯田，确立经营西域的根据地。

"西汉在西域的屯田有渠犁、轮台、伊循、乌孙、车师等地，而在军事上占重要地位的则为渠犁（吐鲁番）与车师。汉朝先在渠犁屯田，后来又迁移到车师。质言之，西汉经营西域，初以渠犁为中心，东向以争车师；及车师既得，即进而据之以威迫匈奴。屯田区域是自西而逐渐东移的。

"按：西汉国都远在东方长安，何以其在西域屯田不因近就便，自东而西，反而自西域的中央由西而东呢？我们在分别叙述西域的屯田和要害的争夺之先，不能不先解答这个问题。要想解答这个问题，下列几件事情是应该首先知道的。

"（一）西域南道诸国与北道诸国间是一片大沙漠，汉朝势力到了北道后，就把匈奴与南道诸国的交通切断。南道诸国既然孤立，他们在西域军事上的地位便无足轻重……

"（二）北道诸国的地位便不同了，他们与匈奴为近邻，离合向背能直接威胁汉人在西域的地位。所以都护郭舜说：'本匈奴盛时，非以兼有乌孙、康居故也；及其称臣妾，非以失二国也。'（《汉书·西域传》'康居'条）因此，汉朝经营西域便特别重视北路，假若不在北路设立根据地，便不能得到稳定城郭、监视匈奴的效果。

"（三）远交近攻是秦汉两代对付敌国的传统政策。汉人要利用西域夹攻匈奴，当然须在北路诸国寻求与国。迨西汉与乌孙和亲，北路诸国闻内内附之后，为实现发动城郭诸国兵卒以东制匈奴的目的，自然需要在汉与匈奴势力范围之间选择一个西域根据地。我们展开地图一看，这两个势力范围间的渠犁乃是最理想的地点，因为'玉门关——楼兰城——渠犁'是一条直线，渠犁以西都是与国（盟国），渠犁东南一千一百多里就是南北两道分歧点。楼兰对内的交通既便利，距匈奴的根据地车师又远，是最好没有的了。

"前汉在西域设立都护之前，车师以东均在匈奴日逐王手中，汉朝没有法子从敦煌进兵北攻车师。要想驱逐匈奴在西域的势力，自然要以凭借西域各国的人力和物力，东向与匈奴争衡为最便了。

"汉家在西域的势力既然是逐渐东进，匈奴的势力当然是逐渐东退了。当汉家势力未达到西域的时候，西域城郭诸国本在匈奴的统治之下。匈奴西边的日逐王设有僮仆都尉，住在焉耆一带，征收诸国的赋税。《汉书·西域传序》说：'西域诸国大率土著，有城郭田畜，与匈奴、乌孙异俗，故皆役属匈奴。匈奴西边日逐王置僮仆都尉，使领西域，常居焉耆、危须、尉黎间，赋税诸国，取富给焉。'这个匈奴经营西域的专官，直到汉宣帝神爵二年（前60年）日逐王降汉，匈奴势力退出西域，城郭诸国悉归附长安，汉家在西域设立都护的时候，方才撤销了。

"匈奴经营西域的中心，是先由焉耆一带迁到车师。西汉为驱逐匈奴的势力计，自然要东争车师。匈奴为要保持他们在西域的势力和利益，当然也不甘轻易放弃。所以前汉与匈奴争夺车师，前后竟达五次。

"……渠犁一作渠黎，本来是个国名，汉武帝天汉二年（前99年）曾来贡献。这个国家在今天山南麓策特尔（Chadir）及车尔楚（Charchi）之间。徐松《西域水道记》卷二说：'（策特尔及车尔楚）两程之间，平原衍沃。南近（塔里木）河者，渠犁故地，北近（天）山者，乌垒故地。'这个地方十分适于耕稼，它的农业价值，汉武帝时桑弘羊已说得很清楚：'地广，饶水草，有溉田五千顷以上。处温和，田美，可益通沟渠，种五谷，与中国同时熟。'渠犁既具备这样优越的农业条件，当然可作为经营西域的根据地，所以在李广利伐大宛之后，便选择这个地方开始置校尉屯田。

"按西历纪元前126年，张骞自西域归，汉人对西域始获得明确的知识。从此，降昆邪王，取得通西域的道路（前121年）；虏楼兰国主（前108年），安定了敦煌西域间的交通；结乌孙（前105年），得到匈奴西方的与国；破大宛（前102年），威震西域。汉朝前后不过经营25年，便在西域获得自给自足的根据地——渠犁。在这一点上，我们不能不钦佩汉廷削弱匈奴的迅速及其所得效果的伟大了。

"……西汉与匈奴五争车师的成绩，徐松《汉书西域传补注》已经明白指出了。现在我们把各次战役经过略述于后。

"汉武帝元封三年（前108年），遣赵破奴破姑师（即车师），因'暴兵威以动乌孙、大宛之属'。不过当时西域还没有通，汉廷对车师尚无力控制，可以不算。

"天汉二年（前99年），汉遣李广利、李陵等由酒泉、居延等路北击匈奴，别遣匈奴降者开陵侯将楼兰国兵击车师。结果是李广利被围，几不得脱，兵士死了十分之六七，李陵食尽援绝，降匈奴，开陵侯因为匈奴发数万骑救车师，也不利引去。'此汉争车师者一，汉未得车师'。

"征和四年（前89年）汉遣李广利将七万人出五原，商丘成将三万余人出西河，莽通将四万骑出酒泉，北击匈奴。莽通军道过车师北，至天山。汉恐车师兵切断莽通的后路，乃遣开陵侯将楼兰、尉犁、危须等六国兵别围车师。车师王降服，尽得其民众而还。'此汉争车师者二，汉得车师'。

"车师是西域的门户，匈奴决不肯轻易放弃，所以到昭帝时候，匈奴又遣四千骑田车师。宣帝本始二年（前72年），遣常惠使乌孙，乌孙连年为匈奴所侵暴，因请求汉廷发兵夹击匈奴。汉朝远交近攻的目的这时才达到了。所以汉廷遂大发关东的轻锐……遣田广明将四万余骑出西河，范明友三万余骑出张掖，韩增三万余骑出云中……凡五将军，兵十余万，出塞击敌……东西俱进，声势浩大。车师的匈奴田士大惊逃去，车师复通于汉。'此汉争车师者三，车师后降汉'。

"'（汉宣帝）地节二年，汉遣侍郎郑吉、校尉司马憙将免刑罪人田渠犁，积谷，欲以攻车师。至秋收谷，吉、憙发城郭诸国兵万余人，自与所将田士千五百人共击车师，攻交河城，破之。'……这是汉与匈奴第四次争车师，车师屯田亦自此始。

"……'单于大臣皆曰："车师地肥美，近匈奴，使汉得之，多田积谷，必害人国，不可不争也。"（元康元年）果遣骑来击田者，吉乃与校尉尽将渠犁田士千五百人往田，匈奴复益遣骑来，汉田卒少，不能当，保车师城中……诏遣长罗侯（常惠）将张掖、酒泉骑出车师北千余里，扬威武车师旁。胡骑引去，吉乃得出归渠犁……尽徙车师国民，令居渠犁，遂以车师地与匈奴。车师王得近汉田官，与匈奴绝，亦安乐亲汉。'……第五次争夺车师的结果，（汉）只好放弃了车师的土地，尽徙其国民于渠犁，土地虽为敌占领，人力可不致资敌。

"这时匈奴渐弱，内部也发生了破裂，由全盛时代逐渐衰落了。匈奴方面，经营西域的是他们西边的日逐王。神爵二年（前60年），日逐王先贤禅与单于有隙，想率其部下降汉，使人到渠犁向郑吉通款，这算是千载难逢的机遇。吉遂发渠犁、龟兹诸国兵五万人，迎日逐王，送他到京师。汉廷除封日逐王为归德侯外，并任命郑吉为西域都护，兼护南北两道，吉即择定渠犁北三百三十里的乌垒地，为都护治所，作为经营西域的政治中心。从此'匈奴益弱，不敢争西域，僮仆都尉由此罢'。质言之，匈奴在西域的势力扫荡净尽，城郭诸国完全听受汉的号令了。武帝以来切断匈奴右臂的大业，到这时才由郑吉完成了，上距张骞通西域，才不过67年。"

后元元年（前88年，癸巳），刘彻69岁。

后元元年春正月，昌邑王刘髆薨，谥曰哀王。

孝武皇帝生有六子：卫皇后生戾太子刘据，赵倢伃生孝昭帝刘弗陵，王夫人生齐怀王刘闳，李姬生燕剌王刘旦、广陵厉王刘胥，李夫人生昌邑王刘髆。

六月，御史大夫商丘成有罪，自杀。

侍中仆射马何罗（本姓马，后人改为莽）与弟重合侯马通谋反。侍中驸马都尉金日磾、奉车都尉霍光、骑都尉上官桀讨之，伏诛。

马何罗与江充相善。及充败卫太子，何罗弟通以诛太子时力战得封侯。后上知太子冤，乃夷灭充宗族党羽。何罗兄弟惧及，遂谋为逆。日磾视其志意非常，心疑之，阴独察其动静，与俱上下。何罗亦觉日磾意，以故久不得发。是时上行幸林光宫，日磾小疾卧庐，何罗与通及小弟安成矫制夜出，共杀使者，发兵。明旦，上未起，何罗从外入，日磾心动，立入，坐内户下。何罗袖白刃从东厢上，见日磾，色变，走趋卧内。日磾得抱何罗，因传曰："马何罗反！"上惊起，擒之。

七月，削燕王旦三县。

是月，欲立少子刘弗陵为太子。因其年小母少，恐重演吕后专权故事，乃先赐弗陵母赵倢伃死。

《汉书·外戚传》:"钩弋子年五六岁,壮大多知,上常言'类我',又感其生与众异,甚奇爱之,心欲立焉。"

清王士禛《古夫于亭杂录》以为无杀钩弋事:"常疑汉武杀钩弋事不可解,或以为雄猜之主不近人情,事亦有之耳。考之《西京杂记》:'钩弋夫人从幸甘泉,告上曰:"妾相运,应为陛下生一男,年七岁,妾当死。今必死于此不得归矣,愿自爱。"言终而卒,香闻十余里,因葬云陵。上哀悼之,发冢开视,惟衣履存,乃为起通灵台于甘泉。'据此,则钩弋去来皆非常人常理,安得有'去去不得活'之语邪!"

是岁,使黄门画周公负成王朝诸侯图,以赐霍光。

后元二年(前87年,甲午),刘彻70岁。

正月,朝诸侯于甘泉宫,赐宗室。

司马迁失官,后失踪(或遁隐)[52]。迁遗一女,适安平侯杨敞。

王国维《太史公行年考》:"史公卒年,绝不可考……要之,史公卒年虽未可遽知,然视为与武帝相终始,当无大误也……今观《史记》中最晚之记事,得信为出自公手者,唯《匈奴列传》之李广利降匈奴事(征和三年),余皆出后人续补也。"

何按:关于司马迁卒年,史无明文。但武帝未杀司马迁,亦未禁毁其《太史公书》。疑司马迁之失踪或遁隐与霍光有关。武帝死后,昭帝以幼冲之年临帝位,大政托于霍光。霍光是去病之弟,卫皇后、卫太子及卫青宗亲。他执政不久,即发动政变,黜夺田千秋、金日磾等托孤重臣的权力,又以勾结燕王谋反之可疑罪名逼死上官桀、桑弘羊等旧臣。霍光最终立卫太子之孙为宣帝,从而为卫氏家族全面平反。卫青生前与李广有隙。司马迁亲近李氏家族,由于为李陵辩冤而获罪,《史记》中明显贬卫、霍而扬李广,所以霍光必不能容之。因此,司马迁在昭帝朝的神秘隐遁或失踪,必然与霍光的柄政有直接关系。

王鸣盛《十七史商榷》"子长游踪"条:"(司马迁)既腐刑,乃卒述黄帝至太初,则书成时必六十余矣。后为中书令,卒必在武帝之末。《曹参世家》末言参之五世孙宗以征和二年坐太子死，即戾太子也。又田仁、任安二人皆坐戾太子事诛，而《史记·田叔传》及仁死事，且云'予与仁善，故述之'。又《报任安书》作于安下狱将论死之时，则巫蛊之狱、戾太子之败，迁固亲见之。又四年，武帝崩，《汉书》本传于《报任安书》后言迁卒，则在武帝末或更至昭帝也。"

由于司马迁之死史籍缺乏明确记载，后人对其死因与卒年就产生了各种臆测。写《汉书》的班固在为其作传时已经搞不清楚，所以干脆不记。东汉卫宏在《汉旧仪注》中说："司马迁作《景帝本纪》，极言其短及武帝过，武帝怒而削去之。后坐举李陵，陵降匈奴，故下迁蚕室，有怨言，下狱死。"东晋葛洪在《西京杂记》中承袭卫说。王鸣盛在《十七史商榷》中对卫宏说提出质疑："今观《景纪》绝不言其短，又迁下蚕室在天汉三年，后为中书令，尊宠任职。其卒在昭帝初，距获罪被刑盖已十余年矣，何得谓'下蚕室，有怨言，下狱死'乎？与情事全不合，皆非是。"

"子长（司马迁）《史记》，全是愤激，杂以游戏。以《项羽本纪》列高祖之前，固为无礼，又不为惠帝立纪。至《孝武本纪》，但述其神仙祷祠之事，而政令无闻焉。不过为文成、五利作一外传耳，传之后世，以为何如主？殆以此报腐刑之毒也。首云孝武皇帝者，与孝景皇帝者，同是轻薄语。但《太史公自序》云《今上本纪》，尚未有谥，故刘知几谓褚先生补作。以此传疑。"

缪荃孙《云自在龛随笔》："（刘知几）《史通》云：'元成之间，会稽褚先生补作《武帝纪》《三王世家》《龟策》《日者》等传，辞多鄙陋，非迁本意也。然吾观武帝纪编年未终，疑是未完残稿。'卫宏云：'迁作本纪，极言景帝之短及武帝之过，武帝怒而削去之。然止毁其副在京师者，故《景纪》至后复出，《武纪》指切尤甚……'若云褚少孙作，则如《三王》《外戚世家》《滑稽》《日者》《龟策》诸传，明明前列'太史公曰'，而后附以'褚先生曰'，盖补子长所未备，未尝以伪乱真也。少孙若作《武纪》，何不历叙元封以还，讫于后元，续史公论赞后，如褚传例乎？知几之言，不可为信。"

班马优劣，论者互有异同，大约右马而左班。晋张辅云："迁之著述，辞约而事举，叙三千年事唯五十万言；班固叙二百年事乃八十万言，烦省不同，不如一也。良史述事，善足以奖劝，恶足以监诫，人道之常。中流小事，亦无取焉，而班皆书之，不如二也。毁贬晁错，伤忠臣之道，不如三也。迁既创造，固又因循，难易益不同矣。"

御史大夫商丘成击卫太子有功，坐于文帝庙醉歌，大不敬，自杀。

二月，武帝病重五柞宫。

乙丑，立弗陵为太子。霍光问后事，武帝曰："立少子，君行周公之事。"

二月丙寅，以光禄大夫霍光为大司马、大将军、博陆侯；都尉金日磾为车骑将军，秺侯；太仆安阳侯上官桀为左将军；桑弘羊为御史大夫；命三人共协霍光辅佐太子刘弗陵。

1977 年 8 月玉门市花海公社东北的一处烽燧遗址中出土一批汉代简牍。其中有一件七面棱形觚，上有一篇诏书。1984 年整理者发表了这篇诏书的释文㊳："制诏：皇大（太）子，朕体不安，今将绝矣！与地合同，众（终）不复起。谨视皇大（天）之笥（嗣），加曾（增）朕在。善禺（遇）百姓，赋敛以理；存贤近圣，必聚胥士；表教奉先，自致天子。胡（亥）自圯，灭名绝纪。审察朕言，众（终）身毋失㊴。苍苍之天不可得久视，堂堂之地不可得久履，道此绝矣！告后世及其孙子（子孙），忽忽锡锡，恐见故里，毋负天地，更亡更在，□如□庐，下敦间里。人固当死，慎毋敢佞……"㊵

何按：诏文中"胥士"即"儒士"。我早年曾作《儒名考》，谓儒即《周礼》之胥，此简提供一佐证也。胥，异文或作谞。这篇诏书即汉武帝临终之遗诏，是当时一个戍卒手抄，抄录不全。"武帝病，封玺书曰：'帝崩发书以从事。'"遗诏封金日磾为秺侯，上官桀为安阳侯，霍光为博陆侯，是武帝遗诏中应还有封霍光等为侯的内容。

上官桀曾为未央厩令。"上尝体不安。及愈，视马，马多瘦，上大怒：'令以我不复见马邪！'欲下吏，桀顿首曰：'臣闻圣体不安，日夜忧惧，意诚不在马。'言未卒，泣数行下。上以为忠，由是亲近，为侍中，稍迁至太仆。"（《汉书·外戚传》）

　　"（武帝）行幸五柞宫，谓霍光曰：'朕去死矣，可立钩弋子，公善辅之。'时上年六十余，发不白，更有少容，服食辟谷，希复幸女子矣。每见群臣，自叹愚惑：'天下岂有仙人，尽妖妄耳！节食服药，故差可少病。'自是亦不服药，而身体皆臞瘦。一二年中，惨惨不乐。三月丙寅，上昼卧不觉；颜色不异，而身冷无气，明日色渐变，闭目。乃发哀告丧。未央前殿朝晡上祭，若有食之者。葬茂陵，芳香之气异常，积于坟埏之间，如大雾。常所御，葬毕，悉居茂陵园。上自婕好以下二百余人，上幸之如平生，而旁人不见也。光闻之，乃更出宫人，增为五百人，因是遂绝。"（《汉武故事》）

丁卯，帝崩于五柞宫。太子刘弗陵即位，是为汉昭帝。

三月甲申，葬武帝于茂陵。

　　《晋书·索𬘬传》："汉天子即位一年而为陵。天下贡赋三分之，一供宗庙，一供宾客，一充山陵。汉武帝飨年久长，比崩而茂陵不复容物，其树皆已可拱。赤眉取陵中物不能减半，于今犹有朽帛委积，珠玉未尽。"

　　武帝身后留下三子，太子弗陵、燕王旦及广陵王胥。

　　关于燕王旦："会武帝年老长，而太子不幸薨，未有所立，而旦使来上书，请身入宿卫于长安。孝武见其书，击地，怒曰：'生子当置之齐鲁礼义之乡，乃置之燕赵，果有争心，不让之端见矣。'于是使使即斩其使者于阙下。会武帝崩，昭帝初立，旦果作怨而望大臣。自以长子当立，与齐王子刘泽等谋为叛逆，出言曰：'我安得弟在者！今立者乃大将军子也。'欲发兵。事发觉，当诛……宗正者，主宗室诸刘属籍，先见王，为列陈道昭帝实武帝子状。侍御史乃复见王，责之以正法，问：'王欲发兵罪名明白，当坐之。汉家有正法，王犯纤介小罪过，即行法直断耳，安能宽王。'……公户满习于经术，最后见王，称引古今通义，国家大礼，文章尔雅。谓王曰：'古者天子必内有异姓大夫，所以正骨肉也；外有同姓大夫，所以正异族也。周公辅成王，诛其两弟，故治。武帝在时，尚能宽王。今昭帝始立，所幼，富于春秋，未临政，委任大臣……方今大臣辅政，奉法直行，无敢所阿，恐不能宽王。王可自谨，无自令身死国灭，为天下笑。'于是燕王旦乃恐惧服罪，叩头谢过。大臣欲和合骨肉，难伤之以法。其后旦复与左将军上官桀等谋反，宣言曰'我次太子，太子不在，我当立，大臣共抑我'云云。大将军光辅政，与公卿大臣议曰：'燕王旦不改过悔正，行恶不变。'于是修法直断，行罚诛。旦自杀，国除。"（《史记·三王世家》）

东方朔于武帝死后亦遁隐，不知所终。

刘向《列仙传》："东方朔者，平原厌次人也。久在吴中，为书师数十年。武帝时，上书说便宜，拜为郎。至昭帝时，时人或谓圣人，或谓凡人，作深浅显默之行。或忠言，或戏语，莫知其旨。至宣帝初，弃郎以避乱世，置帻官舍，风飘之而去。后见于会稽，卖药五湖。智者疑其岁星精也。"

武帝全盛时期，"民户千二百二十三万三千六十二，口五千九百五十九万四千九百七十八"（《汉书·地理志》）。其中官奴婢约 20 万口。何炳棣计算，国土面积近 700 万平方公里。

赵翼论武帝之善用人曰："武帝长驾远驭，所用皆跅弛之士，不计流品也。《张骞传》，自骞开外国道致尊贵，吏士争上书言外国利害，天子为其绝远辄予节，募吏民无问所从来，为备人众遣之。或道中被侵盗失物及失指，天子为其习之，辄案致重罪，以激之令赎，复求使，大者予节，小者为副，故妄言无行之徒争应募，此其鼓动人材之大略也。至其操纵赏罚，亦实有足以激劝者。如卫青、霍去病等，屡经出塞，为国宣力，固贵之宠之，封侯增邑不少靳。或奋身死事，如韩千秋战死南越，帝曰：'千秋功虽不成，然亦军锋之冠。'则封其子为成安侯。或在军有私罪，而功足录者，如李广利伐大宛，斩其王母寡，而私罪恶甚多，则以其万里征伐，不录其过。甚至失机败事，而其罪可谅，其才尚可用者，亦终不刑戮，使得再自效。如张骞与李广俱出右北平击匈奴，广失亡多，骞后期，皆当斩，皆许赎为庶人。广又全军覆没，身为匈奴所得，佯死，夺其马奔归，当斩，亦赎为庶人……后皆重诏起用，使之立功。且任用时不拘以文法。如李广夜行，为灞陵醉尉所辱，及为将，请尉俱行，至即斩以报怨，上疏自言，帝不惟不以为罪，反奖誉之以成其气。

其有恃功稍骄蹇者，则又挫折而用之。如杨仆已破南越，会东越反，帝欲以为将，为其伐前劳，特诏责之，又数其受诏不至兰池宫等罪，激使立功自赎。其驾驭豪杰如此，真所谓绦旋在手，操纵自如者也。而于畏懦者，则诛无赦……又或冒功行诈，如左将军荀彘击朝鲜，与杨仆争功嫉妒，虽克朝鲜，终坐弃市，赏罚严明如此，孰敢挟诈避险而不尽力哉！史称雄才大略，固不虚也。"

何按：刘彻有复兴华夏文化之功。《汉书·艺文志》："汉兴，改秦之败，乃大收篇籍，广开献书之路。迄孝武世，书缺简脱，礼坏乐崩，圣上喟然而称曰：'朕甚闵焉！'于是建藏书之策，置写书之官，下及诸事传说，皆充秘府。"刘彻平生手不释卷，雅好辞章，诗赋俱领一时之冠。其招揽文学才士，厚禄以待。在政治制度上，由秦汉至明清2000年间中国发生了重大变革，但其原型多来自武帝时期所创制。

赵翼论秦汉以来政制之变云："盖秦汉间为天地一大变局。自古皆封建诸侯，各君其国，卿大夫亦世其官，成例相沿，视为固然。其后积弊日甚，暴君荒主，既虐用其民，无有底止，强臣大族又篡弑相仍，祸乱不已。再并而为七国，益务战争，肝脑涂地，其势不得不变。而数千年世侯、世卿之局，一时亦难遽变，于是先从在下者起。游说则范雎、蔡泽、苏秦、张仪等，徒步而为相。征战则孙膑、白起、乐毅、廉颇、王翦等，白身而为将。此已开后世布衣将相之例……于是纵秦皇尽灭六国，以开一统之局。使秦皇当日发政施仁，与民休息，则祸乱不兴，下虽无世禄之臣，而上犹是继体之主也。唯其威虐毒痛，人人思乱，四海鼎沸，草泽竞奋，于是汉祖以匹夫起事，角群雄而定一尊。其君既起自布衣，其臣亦自多亡命无赖之徒，立功以取将相，此气运为之也……而是时尚有分封子弟诸国，迨至七国反后，又严诸侯王禁制，除吏皆自天朝，诸侯王唯得食租衣税，又多以事失侯，于是三代世侯、世卿之遗法始荡然净尽，而成后世征辟、选举、科目、杂流之天下矣。岂非天哉！"

《汉书·贡禹传》论武帝云："武帝始临天下，尊贤用士，辟地广境数千里，自见功大威立，遂从嗜欲，用度不足，乃行壹切之变，使犯法者赎罪，入谷者补吏，是以天下奢侈，官乱民贫，盗贼并起，亡命者众。郡国恐伏其诛，则择便巧史书习于计簿能欺上府者，以为右职；奸轨不胜，则择勇猛能操切百姓者，以苛暴威服下者，使居大位。故亡义而有财者显于世，欺谩而善书者尊于朝，悖逆而勇猛者贵于官。故俗皆云：'何以孝弟为？财多而光荣。何以礼义为？史书而仕宦。何以谨慎为？勇猛而临官。'……俗之败坏，乃至于是！"

司马光论汉武帝曰："孝武穷奢极欲，繁刑重敛，内侈宫室，外事四夷，信惑神怪，巡游无度，使百姓疲敝，起为盗贼，其所以异于秦始皇者无几矣。然秦以之亡，汉以之兴者，孝武能尊先王之道，知所统守，受忠直之言，恶人欺蔽，好贤不倦，诛赏严明，晚而改过，顾托得人，此其所以有亡秦之失而免亡秦之祸乎！"

朱熹说："武帝病痛固多，然天资高，志向大，足以有为……末年海内虚耗，去秦始皇无几……轮台之悔，亦是天资高，方如此……尝因人言，太子仁柔不能用武，答以'正欲其守成，若朕所为，是袭亡秦之迹'。可见他当时已自知其罪。"

何按：武帝为抑制贵戚、权贵、豪强、民变，推行其政令，使用酷吏及峻法治天下。《韩非子·有度篇》："法不阿贵，绳不挠曲。法之所加，智者弗能辞，勇者弗敢争，刑过不避大臣，赏善不遗匹夫。"武帝治国，阳儒阴法，以儒典为文饰，政术所行乃法家之道也。

汉初约法省刑。元光、元朔间，张汤为太中大夫时，受命与中大夫赵禹论定律令，恢复了汉初曾废除的连坐法、族诛法等，增设见知故纵法、腹诽法等，条令苛密，汉法从此严酷化。《汉书·刑法志》说："及至孝武即位，外事四夷之功，内盛耳目之好，征发烦数，百姓贫耗，穷民犯法，酷吏击断，奸轨不胜。于是招进张汤、赵禹之属，条定法令，作见知故纵、监临部主之法，缓深故之罪，急纵出之诛。其后奸猾巧法，转相比况，禁网浸密。律令凡三百五十九章，大辟四百九条，千八百八十二事，死罪决事比万三千四百七十二事。文书盈于几阁，典者不能遍睹。"

汉武帝以法治国，视法度高于一切，不仅主张"不别亲疏，不殊贵贱，壹断于法"（司马谈《六家要旨》），实践上也是一直这样做的。

司马光指出，武帝"以法制御下，好尊用酷吏，而郡国二千石为治者大抵多酷暴"。

武帝初年，任用酷吏搏击诸侯王、豪族强宗、富商大贾、不法官吏。如义纵任长陵及长安令，行治不避贵戚，曾惩处王太后的外孙。迁为河内都尉，族灭豪强穰氏。义纵任南阳太守，即捕罢官后家居而横行郡中的甯成，南阳豪强孔氏、暴氏因此逃窜。周阳由治郡必灭豪强，尹齐斩伐不避贵势。凡治诸侯王狱，武帝多委任酷吏，如张汤、减宣治淮南狱。御史也多以酷吏担任，所以刺史六条所察的对象也就是酷吏所搏击的对象。此外是"督盗贼"，就是镇压吏民暴动、起义。如当"郡国盗贼并起"，武帝迁"以杀伐为治"的田广明为淮阳太守。岁余，故城父令公孙勇与客胡倩起义，田广明觉知，发兵捕斩，血腥镇压。

《汉书·酷吏传》列武帝朝酷吏九人，即甯成、周阳由、赵禹、义纵、王温舒、尹齐、杨仆、咸宣、田广明，以及张汤、杜周，计十一人。其中最著名者为张汤、王温舒、杜周、甯成等。

张汤出身长安吏，曾为甯成掾，田蚡征为丞相史，又由于田蚡的推荐补侍御史。元光五年，武帝命张汤治陈皇后巫蛊狱，大事株连，杀三百余人，迁为太中大夫。元朔三年（前126年），武帝重用张汤为廷尉。

张汤见武帝好文学，就用博士弟子补廷尉史，附会《尚书》《春秋》经义。张汤内修私德，居官廉洁，又善处理同僚关系，调护故人子弟及贫兄弟，造请诸公不避寒暑。

而汲黯当着武帝的面责斥张汤："公为正卿，上不能褒扬先帝的功业，下不能化导天下的邪心，安国富民，使监狱出空，为什么要乱改高皇帝的法度？我看你从此要灭种了！"张汤巧言善辩，汲黯辩论不过，怒不可遏，骂："天下人都说刀笔吏不可做公卿，果然如此。一定是这个张汤，要弄得天下人心怀惧，侧目而视！"

元狩二年（前121年），武帝又因张汤治淮南、衡山两狱有功，提升他为御史大夫。自此以后，"丞相取充位，天下事皆决汤"。

王温舒为河内太守时，打击"郡中豪猾"，"相连坐千余家"，

"至流血十余里"，"郡中无犬吠之盗"。元狩三年（前120年）迁为中尉。

元封二年（前109年），杜周继王温舒为廷尉。杜周概以武帝意向治狱从不依法，凡武帝想打击的就罗织以罪，武帝想开释的就拖延审理，一点一点地显示他的"冤状"。宾客问杜周："君为天下决平，不循三尺法，专以人主意指为狱，狱者固如是乎？"杜周答："三尺法安出哉？前主所是著为律，后主所是疏为令；当时为是，何古之法乎？"

公孙弘曾对汉武帝谈论甯成，说："臣居山东为小吏时，甯成为济南都尉，其治如狼牧羊。成不可令治民。"武帝用甯成为函谷关都尉。吏民出入关者皆畏之，云："宁见乳虎，无直甯成之怒。"

何按：武帝一朝削平了困扰文景时代的同姓王问题，极大地加强了君权。但其结果却使得皇帝孤立，失去了外部的屏藩，导致士人阶层及行政官僚集团的权力强大。皇帝不得不依靠外家（即舅氏）通过控制军权屏藩王室，又不得不加强宦官的权力（武帝晚年的办法），即以内朝去监督和控制外朝行政官僚，又以酷吏去监督内外臣官僚。外戚、宦官与士人官僚的矛盾，遂成为困扰西汉后期和东汉以致汉朝亡国的根本政治问题。

夏曾佑《中国古代史》曾说："案中国之政，始于汉武帝者极多。"其略述曰：

一、武帝即位，称建元元年，帝王有年号始此。

二、是年诏郡国举贤良方正进言极谏之士。上亲策问，擢广川董仲舒为第一。科举之法始此。

三、仲舒请不在六艺之科孔子之术者，皆绝之。于是罢黜百家，用儒术，议立明堂，遣安车蒲轮，束帛加壁，迎鲁申公。专用儒家始此。

四、元光元年，命李广屯云中，程不识屯雁门。征匈奴始此。

五、李少君以祠灶却老方见上，上尊信之。于是天子始亲祠灶，遣方士入海，求蓬莱安期生之属，而事化丹沙诸药齐之黄金矣。方士求仙始此。

六、是年女巫楚服教陈皇后祠祭厌胜，挟妇人媚道，事觉，诛楚服等三百余人，废皇后陈氏。巫蛊始此，废后亦始此。

七、元朔元年，东夷薉君南闾等二十八万人降，置苍海郡。开朝鲜始此。

八、是年诏吏通一艺以上者，皆选择以补右职，以儒术为利禄之途始此。

九、六年，诏令民得买爵，及赎禁锢，免臧罪，置赏官，名曰武功爵，级十七，各有定价。卖官始此。

十、南越相吕嘉杀其王及太后以叛，秋，将军路博德等讨南越，斩吕嘉，置南海，合浦、苍梧、郁林、珠崖、儋耳、交趾、九真、日南等九郡。开南蛮始于秦，今再复之。元鼎六年，东越王余善叛汉，自称武帝。将军杨仆击东越，斩余善，遂徙其民于江淮间，其地遂虚。开闽越始此。

十一、元封元年春正月乙卯，封泰山。丙辰，禅泰山下阯东北肃然山。封禅始此。

十二、太初元年夏五月，造汉《太初历》，以正月为岁首，色尚黄，数用五，以为典常，垂之后世。以正月为岁首，色尚黄，皆始此。

是中国之政治于汉武者，凡一十二事。

何按：夏说遗漏设中书以内官参决机要㊺，设十三部刺史建立地方官吏监察制度，盐铁官营、均输平准、铸五铢钱、以马蹄金改革币制统一金融，租及六畜、告缗（征财产税）等；以及由汉初节约自持、优礼宰相、垂拱无为的政治演变为扩张皇权、收揽一切权力于君主的"大有为"政治。

汉武帝很重视派遣使者"巡行天下"的作用。元狩元年（前122年）平定淮南王、衡山王谋反之后，兴起大狱，为了表示与民"更始"，派遣谒者"巡行天下，存问致赐"。元狩三年又派遣谒者"劝有水灾郡种宿麦（即冬麦），举吏民能假贷贫民者以名闻"。元狩六年，又派遣博士、大夫等六人"分循行天下，存问鳏寡废疾，无以自振业者贷与之，举三老孝弟以为民师，举独行之君子，征诣行在所"。元鼎二年（前115年）江南水灾，又派遣博士"分循行，谕告所抵，无令重困，吏民有振救饥民免其厄者具举以闻"(《汉书·武帝纪》)。从元鼎四年起，武帝就多次亲自大规模出行，或称为"巡狩"，发现郡国存在着许多严重问题，有的太守因此自杀，有的太守因此被诛。《史记·平准书》载："天子始巡郡国，东度河，河东守不意行至，不辨，自杀。行西逾陇，陇西守以行往卒（仓卒），天子从官不得食，陇西守自杀。于是上北出萧关，从数万骑，猎新秦中，以勒边兵而归。新秦中或千里无亭徼，于是诛北地太守以下，而令民得畜牧边县。"太守这样失职，监郡的御史又不举发，要天子亲自出巡方才知道，说明监郡的御史形同虚设，所以到元封元年（前110年）就废去监郡的御史。大典本《汉旧仪》说："元封元年，御史止不复监。"到元封五年，就创设十三部刺史，这是采取有效措施来加强对郡国的监察工作。

刺史制度有下列五个特点：

第一，刺史为中央派遣常驻在监察区的监察官，设置固定治所，便于就地监察和吏民检举告发。

第二，刺史隶属御史大夫所属的御史中丞，纯为监察官性质，与所监察的郡守等二千石地方官没有上下级关系，也没有相关的利害关系，做到了《商君书·禁使篇》所说"监"与"官"的"别其势"，权势各自独立而分开，便于发挥监督和检举的作用。

第三，刺史只是监察而不是行政长官，它和秦代有兵权、人事权的监御史不同，而且刺史有规定的监察范围。

第四，刺史秩卑、权重、赏厚，使便于监督察，乐于劾举。

第五，刺史定期巡行所部郡国，叫"行部"。通过"行部"可以考察守、相治迹，广泛接触吏民，了解下情，因而对守、相的劾举往往有事实依据，可以击中要害。

因之，设置刺史确是当时比较有效的监察制度。

汉武帝在创设刺史之后17年，又设司隶校尉。司隶校尉本为督捕诛杀巫蛊而设，后来就督察三辅、三河、弘农，成为类似刺史的官职。武帝也还为临时发生的天灾或事件派出使者"巡行天下"，先后有四次，此后长期沿用这种制度。这种临时派遣的使者所担负的任务，多数属于慰问救济性质，所谓"存问致赐"；或者附带督察吏治，选拔人才，所谓"举贤良""举茂材异伦之士""举淳厚有行能直言之士"等；或者着重平反冤狱，例如五凤四年（前54年）"遣丞相、御史掾二十四人巡行天下，举冤狱，察擅为苛禁深刻不改者"（《汉书·宣帝纪》）。鸿嘉元年（前20年）"临遣谏大夫理等，举三辅、三河、弘农冤狱"（《汉书·成帝纪》）。这些平反冤狱的使者就带有监察性质。

武帝之孙宣帝曰："汉家自有制度，本以霸王道杂之。"武帝所行之政术，外儒内法。所谓王道，即董仲舒所说"孔子立新王之道"（《春秋繁露·玉杯》）。王道，即国家主义。诸子皆私学，而儒学乃王道也。霸道，法令权术也。

贺昌群《论王霸义利之辨》云："中国文化的基本精神，表面上为儒家思想，实际上则为儒、道、法三家所笼罩。儒家之王道，道家之无为，法家之循名责实、信赏必罚，这三者是构成中国政治社会的三位一体的基本要素。中国古来第一流的政治家，莫不兼有这三种精神。如果缺少一种，或偏重一种，未有不失败的。"

何按：武帝以酷吏行苛法重点打击宗王外戚显贵，又外施仁义而杂用王霸，改革意识形态及上层建筑，由汉初崇尚黄老，尊儒兴学，博开艺能之路，悉延百端之学，全面崇兴学术文化。以经过改造的今文经学为主导思想，并延用法家集中权力的国家主义，遂成为此后2000年间中国宗法皇权社会的主流意识形态。

咏汉武帝

［清］王昙

一

祖龙而后得驱除，千古雄才断不如。
一统早收南越地，六经始重圣人书。
求言帝度容方朔，问道儒官用仲舒。
五十四年文治日，天山犁得幕庭虚。

二

求贤初诏下金门，一榜贤良百十人，
容得马迁留谤史，能成苏武做忠臣。
张汤峻法刑名好，汲黯狂言戆谏真。
明说赋才无用处，邹阳枚马任沉沦。

三

西域流沙古未开，氂牛徼堠接轮台。
扫空瀚海长城外，断得匈奴右臂来。
和议终非中国计，穷兵才是帝王才。
守文弱主书生见，难与英雄靖九垓。

四

壶关一悔奈匆匆，思子归来仅有宫。
命将不曾封李广，爱才毕竟误江充。
神仙大药无消息，方士招魂又凿空。
不有茂陵遗恨事，怎教人士泣秋风。

毛泽东论汉武帝谓："汉武帝雄才大略，开拓刘邦的业绩，晚年自知奢侈、黩武、方士之弊，下了罪己诏，不失为鼎盛之世。"[57]

2002 年 3 月初稿
2002 年 6 月第四稿补于上海
2004 年 7 月第九稿于北京
2004 年 10 月改定于沪上云水山庄
2008 年 2 月再校于京东滨河苑

注释

①本谱原收入拙著《圣与雄》，刊误殊多，因重作校勘及详细补充。

②《释名》："彻，达也。"达，即通也。通达智慧，故名为"彻"。

③傅是一种户籍登记制。男子成丁登记曰"傅"，从此开始为国家服役。至56岁始免。秦简《编年记》云，年十七傅，六十免。二十始傅，宽民政策也。

④长公主，窦太后女馆陶公主，景帝之姊，嫁堂邑侯陈午。《后汉书·皇后纪》："汉制，皇女皆封县公主，仪服同列侯。其尊崇者，加号'长公主'，仪服同蕃王。"

⑤浮丘伯，荀卿弟子也。

⑥贾山《至言》："秦皇帝居灭绝之中而不自知者何也？天下莫敢告也。其所以莫敢告者何也？亡养老之义，亡辅弼之士，亡进谏之士。"

⑦《资本论》第3卷第780页。

⑧"上书"当作"尚书"，堂阁之号。

⑨徙豪强，没其田产，以其所占田非命（名）田也。所以田产得充为公田，后用以赐封军功得爵者。韦昭曰："命谓爵命也。命家，谓受爵命一爵为公士以上，令得田公田，优之也。"刘劭《爵制》："一爵曰公士者，步卒之有爵为公士者。"公士乃武帝时二十等爵之第一级，是免徭役成为自由民之条件。

⑩《汉书·楚元王传》记："淮南有《枕中鸿宝苑秘书》。书言神仙使鬼物为金之术，及邹衍重道延命方，世人莫见。"刘向父刘德，武帝时治淮南狱得其书。刘向幼而读诵，以为奇。此书即《淮南子》书中篇也。

⑪魏晋以前，除了帝王有苑囿，私家是很少有园林的。梁孝王的菟园是第一个。《史记》说："孝王筑东苑，方三百余里。"菟园大概就在东苑之内。《说文》："园，树果；圃，树菜也；囿，养禽兽也。"《周礼》："场人掌国之场圃，而树之果蓏、珍异之物，以时敛而藏之。凡祭祀、宾客，供其果蓏。"

⑫《史记·将相名臣年表》谓本年行三分钱。《集解》徐广曰："《汉书》云'半两'，四分曰两。"

⑬董仲舒对策事，一曰在建元初年（《通鉴》），一曰在元光五年（《汉书》），考见王先谦《汉书补注》及《吕思勉读史札记》"汉儒术盛衰"条，窃以为建元、元光各有一次。

⑭天人感应学说非孔门儒家所固有，而乃是源于墨子之天志明鬼神之论也。

⑮《史记》记匈奴控弦之士30万。钱穆估计其总人口不出150万，故中行说谓其人众不能当汉一郡，而掠汉奴约百万。

⑯清汪中《荀卿子通论》："《经典叙录》云：'左丘明作传以传曾申，申传卫人吴起，起传其子期，期传楚人铎椒，椒传赵人虞卿，卿传同郡荀卿，名况，况传武威张苍，苍传洛阳贾谊。'"

⑰干宝《搜神记》："秦时筑城于武周塞内，以备胡。城将成而崩者数焉。有马驰

走，周旋反复。父老异之，因依马迹以筑城，城乃不崩，遂名'马邑'。"马邑，地在今山西省朔州市。

⑱匈古音通浑、荤、胡。匈人即胡人。奴，那，匈奴语"人"也。匈奴即汉语匈人、胡人。然胡人实又为西域异族之总称。

⑲鬻、粥二字在《汉书》《史记》中可相假借，通用。

⑳《诗经·小雅·六月》："狎狁匪茹，整居焦获，侵镐及方，至于泾阳。"这是典籍中始见的匈奴之名（王国维以狎狁为匈奴号）。《宋书·索虏传》："（匈奴）有数百千种，各立名号，索头亦其一也。"北方名朔方，朔疑即索语转也。《三国志·魏志·鲜卑传》裴注引《魏书》："匈奴及北单于遁逃后，余种十余万落，诣辽东杂处，皆自号鲜卑兵。"《南齐书·魏虏传》："魏虏，匈奴种也。"魏乃鲜卑，则鲜卑实为匈奴之后裔也。据《晋书·北狄传》，匈奴十九种，有羌渠（羯）种。其人高鼻多须。陈寅恪谓即康居与月氏种。

㉑《汉书·董仲舒传》。

㉒一说在建元六年。

㉓《汉书·五行志》。

㉔《史记·魏其武安侯列传》。

㉕《史记·将相名臣年表》以元光四年十二月田蚡死，五年十月族灌夫、窦婴。而《蚡传》记蚡死时病狂见灌窦鬼事。表误。

㉖云中郡治在今呼和浩特市西南，距狼山口500多里。九原在今内蒙古包头市以西。

㉗或说地在朝鲜半岛中部，即今日之首尔。

㉘此乃用主父偃之计。《史记》："偃盛言朔方地肥饶，外阻河，蒙恬城之以逐匈奴，内省转输戍漕，广中国，灭胡之本也。"

㉙高阙，地在今内蒙古狼山石兰计山口（据唐晓峰实地考记）。

㉚㉜《汉书·公孙弘传》。

㉛《汉书·儒林传》。

㉝《魏书·释老志》。

㉞田余庆《秦汉魏晋史探微》。

㉟武帝时名臣多自杀，如赵绾、王臧、李广、李蔡、张汤、暴胜之、商丘成等。盖汉儒重气节，可杀不可辱之志也。《春秋繁露·竹林》："君子生以辱，不如死以荣……天施之在人者，使人有廉耻。有廉耻者，不生于大辱。"又引曾子语云："辱若可避，避之而已；及其不可避，君子视死如归。"

㊱黄震《黄氏日抄》："看《卫霍传》，须合《李广传》看。卫、霍深入二千里，

声振夷夏，今看其传，不值一钱。李广每战辄北，困踬终身，今看其传，英风如在。史氏抑扬予夺之妙，岂常手可望哉？"王夫之《读通鉴论·武帝》："广出塞而未有功，则曰'数奇'，无可如何而姑为之辞尔。""司马迁挟私以成史，班固讥其不忠，亦允矣……迁之为陵文过若不及，而抑称道李广于不绝，以奖其世业。迁之书，为背公死党之言，而恶足信哉？"

㊲宋程大昌《雍录》："汉武作台，诏群臣二千石能为七言者乃得上。七言者，诗也……后世诗体句为一韵者自此而始，名柏梁体。"今传柏梁诗，游国恩总考之谓魏晋后人所托，可信。但柏梁台赋诗事，亦可信，惜诗未传者。

㊳元狩三年始立乐府，本年复设乐府官署。

㊴顾炎武曰："乐府是官署之名。其官有令，有音监，有游徼。《汉书·张放传》'使大奴骏等四十余人，群党盛兵弩，白昼入乐府，攻射官寺'，《霍光传》奏昌邑王，'大行在前殿，发乐府乐器'，《续汉书·律历志》'元帝时郎中京房知五声之音，六十律之数。上使太子太傅韦玄成、谏议大夫章杂试问房于乐府'是也。后人乃以乐府所采之诗，即名之曰'乐府'。"（《日知录》卷二十八）萧涤非《汉魏六朝乐府文学史》："是知乐府者本一制音度曲之机关，其性质与唐之教坊、宋之大晟府，初无大异。惟其职责在于采取文人诗赋及民间歌谣，被之管弦而施之郊庙朝宴，故后世遂并此种入乐之诗歌，亦名曰乐府焉。"

㊵《太平御览》卷三五二引《东方朔传》。又见《初学记》卷十二。

㊶《世说新语·排调》刘孝标注引《东方朔传》。

㊷《汉书·地理志》。

㊸田余庆《秦汉魏晋史探微·论轮台诏》。

㊹商人尚右，周人尚左，但中原商之遗族仍尚右，楚尚左，秦尚左。汉初尚右，汉武帝改尚左，用周制也。

㊺《汉书·司马迁传》。王夫之对此颇多讥议："为将而降，降而为之效死以战，虽欲浣涤其污，而已缁之素，不可复白，大节丧，则余无可浣也……李陵曰'思一得当以报汉'，愧苏武而为之辞也。其背逆也，固非迁之所得而为文焉者也。"（《读通鉴论·武帝》）

㊻李陵入匈奴后，被封为右贤王。《新唐书·回鹘传》："黠戛斯（吉尔吉斯），古坚昆国也……其种杂丁零，乃匈奴西鄙也，匈奴封汉降将李陵为右贤王，卫律为丁零王。"《宋书·索虏传》："索头虏姓托跋氏，其先汉将李陵之后也。陵降匈奴，有数百千种，各立名号，索头亦其一也。"《南齐书·魏虏传》："匈奴女名托跋，妻李陵，胡俗以母名为姓。"

㊼《汉书·司马迁传》。

㊽《汉书·东平思王传》:“后年来朝,上疏求诸子及《太史公书》。上以问大将军王凤,对曰:‘……《太史公书》有战国从横权谲之谋,汉兴之初谋臣奇策,天官灾异,地形厄塞:皆不宜在诸侯王。不可予。’”《后汉书·蔡邕传》引王允曰:“昔武帝不杀司马迁,使作谤书,流于后世。”

㊾引自田余庆《秦汉魏晋史探微·论轮台诏》。

㊿秦人,即西语 China 之源,来自匈奴语也;译音即“秦那”,“那”为匈奴语之“人”称。

(51)田余庆《秦汉魏晋史探微·论轮台诏》。

(52)王国维《太史公行年考》。

(53)《玉门花海汉代烽燧遗址出土的简牍》,甘肃省文物工作队、甘肃省博物馆编《汉简研究文集》,甘肃人民出版社,1984 年。

(54)此字所见摹本或隶作“久”,不可读,当作“失”。

(55)木简抄写年代在元平元年(前 74 年)前后。元平元年四月,昭帝死。六月,立昌邑王,旋废。七月,宣帝立。

(56)“(武)帝数宴后庭,或潜游离馆,故请奏机事,多以宦人主之。”(《后汉书·宦者列传》)

(57)吴冷西《新闻的阶级性及其他——毛主席几次谈话的回忆》,《缅怀毛泽东》上册,中央文献出版社 1993 年版。

下篇

匈奴去哪儿了

匈奴族是夏禹后裔

《晋书·赫连勃勃载记》记录匈奴大单于赫连勃勃（大夏王）建都时之宣言，史称《统万城铭》：

> 夫庸大德盛者，必建不刊之业；道积庆隆者，必享无穷之祚。昔在陶唐，数锺厄运，我皇祖大禹以至圣之姿，当经纶之会，凿龙门而辟伊阙，疏三江而决九河，夷一元之穷灾，拯六合之沈溺，鸿绩侔于天地，神功迈于造化，故二仪降祉，三灵叶赞，揖让受终，光启有夏。传世二十，历载四百，贤辟相承，哲王继轨，徽猷冠于玄古，高范焕乎畴昔。而道无常夷，数或屯险，王桀不纲，网漏殷氏，用使金晖绝于中天，神辔辍于促路。然纯曜未渝，庆绵万祀，龙飞漠南，凤峙朔北。长辔远驭，则西罩崐山外；密网遐张，则东纮沧海之表。爰始逮今，二千余载，虽三统迭制于崤函，五德革运于伊洛，秦雍成篡弑之墟，周豫为争夺之薮，而幽朔谧尔，主有常尊于上，海代晏然，物无异望于下。故能控弦之众百有余万，跃马长驱，鼓行秦赵，使中原疲于奔命，诸夏不得高枕，为日久矣。是以偏师暂拟，泾阳摧隆周之锋；赫斯一奋，平阳挫江祖之锐。虽霸王继踪，犹朝日之升扶桑；英豪接踵，若夕月之登蒙汜。自开辟以来，未始闻也。非夫卜世与乾坤比长，鸿基与山岳齐固，孰能本支于千叶，重光于万祀，履寒霜而逾荣，蒙重氛而弥耀者哉！
>
> 于是玄符合征，大猷有会，我皇诞命世之期，应天纵之运，仰协

时来，俯顺时望。龙升北京，则义风盖于九区；凤翔天域，则威声格于八表。属奸雄鼎峙之秋，群凶岳立之际，昧旦临朝，日旰忘膳，运筹命将，举无遗策。亲御六戎，则有征无战。故伪秦以三世之资，丧魂于关陇；河源望旗而委质，北虏钦风而纳款。德音著于柔服，威刑彰于伐叛。文教与武功并宣，俎豆与干戈俱运。五稔之间，道风弘著，暨乎七载而王猷允洽。乃远惟周文，启经始之基；近详山川，究形胜之地；遂营起都城，开建京邑。背名山而面洪流，左河津而右重塞。高隅隐日，崇墉际云，石郭天池，周绵千里。其为独守之形，险绝之状，固已远迈于咸阳，超美于周洛。若乃广五郊之义，尊七庙之制，崇左社之规，建右稷之礼，御太一以缮明堂，模帝坐而营路寝，阊阖披霄而山亭，象魏排虚而岳峙，华林灵沼，崇台秘室，通房连阁，驰道苑园，可以荫映万邦，光覆四海，莫不郁然并建，森然毕备，若紫微之带皇穹，阆风之跨后土。然宰司鼎臣，群黎士庶，佥以为重威之式，有阙前王。于是延王尔之奇工，命班输之妙匠，搜文梓于邓林，采绣石于恒岳，九域贡以金银，八方献其瑰宝，亲运神奇，参制规矩，营离宫于露寝之南，起别殿于永安之北。高构千寻，崇基万仞。玄栋镂槛，若腾虹之扬眉，飞檐舒号，似翔鹏之矫翼。二序启矣，而五时之坐开；四隅陈设，而一御之位建。温宫胶葛，凉殿峥嵘，络以随珠，绰以金镜。虽曦望互升于表，而中无昼夜之殊；阴阳迭更于外，而内无寒暑之别。改善目者不能为其名，博辩者不能究其称，斯盖神明之所规模，非人工所经制。若乃寻名以求类，迹状以效真，据质以究名，形疑妙出，虽如来须弥之宝塔，帝释忉利之神宫，尚未足以自喻其丽，方其饰矣。

昔周宣考室而咏于诗人，閟宫有侐而颂声是作。况以太微肇制，清都启建，轨一文昌，旧章唯始，咸秩百神，宾享万国，群生开其耳目，天下咏其来苏，亦何得不播之管弦，刊之金石哉！乃树铭都邑，敷赞硕美，俾皇风振于来叶，圣庸垂乎不朽。其辞曰：

于赫灵祚，配乾比隆，巍巍大禹，堂堂圣功。

仁被苍生，德格玄穹。帝锡玄珪，揖让受终。

哲王继轨，光阐徽风。道无常夷，数或不竞。

金精南迈，天辉北映。灵祉逾昌，世叶弥盛。

惟祖惟父，克广休命。如彼日月，连光接镜。

玄符瑞德，乾运有归。诞锺我后，应图龙飞。

落落神武，恢恢圣姿。名教内敷，群妖外夷。

化光四表，威截九围。封畿之制，王者常经。

乃延输尔，肇建帝京。土苞上壤，地跨胜形。

庶人子来，不日而成。崇台霄峙，秀阙云亭。

千榭连隅，万阁接屏。晃若晨曦，昭若列星。

离宫既作，别宇云施。爰构崇明，仰准乾仪。

悬薨风阅，飞轩云垂。温室嵯峨，层城参差。

楹雕虬兽，节镂龙螭。莹以宝璞，饰以奇珍。

称因褒著，名由实扬。伟哉皇室，盛矣厥章！

义高灵台，美隆未央。迈轨三五，贻则霸王。

永世垂范，亿载弥光。

其文铭于石刻，为其臣胡义周所作。从铭文中我们得知匈奴确如《史记》所云为中华夏禹之后裔。他们对夏禹评价很高，也非常尊敬。匈奴源自华夏，与中原汉人本是同根共祖，互为兄弟。

匈奴失踪之迷

位于陕西省靖边县毛乌素沙漠南缘的统万城，是世界上发现的唯一的匈奴都城遗址。随着它在沉睡千年之后浮出沙海，中国文物部门已经开始对这一遗址进行恢复性修缮工作。站在这个巍峨的城墩之下，手抚如石头一般坚固的城墙，人们不禁会问：这沙漫墙头的古城难道就是匈奴的遗响？在中国北方驰骋了10个世纪又消失10多个世纪的匈奴哪里去了？

部分匈奴人融入鲜卑等古民族

国内外的研究表明，历史上一度十分强盛的匈奴，在中国北方、中亚乃至欧洲各地不断地进行争战、迁居、再争战、再迁居，经过几个世纪与当地居民的混杂、通婚和民族融合，作为民族的匈奴在公元6世纪后基本消失，渐渐同化到其他民族肌体之中，或者说其所经地区其他民族或多或少都带上了匈奴"因素"。

匈奴是约公元前3世纪时兴起的一个游牧部族，在不断吸纳或吞并周围部族的基础上迅速壮大，成为中国北方最大的游牧部族之一，建立了游牧民族的第一个奴隶制政权，并在秦汉之际使西域诸国多臣服于己。但随后的外部压力和内部分裂，使匈奴内部分化愈来愈复杂，便如"溢堤的洪水"影响着欧亚大草原的历史进程，而其西迁更是促进了中国与世界的联系，影响了世界历史。

著名民族史专家、陕西师范大学西北民族研究中心主任周伟洲教授说："历史很巧合，匈奴建立起草原奴隶制帝国之时，中原则建立了以农耕为基础的封建制帝国。随着两大政治、经济集团以及匈奴跟其他游牧民族间关系的发展，匈奴与中原王朝或战或和了三四百年。终在内外交困等诸多因素之下，许多匈奴人或南迁，或西迁（近则中亚，远至欧洲），或滞留草原，通过婚姻、吞并、臣服、迁居等形式最后渐渐融合到了其他民族之中。作为匈奴后裔之一的统万城建造人——赫连勃勃，其部名铁弗匈奴，就是匈奴人与鲜卑族通婚的后代。"

关于匈奴族的迁徙，中国史书除其内迁和滞留草原有较详记载外，对匈奴的西迁语焉不详，多谓"向西方跑了"，而欧洲学者则多有涉猎。匈奴史专家、内蒙古大学教授林干说："公元前1世纪前后汉武帝使匈奴遭受重创，部分匈奴或内服或西迁西域，并终使匈奴后来分裂为南匈奴与北匈奴。至公元1世纪末，北匈奴在南匈奴与汉朝军队的共同打击下接连大败，受北匈奴控制和奴役的部族或部落也纷纷乘机而起，北匈奴主力便远走伊犁河流域、中亚、顿河以东与伏尔加河等地。其后，中国北方的鲜卑族强大起来，逐步占有匈奴故地，约五六十余万匈奴人遂'皆自号鲜卑'，都成了鲜卑人。一个民族融入其他民族的进程是很快的。"

匈牙利民歌很多与陕北、内蒙古的民歌在调上一样

写有十余部匈奴研究著作的林干认为，欧洲史学家中最早记载匈奴人活动的是罗马帝国后期的历史学家阿米阿努斯·马塞林，其后关于匈奴的事便在欧洲史中骤然多了起来。他说："西迁的匈奴人在公元374年击灭位于顿河以东的阿兰国后，便开始扮演着推动欧洲民族大迁徙的主要角色，对欧洲历史产生了很大影响。"著名隋唐史专家、陕西历史博物馆研究员王世平说："虽然如昙花般的匈奴王国在欧洲消失了，但是许多匈奴人很可能留了下来。许多学者认为匈牙利人就是其后裔。"

北京大学教授齐思和、原匈牙利驻华大使优山度也认同此观点。王世平认为，匈牙利人与欧洲其他地方人的长相有明显区别，匈牙利民歌很多与陕北、内蒙古的民歌在调上是一样的。陕北民歌如《信天游》产生远比蒙古人早，很可能与匈奴有关。

陕北姓刘的很多或许是匈奴后裔

王世平指出，建立大夏国的赫连勃勃，其父亲姓刘，其子孙也姓刘，只有赫连勃勃自号"赫连"。现在陕北姓刘的很多，或许是匈奴的后裔。匈奴的部族很多，进入中原后多以部落或氏族为姓，如姓"呼延""独孤"，但不能说姓这几个姓的一定是匈奴后裔。

自号"长安匈奴"并以长篇小说《最后一个匈奴》蜚声文坛的作家高建群说："公元5世纪时北匈奴阿提拉在欧洲建立起匈奴帝国，南匈奴几乎同时在中国建起帝国，二者在东西方同时向定居文明发起了最后一次进攻。在战败后，匈奴人便融入到其他民族之中了。可以说，这个伟大的民族至今也没有消失，它的血液还在当代其他民族的身上澎湃着。"

高建群说："匈牙利人吹唢呐和剪纸的情形和中国陕北一样，他们说话的尾音也与陕北口音很相似。匈牙利诗人裴多菲在一首诗中曾经这样写道：'我们那遥远的祖先，你们是怎么从亚洲走过漫长的道路，来到多瑙河边建立起国家的？'很多匈牙利学者都认为这个国家与匈奴后裔有着密切的关系。"

（原载2004年3月30日《深圳商报》，李勇、冯国、雷鸣文）

匈奴单于世系表

何按：司马迁说匈奴乃夏族后裔，弃农游牧者，可信。从名号看，匈夏古音通转。夏古音汉，古夏口即今汉口。匈古音胡，故匈奴又称胡人。胡人在东者，即东胡（语转通古斯）民族。在北者，称北狄，或胡狄。

匈奴，西周时称猃狁。战国时称鲜虞，即鲜戎，古音日母、泥母不分，故戎别语即奴（上海话称你为侬，即吴古语）皆匈人、匈奴转语，匈奴即东周之鲜戎。鲜虞，乃春秋时北狄一支强大部族，又作鲜于。战国韩赵间有中山国，即鲜虞族所建，赵武灵王灭其国，地域约在今河北平山。鲜虞属于北狄之白狄族。狄者，即唐代北方之狄历丁零铁勒也。鲜虞，即鲜卑族祖。

又，朝鲜半岛居民来源非一，如日本人、汉族人皆然。朝鲜族之韩人，乃汉代韩王信逃入匈奴之贵族后裔也。北方之鲜族，来源即鲜虞，匈奴之遗裔也。自称高丽、句丽、高句丽（唐代），实皆乃春秋东方太阳神句芒、高明、高阳之语转。朝鲜族多金姓，据韩国史料（新罗文武王陵金法敏碑文），金氏族殆与西汉匈奴王子金日磾后人金阏智出于同族。金阏智于东汉初迁族朝鲜。金日磾后人为新罗王。北方匈奴语，属阿尔泰语系，与朝鲜语相近。

据《史记》：匈奴先祖是夏禹的后代，名叫淳维。自淳维至头曼单于史家无考。匈奴世系以挛鞮氏为最贵，单于姓当从之。

①头曼单于，公元前？—前209年在位。

②冒顿单于，前209年—前174年在位，头曼之子。杀父而自立，统一匈奴各部，大破汉高祖刘邦。得姓挛鞮氏，国号撑犁孤涂单于。

③老上单于，名稽粥，前174年—前160年在位，冒顿之子。

④军臣单于，前160年—前126年在位，老上之子。

⑤伊稚斜单于，前126年—前114年在位，军臣之弟，攻败军臣单于太子於单而立，於单降汉。

⑥乌维单于，前114年—前105年在位，伊稚斜之子。

⑦詹师庐单于，前105年—前102年在位，乌维之子，因年少，史称儿单于。

⑧句黎湖单于，前102年—前101年在位，乌维之弟。

⑨且鞮侯单于，前101年—前96年在位，句黎湖之弟。

⑩狐鹿姑单于，前96年—前85年在位，且鞮侯之子。

⑪壶衍鞮单于，前85年—前68年在位，狐鹿姑之子。

⑫虚闾权渠单于，前68年—前60年在位，壶衍鞮之弟。

⑬握衍朐鞮单于，名屠耆堂，前60年—前58年在位，乌维之后。

⑭呼韩邪单于，前58年—前31年在位。因握衍朐鞮单于暴虐，民不聊生，众人推举而立。前33年，汉元帝赐王昭君，生一子。

　　屠耆单于，名薄胥堂，前58年—前55年在位，握衍朐鞮之从兄。握衍朐鞮死后自立。前55年被呼韩邪剿灭。

　　呼揭单于，前57年—前56年在位，自立。前56年去单于号，尊车犁单于。

　　车犁单于，前57年—前55年在位，自立。前55年降呼韩邪。

　　乌藉单于，前57年在位，前56年去单于号，尊让车犁单于。

　　闰振单于，前56年—前54年在位，屠耆单于从弟，自立。前53年被郅支单于剿灭。

　　郅支骨都侯单于，名呼屠吾斯，前56年—前36年在位，呼韩邪单于兄，前36年在康居被杀，匈奴重归一统。

⑮复株絫若鞮单于，名雕陶莫皋，前31年—前20年在位，呼韩邪单于之子。复娶王昭君，生二女。

⑯搜谐若鞮单于，名且糜胥，前20年—前12年在位，复株絫若鞮

之弟。

⑰车牙若鞮单于，名且莫车，前 12 年—前 8 年在位，搜谐若鞮之弟。

⑱乌珠留若鞮单于，名囊知牙斯，公元前 8 年—公元 13 年在位，车牙若鞮之弟。

⑲乌累若鞮单于，名咸，13 年—18 年在位，乌珠留若鞮之弟。

⑳呼都而尸道皋若鞮单于，名舆，18 年—46 年在位，乌累若鞮之弟。

㉑乌达鞮侯单于，公元 46 年在位，呼都而尸道皋若鞮之子。

㉒蒲奴单于，46 年—? 年在位，呼都而尸道皋若鞮之弟。此后为北匈奴。

南匈奴单于世系：

①醯落尸逐鞮单于，名比，48 年—56 年在位，乌珠留若鞮之子。起兵自立。此为南匈奴，南匈奴归降汉朝。

②丘浮尤鞮单于，名莫，56 年—57 年在位，比之弟。

③伊伐於虑鞮单于，名汗，57 年—59 年在位，莫之弟。

④僮尸逐侯鞮单于，名适，59 年—63 年在位，比之子。

⑤丘除车林鞮单于，名苏，63 年在位，莫之子。

⑥湖邪尸逐侯鞮单于，名长，63 年—85 年在位，适之弟。

⑦伊屠于闾鞮单于，名宣，85 年—88 年在位，汗之弟。

⑧休兰尸逐侯鞮单于，名屯屠何，88 年—93 年在位，长之弟。

⑨安国单于，名安国，93 年—94 年在位，宣之弟。

⑩亭独尸逐侯鞮单于，名师子，94 年—98 年在位，适之子。

⑪万氏尸逐鞮单于，名檀，98 年—124 年在位，长之子。

⑫乌稽侯尸逐鞮单于，名拔，124 年—128 年在位，檀之弟。

⑬去特若尸逐就单于，名休利，128 年—140 年在位，拔之弟。140 年被太原太守陈龟逼自杀。

车纽单于，名车纽，140 年—144 年在位，休利死后句龙吾斯等拥立。

⑭呼兰若尸逐就单于，名守义王兜楼储，143 年—147 年在位，汉朝册立。

⑮伊陵尸逐就单于，名居车儿，147 年—172 年在位。

⑯屠特若尸逐就单于，172 年—178 年在位，居车儿之子。

⑰呼征单于，名呼征，178 年—179 年在位，屠特若尸逐就之子。179 年被张修斩杀。

⑱羌渠单于，名羌渠，179 年—188 年在位。

⑲持至尸逐侯单于，名於扶罗，188 年—195 年在位。羌渠之子。其子刘豹，豹子刘渊为前赵祖。

　　须卜骨侯单于，188 年—189 年在位，由族人拥立。其死后，南庭虚位无王。氏族长老主王庭事。

⑳呼厨泉单于，名呼厨泉，195 年—216 年在位。於扶罗之弟。刘渊之叔祖。216 年被曹操留邺，遣去卑代理。去卑乃东夏（鲜卑）赫连勃勃之先祖。

　　至此匈奴渐弱，至西晋惠帝时复兴。304 年於扶罗之孙刘渊反晋建汉，后改称前赵，329 年被后赵石勒所灭。后又有北凉和夏兴于一时。至 431 年夏亡于吐谷浑，史书遂不见匈奴也。